STATISTICAL YEARBOOK OF CHINA COMMODITY EXCHANGE MARKET

中国商品交易市场统计年鉴

2011

中华人民共和国国家统计局贸易外经统计司
中华人民共和国商务部市场运行和消费促进司　编
中　国　商　业　联　合　会　信　息　部

Compiled by
Department of Trade and External Economic Relations Statistics,
National Bureau of Statistics of China
Department of Market Operation and Consumption Promotion,
Ministry of Commerce of China
China General Chamber of Commerce Information Department

中国统计出版社
China Statistics Press

（京）新登字041号

图书在版编目（CIP）数据

中国商品交易市场统计年鉴. 2011 / 中华人民共和国国家统计局贸易外经统计司，中华人民共和国商务部市场运行和消费促进司，中国商业联合会信息部编. --北京：中国统计出版社，2011.7

ISBN 978-7-5037-6258-1

Ⅰ. ①中… Ⅱ. ①中… ②中… ③中… Ⅲ. ①国内市场－统计资料－中国－2011－年鉴 Ⅳ. ①F723-66

中国版本图书馆CIP数据核字(2011)第135930号

中国商品交易市场统计年鉴—2011

作　　者/中华人民共和国国家统计局贸易外经统计司
中华人民共和国商务部市场运行和消费促进司
中国商业联合会信息部
责任编辑 徐　颖
装帧设计/李雪燕
出版发行/中国统计出版社
通信地址/北京市西城区月坛南街57号　邮政编码/100826
办公地址/北京市丰台区西三环南路甲6号　邮政编码/100073
网　　址/www.stats.gov.cn/tjshujia
电　　话/邮购（010）63376907　书店(010)68783172
印　　刷/河北天普润印刷厂
经　　销/新华书店
开　　本/880 × 1230mm 1/16
字　　数/874千字
印　　张/28
版　　别/2011年8月第1版
版　　次/2011年8月第1次印刷
书　　号/ISBN 978-7-5037-6258-1/F · 3030
定　　价/230.00元

《中国商品交易市场统计年鉴—2011》
编辑委员会

编辑说明

一、《中国商品交易市场统计年鉴-2011》是反映我国大型商品交易市场全貌的资料性工具书。至今已连续出版了十二年，旨在通过大量、丰富、详实、具体和权威的统计数据，全面系统和多角度地反映中国大型商品交易市场发展情况。本年鉴是各级经济和市场管理部门、科研机构与大专院校分析研究市场、进行宏观调控和科学决策、理论研究和教学的重要资料；也是生产经营单位了解市场、获取商业信息的必备参考用书。

二、年鉴分为三部分：第一部分综合篇，第二部分地区篇，第三部分市场篇。并附有主要统计指标解释。

三、年鉴中的亿元商品交易市场统计范围为2010年成交额亿元及以上的商品交易市场。全国性数据未包括台湾省、香港特别行政区和澳门特别行政区。

四、年鉴中的时期数据为2010年度，时点数据为2010年末，数据来自于2010年亿元以上商品交易市场统计年报。

五、年鉴数据表格中的空白，表示该项统计指标数据为0或无该项数据。

目 录

第一部分　综合篇

简要说明：

本篇资料主要内容为亿元以上商品交易市场的基本情况，包括市场个数、摊位个数、营业面积、成交额，以及按照市场类别、摊位类别、经营方式、经营状态和经营环境的分组数据等。

1-1 历年商品交易市场情况

年 份	市场数 (个)	年末出租摊位数 (个)	营业面积 (平方米)	成交额 (万元)
2000	3087	2115115	82615615	156723889
2001	3273	2200662	93973140	177190514
2002	3258	2190814	103131711	198400373
2003	3265	2148866	109840363	215144785
2004	3365	2229818	124774690	261027342
2005	3323	2248803	131408239	300209160
2006	3876	2527987	180723148	371374661
2007	4121	2681630	198146314	440850978
2008	4567	2839070	212252204	524579577
2009	4687	2994781	232303299	579637907
2010	4940	3193365	248323113	727035303

1-2 历年商品交易市场变动

(比上年增长 %)

年 份	市场数	年末出租摊位数	营业面积	成交额
2001	6.03	4.04	13.75	13.06
2002	-0.46	-0.45	9.75	11.97
2003	0.21	-1.91	6.50	8.44
2004	3.06	3.77	13.60	21.33
2005	-1.25	0.85	5.32	15.01
2006	16.64	12.41	37.53	23.71
2007	6.32	6.08	9.64	18.71
2008	10.82	5.87	7.12	18.99
2009	2.63	5.48	9.45	10.50
2010	5.40	6.63	6.90	25.43

1-3 商品交易市场总体情况

项目	市场数量(个)	总摊位数(个)	年末出租摊位数(个)	营业面积(平方米)	成交额(万元)
总计	**4940**	**3547581**	**3193365**	**248323113**	**727035303**
一、按市场类别分组					
1.综合市场	1341	1296672	1167981	57401634	147942258
生产资料综合市场	62	64301	59080	8103183	17553203
工业消费品综合市场	310	496590	445954	20114897	48431265
农产品综合市场	691	475304	427746	17111215	54777699
其他综合市场	278	260477	235201	12072339	27180091
2.专业市场	3599	2250909	2025384	190921479	579093045
生产资料市场	754	294577	265613	60821474	238675832
农业生产用具市场	17	5722	4855	1460241	1480377
农用生产资料市场	32	6650	6188	936754	1534107
煤炭市场	16	2422	2111	5879492	8936684
木材市场	56	19770	17612	4506084	5452430
建材市场	212	91859	83541	15354058	17557120
化工材料及制品市场	43	22258	19810	2319937	25823959
金属材料市场	287	94148	85637	23542663	157593107
机械设备市场	48	26031	23436	2766653	5571088
其他生产资料市场	43	25717	22423	4055592	14726960
农产品市场	981	601358	536794	40636756	105932302
粮油市场	109	35354	31978	4550940	14677318
肉禽蛋市场	124	42028	38070	3112759	8135490
水产品市场	150	99160	88346	3782291	20966288
蔬菜市场	295	246026	220055	15868521	30627041
干鲜果品市场	147	85320	76665	5791758	16821904
棉麻土畜、烟叶市场	23	11961	11672	3357746	4502493
其他农产品市场	133	81509	70008	4172741	10201768
食品、饮料及烟酒市场	154	96645	76755	4239654	13222720
食品饮料市场	62	44448	38811	1630037	4473081
茶叶市场	26	20271	10227	714370	1712840
烟酒市场	13	4804	4085	211431	741666
其他食品饮料及烟酒市场	53	27122	23632	1683816	6295133
纺织、服装、鞋帽市场	553	684529	629757	24922892	92632360
布料及纺织品市场	77	110859	102865	5921832	37098158
服装市场	344	416058	379172	13687703	39605239
鞋帽市场	41	24974	23040	1452953	3715536
其他纺织服装鞋帽市场	91	132638	124680	3860404	12213427
日用品及文化用品市场	105	75203	71284	2793196	11695028
小商品市场	35	39280	36962	942973	2857162
箱包市场	7	6002	5627	578000	1939498
玩具市场	2	463	432	50750	95430
文具市场	5	2133	1661	126137	300023
图书、报刊杂志市场	12	1832	1777	101289	325381
音像制品及电子出版物市场	4	991	969	39800	130208
体育用品市场	1	80	80	6700	13000
其他日用品及文化用品市场	39	24422	23776	947547	6034326

1-3　续表

项　　目	市场数量（个）	总摊位数（个）	年末出租摊位数（个）	营业面积（平方米）	成交额（万元）
黄金、珠宝、玉器等首饰市场	19	10748	10150	688071	3286350
电器、通讯器材、电子设备市场	160	74249	68824	2674744	11903051
家电市场	40	14116	12782	799545	3054198
通讯器材市场	24	15968	14950	371574	1094083
照相、摄像器材市场	2	449	449	15600	43373
计算机及辅助设备市场	78	30865	29357	1223429	6666489
其他电器、通讯器材、电子设备市场	16	12851	11286	264596	1044908
医药、医疗用品及器材市场	25	34443	22026	935661	4715779
中药材市场	23	33175	21048	868431	4127374
其他医药、医疗用品及器材市场	2	1268	978	67230	588405
家具、五金及装饰材料市场	480	238752	218743	32021780	39614183
家具市场	135	64317	59143	10949629	10846470
装饰材料市场	195	80643	73012	11005359	10479926
灯具市场	11	6144	5996	667631	1512743
厨具、盥洗设备市场	4	1193	1169	104730	150495
五金材料市场	80	53554	48239	4481298	10218299
其他装修市场	55	32901	31184	4813133	6406250
汽车、摩托车及零配件市场	270	83592	76187	12006853	48249573
汽车市场	185	48143	42206	9024258	39356553
摩托车市场	13	4886	4853	330528	1159684
机动车零配件市场	72	30563	29128	2652067	7733336
花、鸟、鱼、虫市场	27	18005	16812	6458933	2926179
花卉市场	24	16959	15766	6406464	2831644
鸟市场					
观赏鱼市场					
其他花鸟鱼虫市场	3	1046	1046	52469	94535
旧货市场	21	9011	8155	421998	1360958
古玩、古董、字画市场	3	1185	1102	18133	135092
邮票、硬币市场					
其他旧货市场	18	7826	7053	403865	1225866
其他专业市场	50	29797	24284	2299467	4878730
二、按营业状态分组					
1.常年营业	4816	3493849	3144172	243445718	718235951
2.季节性营业	114	47064	42822	4697890	8015512
3.其他	10	6668	6371	179505	783840
三、按经营方式分组					
1.以批发为主	2878	2321722	2070285	190812692	609549340
2.以零售为主	2062	1225859	1123080	57510421	117485963
四、按经营环境分组					
1.露天式	881	572985	513672	62744712	122775507
2.封闭式	3419	2517352	2276789	147691325	482522835
3.其他	640	457244	402904	37887076	121736961

1-4 商品交易市场情况(按营业状态分)

(常年营业)

项目	市场数量(个)	总摊位数(个)	年末出租摊位数(个)	营业面积(平方米)	成交额(万元)
总计	**4816**	**3493849**	**3144172**	**243445718**	**718235951**
1.综合市场	**1332**	**1292223**	**1163738**	**57259640**	**147764740**
生产资料综合市场	62	64301	59080	8103183	17553203
工业消费品综合市场	308	495822	445221	20049368	48407153
农产品综合市场	684	471623	424236	17034750	54624293
其他综合市场	278	260477	235201	12072339	27180091
2.专业市场	**3484**	**2201626**	**1980434**	**186186078**	**570471211**
生产资料市场	738	290933	262550	60482159	237866292
农业生产用具市场	17	5722	4855	1460241	1480377
农用生产资料市场	27	5656	5310	839144	1446307
煤炭市场	15	2377	2066	5879152	8779771
木材市场	56	19770	17612	4506084	5452430
建材市场	208	90927	82848	15223508	17457414
化工材料及制品市场	42	22078	19630	2289937	25800359
金属材料市场	283	93255	84970	23501848	157178086
机械设备市场	48	26031	23436	2766653	5571088
其他生产资料市场	42	25117	21823	4015592	14700460
农产品市场	905	566377	505065	36827975	100546747
粮油市场	104	34995	31619	4442244	14224764
肉禽蛋市场	124	42028	38070	3112759	8135490
水产品市场	144	97376	86923	3681847	20612700
蔬菜市场	259	228598	203180	13764025	27399275
干鲜果品市场	127	72802	66356	4661381	16094149
棉麻土畜、烟叶市场	17	11189	10931	3171666	4084419
其他农产品市场	130	79389	67986	3994053	9995950
食品、饮料及烟酒市场	151	96038	76148	4216454	13116860
食品饮料市场	61	44088	38451	1619537	4455621
茶叶市场	24	20024	9980	701670	1624440
烟酒市场	13	4804	4085	211431	741666
其他食品饮料及烟酒市场	53	27122	23632	1683816	6295133
纺织、服装、鞋帽市场	543	677074	622515	24644286	90796390
布料及纺织品市场	74	107680	99867	5768626	36226197
服装市场	339	414488	377602	13590803	39064910
鞋帽市场	41	24974	23040	1452953	3715536
其他纺织服装鞋帽市场	89	129932	122006	3831904	11789747
日用品及文化用品市场	103	74223	70366	2734222	11586929
小商品市场	34	38858	36550	917293	2809046
箱包市场	7	6002	5627	578000	1939498

1-4 续表 1

(常年营业)

项目	市场数量(个)	总摊位数(个)	年末出租摊位数(个)	营业面积(平方米)	成交额(万元)
玩具市场	2	463	432	50750	95430
文具市场	4	1575	1155	92843	240040
图书、报刊杂志市场	12	1832	1777	101289	325381
音像制品及电子出版物市场	4	991	969	39800	130208
体育用品市场	1	80	80	6700	13000
其他日用品及文化用品市场	39	24422	23776	947547	6034326
黄金、珠宝、玉器等首饰市场	18	10398	10025	682571	3266431
电器、通讯器材、电子设备市场	160	74249	68824	2674744	11903051
家电市场	40	14116	12782	799545	3054198
通讯器材市场	24	15968	14950	371574	1094083
照相、摄像器材市场	2	449	449	15600	43373
计算机及辅助设备市场	78	30865	29357	1223429	6666489
其他电器、通讯器材、电子设备市场	16	12851	11286	264596	1044908
医药、医疗用品及器材市场	24	34408	21991	934361	4693148
中药材市场	22	33140	21013	867131	4104743
其他医药、医疗用品及器材市场	2	1268	978	67230	588405
家具、五金及装饰材料市场	478	238408	218399	31931780	39578354
家具市场	135	64317	59143	10949629	10846470
装饰材料市场	194	80555	72924	10990359	10460803
灯具市场	11	6144	5996	667631	1512743
厨具、盥洗设备市场	4	1193	1169	104730	150495
五金材料市场	80	53554	48239	4481298	10218299
其他装修市场	54	32645	30928	4738133	6389544
汽车、摩托车及零配件市场	268	83482	76077	11979128	48080942
汽车市场	183	48033	42096	8996533	39187922
摩托车市场	13	4886	4853	330528	1159684
机动车零配件市场	72	30563	29128	2652067	7733336
花、鸟、鱼、虫市场	27	18005	16812	6458933	2926179
花卉市场	24	16959	15766	6406464	2831644
鸟市场					
观赏鱼市场					
其他花鸟鱼虫市场	3	1046	1046	52469	94535
旧货市场	20	8247	7391	409998	1243158
古玩、古董、字画市场	3	1185	1102	18133	135092
邮票、硬币市场					
其他旧货市场	17	7062	6289	391865	1108066
其他专业市场	49	29784	24271	2209467	4866730

1-4 续表 2

(季节性营业)

项目	市场数量(个)	总摊位数(个)	年末出租摊位数(个)	营业面积(平方米)	成交额(万元)
总 计	**114**	**47064**	**42822**	**4697890**	**8015512**
1.综合市场	**5**	**1749**	**1578**	**77665**	**97670**
生产资料综合市场					
工业消费品综合市场	1	350	317	50000	10346
农产品综合市场	4	1399	1261	27665	87324
其他综合市场					
2.专业市场	**109**	**45315**	**41244**	**4620225**	**7917842**
生产资料市场	15	3394	3033	294315	794804
农业生产用具市场					
农用生产资料市场	5	994	878	97610	87800
煤炭市场	1	45	45	340	156913
木材市场					
建材市场	3	682	663	85550	84970
化工材料及制品市场	1	180	180	30000	23600
金属材料市场	4	893	667	40815	415021
机械设备市场					
其他生产资料市场	1	600	600	40000	26500
农产品市场	75	34751	31499	3803285	5185555
粮油市场	4	129	129	103200	252554
肉禽蛋市场					
水产品市场	6	1784	1423	100444	353588
蔬菜市场	36	17428	16875	2104496	3227766
干鲜果品市场	20	12518	10309	1130377	727755
棉麻土畜、烟叶市场	6	772	741	186080	418074
其他农产品市场	3	2120	2022	178688	205818
食品、饮料及烟酒市场	2	247	247	12700	88400
食品饮料市场					
茶叶市场	2	247	247	12700	88400
烟酒市场					
其他食品饮料及烟酒市场					
纺织、服装、鞋帽市场	8	4749	4568	250106	1412290
布料及纺织品市场	3	3179	2998	153206	871961
服装市场	5	1570	1570	96900	540329
鞋帽市场					
其他纺织服装鞋帽市场					
日用品及文化用品市场	1	558	506	33294	59983
小商品市场					
箱包市场					

1-4　续表 3

(季节性营业)

项　　目	市场数量(个)	总摊位数(个)	年末出租摊位数(个)	营业面积(平方米)	成交额(万元)
玩具市场					
文具市场	1	558	506	33294	59983
图书、报刊杂志市场					
音像制品及电子出版物市场					
体育用品市场					
其他日用品及文化用品市场					
黄金、珠宝、玉器等首饰市场	1	350	125	5500	19919
电器、通讯器材、电子设备市场					
家电市场					
通讯器材市场					
照相、摄像器材市场					
计算机及辅助设备市场					
其他电器、通讯器材、电子设备市场					
医药、医疗用品及器材市场	1	35	35	1300	22631
中药材市场	1	35	35	1300	22631
其他医药、医疗用品及器材市场					
家具、五金及装饰材料市场	2	344	344	90000	35829
家具市场					
装饰材料市场	1	88	88	15000	19123
灯具市场					
厨具、盥洗设备市场					
五金材料市场					
其他装修市场	1	256	256	75000	16706
汽车、摩托车及零配件市场	2	110	110	27725	168631
汽车市场	2	110	110	27725	168631
摩托车市场					
机动车零配件市场					
花、鸟、鱼、虫市场					
花卉市场					
鸟市场					
观赏鱼市场					
其他花鸟鱼虫市场					
旧货市场	1	764	764	12000	117800
古玩、古董、字画市场					
邮票、硬币市场					
其他旧货市场	1	764	764	12000	117800
其他专业市场	1	13	13	90000	12000

1-4 续表 4

(其他)

项　目	市场数量(个)	总摊位数(个)	年末出租摊位数(个)	营业面积(平方米)	成交额(万元)
总　计	**10**	**6668**	**6371**	**179505**	**783840**
1.综合市场	**4**	**2700**	**2665**	**64329**	**79848**
生产资料综合市场					
工业消费品综合市场	1	418	416	15529	13766
农产品综合市场	3	2282	2249	48800	66082
其他综合市场					
2.专业市场	**6**	**3968**	**3706**	**115176**	**703992**
生产资料市场	1	250	30	45000	14736
农业生产用具市场					
农用生产资料市场					
煤炭市场					
木材市场					
建材市场	1	250	30	45000	14736
化工材料及制品市场					
金属材料市场					
机械设备市场					
其他生产资料市场					
农产品市场	1	230	230	5496	200000
粮油市场	1	230	230	5496	200000
肉禽蛋市场					
水产品市场					
蔬菜市场					
干鲜果品市场					
棉麻土畜、烟叶市场					
其他农产品市场					
食品、饮料及烟酒市场	1	360	360	10500	17460
食品饮料市场	1	360	360	10500	17460
茶叶市场					
烟酒市场					
其他食品饮料及烟酒市场					
纺织、服装、鞋帽市场	2	2706	2674	28500	423680
布料及纺织品市场					
服装市场					
鞋帽市场					
其他纺织服装鞋帽市场	2	2706	2674	28500	423680
日用品及文化用品市场	1	422	412	25680	48116
小商品市场	1	422	412	25680	48116
箱包市场					

1-4　续表 5

(其他)

项　目	市场数量(个)	总摊位数(个)	年末出租摊位数(个)	营业面积(平方米)	成交额(万元)
玩具市场					
文具市场					
图书、报刊杂志市场					
音像制品及电子出版物市场					
体育用品市场					
其他日用品及文化用品市场					
黄金、珠宝、玉器等首饰市场					
电器、通讯器材、电子设备市场					
家电市场					
通讯器材市场					
照相、摄像器材市场					
计算机及辅助设备市场					
其他电器、通讯器材、电子设备市场					
医药、医疗用品及器材市场					
中药材市场					
其他医药、医疗用品及器材市场					
家具、五金及装饰材料市场					
家具市场					
装饰材料市场					
灯具市场					
厨具、盥洗设备市场					
五金材料市场					
其他装修市场					
汽车、摩托车及零配件市场					
汽车市场					
摩托车市场					
机动车零配件市场					
花、鸟、鱼、虫市场					
花卉市场					
鸟市场					
观赏鱼市场					
其他花鸟鱼虫市场					
旧货市场					
古玩、古董、字画市场					
邮票、硬币市场					
其他旧货市场					
其他专业市场					

1-5 商品交易市场情况(按经营方式分)

(批发为主)

项　目	市场数量(个)	总摊位数(个)	年末出租摊位数(个)	营业面积(平方米)	成交额(万元)
总　计	**2878**	**2321722**	**2070285**	**190812692**	**609549340**
1.综合市场	**456**	**651950**	**577303**	**39713618**	**113493337**
生产资料综合市场	42	52425	49876	7357955	16823586
工业消费品综合市场	123	292236	259234	13547568	36493575
农产品综合市场	185	188698	165390	11519765	38744816
其他综合市场	106	118591	102803	7288330	21431360
2.专业市场	**2422**	**1669772**	**1492982**	**151099074**	**496056003**
生产资料市场	637	246046	221086	54489815	230438372
农业生产用具市场	17	5722	4855	1460241	1480377
农用生产资料市场	31	6548	6086	926604	1520357
煤炭市场	16	2422	2111	5879492	8936684
木材市场	56	19770	17612	4506084	5452430
建材市场	119	52943	47751	10052741	10645268
化工材料及制品市场	43	22258	19810	2319937	25823959
金属材料市场	287	94148	85637	23542663	157593107
机械设备市场	37	22294	20147	2363388	4904681
其他生产资料市场	31	19941	17077	3438665	14081509
农产品市场	794	508629	456446	38504205	99908556
粮油市场	102	27464	24088	4406148	14176994
肉禽蛋市场	79	22817	20735	2678417	6828091
水产品市场	121	85139	75435	3490514	19581424
蔬菜市场	272	236793	211100	15588411	30101103
干鲜果品市场	143	84903	76282	5770448	16627096
棉麻土畜、烟叶市场	22	11865	11576	3348426	4490553
其他农产品市场	55	39648	37230	3221841	8103295
食品、饮料及烟酒市场	108	74755	56813	3667811	11745480
食品饮料市场	35	31754	27574	1280283	3524535
茶叶市场	21	18914	8900	646170	1603461
烟酒市场	9	2299	2007	165280	513285
其他食品饮料及烟酒市场	43	21788	18332	1576078	6104199
纺织、服装、鞋帽市场	319	494372	449994	19460957	83633732
布料及纺织品市场	69	105149	97663	5811912	36643145
服装市场	178	288982	260227	9790302	34074154
鞋帽市场	38	22994	21096	1423777	3568324
其他纺织服装鞋帽市场	34	77247	71008	2434966	9348109
日用品及文化用品市场	84	62821	59826	2534706	9988422
小商品市场	29	34502	32925	818957	2655686
箱包市场	7	6002	5627	578000	1939498

1-5 续表 1

(批发为主)

项　　目	市场数量(个)	总摊位数(个)	年末出租摊位数(个)	营业面积(平方米)	成交额(万元)
玩具市场	2	463	432	50750	95430
文具市场	5	2133	1661	126137	300023
图书、报刊杂志市场	9	1201	1193	72289	202114
音像制品及电子出版物市场	1	103	81	11000	25000
体育用品市场					
其他日用品及文化用品市场	31	18417	17907	877573	4770671
黄金、珠宝、玉器等首饰市场	12	6531	6033	576611	2985792
电器、通讯器材、电子设备市场	52	25585	24690	1016042	4569387
家电市场	26	9931	9510	603156	2225241
通讯器材市场	6	7156	7093	147248	569406
照相、摄像器材市场	1	285	285	11000	13800
计算机及辅助设备市场	12	3778	3683	134638	1291758
其他电器、通讯器材、电子设备市场	7	4435	4119	120000	469182
医药、医疗用品及器材市场	24	34151	21734	916893	4613394
中药材市场	22	32883	20756	849663	4024989
其他医药、医疗用品及器材市场	2	1268	978	67230	588405
家具、五金及装饰材料市场	221	137564	126840	17084055	25337508
家具市场	24	25017	23866	4298875	5406178
装饰材料市场	90	41546	37970	5720543	4930531
灯具市场	9	5894	5755	610181	1272005
厨具、盥洗设备市场	3	892	868	43280	138505
五金材料市场	68	47386	42125	4060500	9350667
其他装修市场	27	16829	16256	2350676	4239622
汽车、摩托车及零配件市场	98	37854	34702	4278220	14975940
汽车市场	34	9352	7456	1959896	7362064
摩托车市场	9	3483	3480	187502	934371
机动车零配件市场	55	25019	23766	2130822	6679505
花、鸟、鱼、虫市场	23	16065	14902	6338008	2841364
花卉市场	22	15779	14616	6332464	2809864
鸟市场					
观赏鱼市场					
其他花鸟鱼虫市场	1	286	286	5544	31500
旧货市场	11	2161	2078	252754	945717
古玩、古董、字画市场	1	630	630	3000	12650
邮票、硬币市场					
其他旧货市场	10	1531	1448	249754	933067
其他专业市场	39	23238	17838	1978997	4072339

1-5 续表 2

(零售为主)

项　　目	市场数量（个）	总摊位数（个）	年末出租摊位数（个）	营业面积（平方米）	成交额（万元）
总　　计	**2062**	**1225859**	**1123080**	**57510421**	**117485963**
1.综合市场	**885**	**644722**	**590678**	**17688016**	**34448921**
生产资料综合市场	20	11876	9204	745228	729617
工业消费品综合市场	187	204354	186720	6567329	11937690
农产品综合市场	506	286606	262356	5591450	16032883
其他综合市场	172	141886	132398	4784009	5748731
2.专业市场	**1177**	**581137**	**532402**	**39822405**	**83037042**
生产资料市场	117	48531	44527	6331659	8237460
农业生产用具市场					
农用生产资料市场	1	102	102	10150	13750
煤炭市场					
木材市场					
建材市场	93	38916	35790	5301317	6911852
化工材料及制品市场					
金属材料市场					
机械设备市场	11	3737	3289	403265	666407
其他生产资料市场	12	5776	5346	616927	645451
农产品市场	187	92729	80348	2132551	6023746
粮油市场	7	7890	7890	144792	500324
肉禽蛋市场	45	19211	17335	434342	1307399
水产品市场	29	14021	12911	291777	1384864
蔬菜市场	23	9233	8955	280110	525938
干鲜果品市场	4	417	383	21310	194808
棉麻土畜、烟叶市场	1	96	96	9320	11940
其他农产品市场	78	41861	32778	950900	2098473
食品、饮料及烟酒市场	46	21890	19942	571843	1477240
食品饮料市场	27	12694	11237	349754	948546
茶叶市场	5	1357	1327	68200	109379
烟酒市场	4	2505	2078	46151	228381
其他食品饮料及烟酒市场	10	5334	5300	107738	190934
纺织、服装、鞋帽市场	234	190157	179763	5461935	8998628
布料及纺织品市场	8	5710	5202	109920	455013
服装市场	166	127076	118945	3897401	5531085
鞋帽市场	3	1980	1944	29176	147212
其他纺织服装鞋帽市场	57	55391	53672	1425438	2865318
日用品及文化用品市场	21	12382	11458	258490	1706606
小商品市场	6	4778	4037	124016	201476
箱包市场					

1-5　续表 3

(零售为主)

项　目	市场数量(个)	总摊位数(个)	年末出租摊位数(个)	营业面积(平方米)	成交额(万元)
玩具市场					
文具市场					
图书、报刊杂志市场	3	631	584	29000	123267
音像制品及电子出版物市场	3	888	888	28800	105208
体育用品市场	1	80	80	6700	13000
其他日用品及文化用品市场	8	6005	5869	69974	1263655
黄金、珠宝、玉器等首饰市场	7	4217	4117	111460	300558
电器、通讯器材、电子设备市场	108	48664	44134	1658702	7333664
家电市场	14	4185	3272	196389	828957
通讯器材市场	18	8812	7857	224326	524677
照相、摄像器材市场	1	164	164	4600	29573
计算机及辅助设备市场	66	27087	25674	1088791	5374731
其他电器、通讯器材、电子设备市场	9	8416	7167	144596	575726
医药、医疗用品及器材市场	1	292	292	18768	102385
中药材市场	1	292	292	18768	102385
其他医药、医疗用品及器材市场					
家具、五金及装饰材料市场	259	101188	91903	14937725	14276675
家具市场	111	39300	35277	6650754	5440292
装饰材料市场	105	39097	35042	5284816	5549395
灯具市场	2	250	241	57450	240738
厨具、盥洗设备市场	1	301	301	61450	11990
五金材料市场	12	6168	6114	420798	867632
其他装修市场	28	16072	14928	2462457	2166628
汽车、摩托车及零配件市场	172	45738	41485	7728633	33273633
汽车市场	151	38791	34750	7064362	31994489
摩托车市场	4	1403	1373	143026	225313
机动车零配件市场	17	5544	5362	521245	1053831
花、鸟、鱼、虫市场	4	1940	1910	120925	84815
花卉市场	2	1180	1150	74000	21780
鸟市场					
观赏鱼市场					
其他花鸟鱼虫市场	2	760	760	46925	63035
旧货市场	10	6850	6077	169244	415241
古玩、古董、字画市场	2	555	472	15133	122442
邮票、硬币市场					
其他旧货市场	8	6295	5605	154111	292799
其他专业市场	11	6559	6446	320470	806391

1-6 商品交易市场情况(按经营环境分)

(露天式)

项 目	市场数量(个)	总摊位数(个)	年末出租摊位数(个)	营业面积(平方米)	成交额(万元)
总 计	**881**	**572985**	**513672**	**62744712**	**122775507**
1.综合市场	**142**	**151671**	**133507**	**7251981**	**16812445**
生产资料综合市场	5	5642	2995	594953	204471
工业消费品综合市场	31	40661	34440	991284	2508666
农产品综合市场	70	67467	64275	3675753	12183469
其他综合市场	36	37901	31797	1989991	1915839
2.专业市场	**739**	**421314**	**380165**	**55492731**	**105963062**
生产资料市场	247	77770	72328	29160257	56642743
农业生产用具市场	6	2224	2224	709021	887775
农用生产资料市场	4	2283	2283	323000	187015
煤炭市场	11	2267	1956	5844392	3718622
木材市场	27	7109	6655	3238519	2913678
建材市场	36	10865	10372	2127601	2681558
化工材料及制品市场	5	2476	2456	351026	1254808
金属材料市场	147	46076	42193	15559122	44594517
机械设备市场	5	1692	1546	95176	125311
其他生产资料市场	6	2778	2643	912400	279459
农产品市场	291	236038	214047	13775177	26764401
粮油市场	28	11181	11086	1302583	2160568
肉禽蛋市场	21	5628	5428	344171	820537
水产品市场	34	21406	20081	892866	5041923
蔬菜市场	118	132238	116377	5553222	10949259
干鲜果品市场	57	44117	41365	2660695	5086512
棉麻土畜、烟叶市场	11	8915	8699	2015236	1369341
其他农产品市场	22	12553	11011	1006404	1336261
食品、饮料及烟酒市场	18	12994	12227	381497	885176
食品饮料市场	7	4661	4312	86287	350215
茶叶市场	4	2682	2601	104460	249083
烟酒市场	3	1911	1911	95100	105826
其他食品饮料及烟酒市场	4	3740	3403	95650	180052
纺织、服装、鞋帽市场	30	27075	22757	1357340	4995410
布料及纺织品市场	5	5837	5656	326520	3193121
服装市场	15	12112	10673	300975	687608
鞋帽市场	6	2818	2259	160845	815027
其他纺织服装鞋帽市场	4	6308	4169	569000	299654
日用品及文化用品市场	6	10485	10250	194474	418091
小商品市场	4	9876	9698	158680	341908
箱包市场					

1-6 续表 1

(露天式)

项目	市场数量（个）	总摊位数（个）	年末出租摊位数（个）	营业面积（平方米）	成交额（万元）
玩具市场					
文具市场	1	558	506	33294	59983
图书、报刊杂志市场	1	51	46	2500	16200
音像制品及电子出版物市场					
体育用品市场					
其他日用品及文化用品市场					
黄金、珠宝、玉器等首饰市场	1	1101	1100	36000	343600
电器、通讯器材、电子设备市场	2	353	286	19000	40831
家电市场	2	353	286	19000	40831
通讯器材市场					
照相、摄像器材市场					
计算机及辅助设备市场					
其他电器、通讯器材、电子设备市场					
医药、医疗用品及器材市场	3	937	881	40838	159165
中药材市场	3	937	881	40838	159165
其他医药、医疗用品及器材市场					
家具、五金及装饰材料市场	35	13516	12547	1718534	1404905
家具市场	3	1507	1507	360000	141706
装饰材料市场	20	7794	7200	835685	688593
灯具市场					
厨具、盥洗设备市场					
五金材料市场	10	3715	3370	484849	525518
其他装修市场	2	500	470	38000	49088
汽车、摩托车及零配件市场	73	17166	15006	3119870	10555059
汽车市场	61	14245	12190	2748038	9476126
摩托车市场					
机动车零配件市场	12	2921	2816	371832	1078933
花、鸟、鱼、虫市场	4	2134	2114	3689350	755579
花卉市场	4	2134	2114	3689350	755579
鸟市场					
观赏鱼市场					
其他花鸟鱼虫市场					
旧货市场	7	2067	1991	156821	927607
古玩、古董、字画市场					
邮票、硬币市场					
其他旧货市场	7	2067	1991	156821	927607
其他专业市场	22	19678	14631	1843573	2070495

1-6 续表 2

(封闭式)

项　目	市场数量（个）	总摊位数（个）	年末出租摊位数（个）	营业面积（平方米）	成交额（万元）
总　计	**3419**	**2517352**	**2276789**	**147691325**	**482522835**
1.综合市场	**1019**	**960809**	**875655**	**41005642**	**105338141**
生产资料综合市场	49	49836	47272	5743272	12469030
工业消费品综合市场	254	422035	379736	17766194	42456074
农产品综合市场	521	327254	298959	9610316	32477473
其他综合市场	195	161684	149688	7885860	17935564
2.专业市场	**2400**	**1556543**	**1401134**	**106685683**	**377184694**
生产资料市场	401	168475	149317	23335441	137529109
农业生产用具市场	9	2868	2085	697363	506702
农用生产资料市场	26	4079	3617	598874	1283289
煤炭市场	5	155	155	35100	5218062
木材市场	18	4793	4135	594050	908598
建材市场	144	69306	61768	8620523	13298765
化工材料及制品市场	29	12353	11086	1535177	14021819
金属材料市场	104	33660	30083	5812449	84367001
机械设备市场	36	22680	20440	2524512	5057478
其他生产资料市场	30	18581	15948	2917393	12867395
农产品市场	515	253061	222713	17858569	57054737
粮油市场	65	18160	16118	2550197	9139889
肉禽蛋市场	83	27879	24794	1613050	5638359
水产品市场	89	53887	46583	2110588	11327039
蔬菜市场	124	70214	63418	7076204	14456342
干鲜果品市场	62	28603	26134	2294359	7655973
棉麻土畜、烟叶市场	10	2700	2657	303210	2634727
其他农产品市场	82	51618	43009	1910961	6202408
食品、饮料及烟酒市场	116	74443	57007	3486920	10926830
食品饮料市场	46	34900	31170	1356515	3772847
茶叶市场	20	16569	6606	557950	1283657
烟酒市场	10	2893	2174	116331	635840
其他食品饮料及烟酒市场	40	20081	17057	1456124	5234486
纺织、服装、鞋帽市场	487	610767	565715	21011467	79516525
布料及纺织品市场	62	80407	76755	4644186	28192862
服装市场	313	393128	357957	12236528	37092854
鞋帽市场	33	20158	18783	1065139	2632689
其他纺织服装鞋帽市场	79	117074	112220	3065614	11598120
日用品及文化用品市场	92	60454	56978	2440498	10385293
小商品市场	28	25994	24015	672939	1926998
箱包市场	6	5830	5455	568000	1880742

1-6 续表 3

(封闭式)

项目	市场数量（个）	总摊位数（个）	年末出租摊位数（个）	营业面积（平方米）	成交额（万元）
玩具市场	2	463	432	50750	95430
文具市场	4	1575	1155	92843	240040
图书、报刊杂志市场	10	1661	1658	87889	294688
音像制品及电子出版物市场	4	991	969	39800	130208
体育用品市场	1	80	80	6700	13000
其他日用品及文化用品市场	37	23860	23214	921577	5804187
黄金、珠宝、玉器等首饰市场	16	8115	7518	489211	2523290
电器、通讯器材、电子设备市场	154	69517	64161	2426344	10976691
家电市场	36	12718	11451	621545	2457367
通讯器材市场	23	12896	11878	315674	959554
照相、摄像器材市场	2	449	449	15600	43373
计算机及辅助设备市场	77	30603	29097	1208929	6471489
其他电器、通讯器材、电子设备市场	16	12851	11286	264596	1044908
医药、医疗用品及器材市场	17	30624	18851	802655	3693866
中药材市场	16	29656	18173	771425	3561866
其他医药、医疗用品及器材市场	1	968	678	31230	132000
家具、五金及装饰材料市场	404	202265	185482	27406361	34140538
家具市场	127	61310	56305	10424789	10495455
装饰材料市场	157	64755	58516	8880315	8965068
灯具市场	9	5012	4873	487631	873743
厨具、盥洗设备市场	4	1193	1169	104730	150495
五金材料市场	57	39269	35387	2936058	7598278
其他装修市场	50	30726	29232	4572838	6057499
汽车、摩托车及零配件市场	155	57108	53433	6468561	26178114
汽车市场	89	27634	25224	4163498	19084631
摩托车市场	11	3930	3905	255528	981481
机动车零配件市场	55	25544	24304	2049535	6112002
花、鸟、鱼、虫市场	15	11658	11019	445209	1667991
花卉市场	12	10612	9973	392740	1573456
鸟市场					
观赏鱼市场					
其他花鸟鱼虫市场	3	1046	1046	52469	94535
旧货市场	10	3292	2519	167425	327130
古玩、古董、字画市场	3	1185	1102	18133	135092
邮票、硬币市场					
其他旧货市场	7	2107	1417	149292	192038
其他专业市场	18	6764	6421	347022	2264580

1-6 续表 4

(其他)

项 目	市场数量(个)	总摊位数(个)	年末出租摊位数(个)	营业面积(平方米)	成交额(万元)
总 计	**640**	**457244**	**402904**	**37887076**	**121736961**
1.综合市场	**180**	**184192**	**158819**	**9144011**	**25791672**
生产资料综合市场	8	8823	8813	1764958	4879702
工业消费品综合市场	25	33894	31778	1357419	3466525
农产品综合市场	100	80583	64512	3825146	10116757
其他综合市场	47	60892	53716	2196488	7328688
2.专业市场	**460**	**273052**	**244085**	**28743065**	**95945289**
生产资料市场	106	48332	43968	8325776	44503980
农业生产用具市场	2	630	546	53857	85900
农用生产资料市场	2	288	288	14880	63803
煤炭市场					
木材市场	11	7868	6822	673515	1630154
建材市场	32	11688	11401	4605934	1576797
化工材料及制品市场	9	7429	6268	433734	10547332
金属材料市场	36	14412	13361	2171092	28631589
机械设备市场	7	1659	1450	146965	388299
其他生产资料市场	7	4358	3832	225799	1580106
农产品市场	175	112259	100034	9003010	22113164
粮油市场	16	6013	4774	698160	3376861
肉禽蛋市场	20	8521	7848	1155538	1676594
水产品市场	27	23867	21682	778837	4597326
蔬菜市场	53	43574	40260	3239095	5221440
干鲜果品市场	28	12600	9166	836704	4079419
棉麻土畜、烟叶市场	2	346	316	1039300	498425
其他农产品市场	29	17338	15988	1255376	2663099
食品、饮料及烟酒市场	20	9208	7521	371237	1410714
食品饮料市场	9	4887	3329	187235	350019
茶叶市场	2	1020	1020	51960	180100
烟酒市场					
其他食品饮料及烟酒市场	9	3301	3172	132042	880595
纺织、服装、鞋帽市场	36	46687	41285	2554085	8120425
布料及纺织品市场	10	24615	20454	951126	5712175
服装市场	16	10818	10542	1150200	1824777
鞋帽市场	2	1998	1998	226969	267820
其他纺织服装鞋帽市场	8	9256	8291	225790	315653
日用品及文化用品市场	7	4264	4056	158224	891644
小商品市场	3	3410	3249	111354	588256
箱包市场	1	172	172	10000	58756

1-6　续表 5

(其他)

项　目	市场数量(个)	总摊位数(个)	年末出租摊位数(个)	营业面积(平方米)	成交额(万元)
玩具市场					
文具市场					
图书、报刊杂志市场	1	120	73	10900	14493
音像制品及电子出版物市场					
体育用品市场					
其他日用品及文化用品市场	2	562	562	25970	230139
黄金、珠宝、玉器等首饰市场	2	1532	1532	162860	419460
电器、通讯器材、电子设备市场	4	4379	4377	229400	885529
家电市场	2	1045	1045	159000	556000
通讯器材市场	1	3072	3072	55900	134529
照相、摄像器材市场					
计算机及辅助设备市场	1	262	260	14500	195000
其他电器、通讯器材、电子设备市场					
医药、医疗用品及器材市场	5	2882	2294	92168	862748
中药材市场	4	2582	1994	56168	406343
其他医药、医疗用品及器材市场	1	300	300	36000	456405
家具、五金及装饰材料市场	41	22971	20714	2896885	4068740
家具市场	5	1500	1331	164840	209309
装饰材料市场	18	8094	7296	1289359	826265
灯具市场	2	1132	1123	180000	639000
厨具、盥洗设备市场					
五金材料市场	13	10570	9482	1060391	2094503
其他装修市场	3	1675	1482	202295	299663
汽车、摩托车及零配件市场	42	9318	7748	2418422	11516400
汽车市场	35	6264	4792	2112722	10795796
摩托车市场	2	956	948	75000	178203
机动车零配件市场	5	2098	2008	230700	542401
花、鸟、鱼、虫市场	8	4213	3679	2324374	502609
花卉市场	8	4213	3679	2324374	502609
鸟市场					
观赏鱼市场					
其他花鸟鱼虫市场					
旧货市场	4	3652	3645	97752	106221
古玩、古董、字画市场					
邮票、硬币市场					
其他旧货市场	4	3652	3645	97752	106221
其他专业市场	10	3355	3232	108872	543655

1-7 商品交易市场成交情况(按摊位分)

摊　位	摊位数（个）	成交额（万元）
总　计	**3193365**	**727035303**
1. 粮油、食品、饮料、烟酒类	1070477	178614291
(1)粮油、食品类	982788	165139006
其中：粮油类	82877	23907920
肉禽蛋类	132833	22472132
水产品类	146589	31655439
蔬菜类	414909	47893846
干鲜果品类	147940	31606842
(2)饮料类	45275	6709931
(3)烟酒类	42414	6765354
2. 服装、鞋帽、针纺织品类	904542	111837355
(1)服装类	552323	50681361
(2)鞋帽类	141054	12833395
(3)针纺织品类	211165	48322599
3. 化妆品类	27752	2482560
4. 金银珠宝类	13205	3596592
5. 日用品类	178126	24357792
其中：洗涤用品类	42521	4360571
儿童玩具类	28203	2757914
6. 五金、电料类	98157	17666094
7. 体育、娱乐用品类	11860	1413270
8. 书报杂志类	5076	687950
9. 电子出版物及音像制品类	8249	1594565
10. 家用电器和音像器材类	32933	6888358
11. 中西药品类	23736	5024141
其中：西药类	1130	136793
中草药及中成药类	21420	4334184
12. 文化办公用品类	62725	11287430
13. 家具类	80748	14676433
14. 通讯器材类	24325	2255731
15. 煤炭及制品类	2615	9030457
16. 木材及制品类	29288	7796536
17. 石油及制品类	1328	16068338
18. 化工材料及制品类	35657	28504309
其中：化肥类	3737	963620
19. 金属材料类	91882	159626542
20. 建筑及装潢材料类	198648	36333982
21. 机电产品及设备类	50399	12418160
其中：农机类	4950	1475132
22. 汽车类	69729	48269578
23. 种子饲料类	6952	1088724
24. 棉麻类	5863	5406068
25. 其他类	159093	20110047

1-8 商品交易市场成交情况(按摊位与经营方式分)

(批发为主)

摊 位	年末出租摊位数 (个)	成交额 (万元)
总 计	**2070285**	**609549340**
1. 粮油、食品、饮料、烟酒类	683495	152714589
(1)粮油、食品类	630905	141425552
其中: 粮油类	50357	21661584
肉禽蛋类	55845	15375638
水产品类	89569	25793878
蔬菜类	276966	42966829
干鲜果品类	116461	29363165
(2)饮料类	30416	5842693
(3)烟酒类	22174	5446344
2. 服装、鞋帽、针纺织品类	574985	97721768
(1)服装类	332587	41312461
(2)鞋帽类	81318	10466167
(3)针纺织品类	161080	45943140
3. 化妆品类	14937	1850097
4. 金银珠宝类	7720	3110631
5. 日用品类	123393	19998086
其中: 洗涤用品类	26683	3662546
儿童玩具类	20825	2334647
6. 五金、电料类	75303	15303138
7. 体育、娱乐用品类	7434	1040761
8. 书报杂志类	3116	537997
9. 电子出版物及音像制品类	3391	1238609
10. 家用电器和音像器材类	20746	4931084
11. 中西药品类	21702	4791990
其中: 西药类	484	67448
中草药及中成药类	20349	4205110
12. 文化办公用品类	26756	5338502
13. 家具类	35195	7550318
14. 通讯器材类	10037	1094416
15. 煤炭及制品类	2308	9007615
16. 木材及制品类	23522	7331676
17. 石油及制品类	1207	16050221
18. 化工材料及制品类	32999	28295222
其中: 化肥类	2398	898013
19. 金属材料类	89725	159216138
20. 建筑及装潢材料类	117762	22355014
21. 机电产品及设备类	42485	11182431
其中: 农机类	4689	1444509
22. 汽车类	30943	15314818
23. 种子饲料类	5662	1034085
24. 棉麻类	4901	5349979
25. 其他类	110561	17190155

1-8 续表

(零售为主)

摊 位	年末出租摊位数 (个)	成交额 (万元)
总 计	**1123080**	**117485963**
1. 粮油、食品、饮料、烟酒类	386982	25899702
(1)粮油、食品类	351883	23713454
其中：粮油类	32520	2246336
肉禽蛋类	76988	7096494
水产品类	57020	5861561
蔬菜类	137943	4927017
干鲜果品类	31479	2243677
(2)饮料类	14859	867238
(3)烟酒类	20240	1319010
2. 服装、鞋帽、针纺织品类	329557	14115587
(1)服装类	219736	9368900
(2)鞋帽类	59736	2367228
(3)针纺织品类	50085	2379459
3. 化妆品类	12815	632463
4. 金银珠宝类	5485	485961
5. 日用品类	54733	4359706
其中：洗涤用品类	15838	698025
儿童玩具类	7378	423267
6. 五金、电料类	22854	2362956
7. 体育、娱乐用品类	4426	372509
8. 书报杂志类	1960	149953
9. 电子出版物及音像制品类	4858	355956
10. 家用电器和音像器材类	12187	1957274
11. 中西药品类	2034	232151
其中：西药类	646	69345
中草药及中成药类	1071	129074
12. 文化办公用品类	35969	5948928
13. 家具类	45553	7126115
14. 通讯器材类	14288	1161315
15. 煤炭及制品类	307	22842
16. 木材及制品类	5766	464860
17. 石油及制品类	121	18117
18. 化工材料及制品类	2658	209087
其中：化肥类	1339	65607
19. 金属材料类	2157	410404
20. 建筑及装潢材料类	80886	13978968
21. 机电产品及设备类	7914	1235729
其中：农机类	261	30623
22. 汽车类	38786	32954760
23. 种子饲料类	1290	54639
24. 棉麻类	962	56089
25. 其他类	48532	2919892

1-9　商品交易市场成交情况(按摊位与营业状态分)

(常年营业)

摊　位	年末出租摊位数 (个)	成交额 (万元)
总　计	**3144172**	**718235951**
1. 粮油、食品、饮料、烟酒类	1037715	173593012
(1)粮油、食品类	950448	160209854
其中：粮油类	82295	23446522
肉禽蛋类	132027	22411408
水产品类	145135	31279996
蔬菜类	396201	44654595
干鲜果品类	137399	30828869
(2)饮料类	44980	6620229
(3)烟酒类	42287	6762929
2. 服装、鞋帽、针纺织品类	896867	110114773
(1)服装类	549271	50073728
(2)鞋帽类	140267	12710960
(3)针纺织品类	207329	47330085
3. 化妆品类	27511	2462439
4. 金银珠宝类	13076	3576253
5. 日用品类	177650	24337440
其中：洗涤用品类	42401	4355926
儿童玩具类	28166	2755160
6. 五金、电料类	97877	17589213
7. 体育、娱乐用品类	11803	1412053
8. 书报杂志类	5071	687930
9. 电子出版物及音像制品类	8227	1593381
10. 家用电器和音像器材类	32856	6857982
11. 中西药品类	23685	5000804
其中：西药类	1119	136381
中草药及中成药类	21382	4311313
12. 文化办公用品类	62123	11224745
13. 家具类	80654	14667820
14. 通讯器材类	24297	2255538
15. 煤炭及制品类	2559	8873240
16. 木材及制品类	29233	7790925
17. 石油及制品类	1321	16067717
18. 化工材料及制品类	34834	28414786
其中：化肥类	3196	906678
19. 金属材料类	91176	159209861
20. 建筑及装潢材料类	197864	36223921
21. 机电产品及设备类	49687	12345541
其中：农机类	4902	1472398
22. 汽车类	69619	48100947
23. 种子饲料类	6693	1064105
24. 棉麻类	5153	5052805
25. 其他类	156621	19718720

1-9 续表 1

(季节性营业)

摊 位	年末出租摊位数 (个)	成交额 (万元)
总 计	**42822**	**8015512**
1. 粮油、食品、饮料、烟酒类	30876	4751792
(1)粮油、食品类	30526	4661697
其中：粮油类	161	254126
肉禽蛋类	444	37858
水产品类	1388	371537
蔬菜类	18096	3227879
干鲜果品类	10422	769527
(2)饮料类	277	88978
(3)烟酒类	73	1117
2. 服装、鞋帽、针纺织品类	4821	1419800
(1)服装类	1716	545333
(2)鞋帽类	61	1460
(3)针纺织品类	3044	873007
3. 化妆品类	23	415
4. 金银珠宝类	129	20339
5. 日用品类	47	442
其中：洗涤用品类	40	370
儿童玩具类	7	72
6. 五金、电料类	74	8706
7. 体育、娱乐用品类	13	180
8. 书报杂志类		
9. 电子出版物及音像制品类	5	82
10. 家用电器和音像器材类	20	2248
11. 中西药品类	36	22652
其中：西药类		
中草药及中成药类	35	22631
12. 文化办公用品类	523	60309
13. 家具类	61	6698
14. 通讯器材类	16	63
15. 煤炭及制品类	46	156917
16. 木材及制品类	47	5490
17. 石油及制品类		
18. 化工材料及制品类	800	87980
其中：化肥类	523	56822
19. 金属材料类	692	416155
20. 建筑及装潢材料类	742	95125
21. 机电产品及设备类	671	30500
其中：农机类	45	2634
22. 汽车类	110	168631
23. 种子饲料类	234	23508
24. 棉麻类	701	353074
25. 其他类	2135	384406

1-9　续表 2

(其他)

摊　　位	年末出租摊位数 (个)	成交额 (万元)
总　　计	**6371**	**783840**
1. 粮油、食品、饮料、烟酒类	1886	269487
(1)粮油、食品类	1814	267455
其中：粮油类	421	207272
肉禽蛋类	362	22866
水产品类	66	3906
蔬菜类	612	11372
干鲜果品类	119	8446
(2)饮料类	18	724
(3)烟酒类	54	1308
2. 服装、鞋帽、针纺织品类	2854	302782
(1)服装类	1336	62300
(2)鞋帽类	726	120975
(3)针纺织品类	792	119507
3. 化妆品类	218	19706
4. 金银珠宝类		
5. 日用品类	429	19910
其中：洗涤用品类	80	4275
儿童玩具类	30	2682
6. 五金、电料类	206	68175
7. 体育、娱乐用品类	44	1037
8. 书报杂志类	5	20
9. 电子出版物及音像制品类	17	1102
10. 家用电器和音像器材类	57	28128
11. 中西药品类	15	685
其中：西药类	11	412
中草药及中成药类	3	240
12. 文化办公用品类	79	2376
13. 家具类	33	1915
14. 通讯器材类	12	130
15. 煤炭及制品类	10	300
16. 木材及制品类	8	121
17. 石油及制品类	7	621
18. 化工材料及制品类	23	1543
其中：化肥类	18	120
19. 金属材料类	14	526
20. 建筑及装潢材料类	42	14936
21. 机电产品及设备类	41	42119
其中：农机类	3	100
22. 汽车类		
23. 种子饲料类	25	1111
24. 棉麻类	9	189
25. 其他类	337	6921

1-10 商品交易市场成交情况(按摊位与经营环境分)

(露天式)

摊 位	年末出租摊位数 (个)	成交额 (万元)
总 计	**513672**	**122775507**
1. 粮油、食品、饮料、烟酒类	280212	38417232
(1)粮油、食品类	264627	37071579
其中：粮油类	18763	3824398
肉禽蛋类	16160	2994980
水产品类	27069	6355103
蔬菜类	145315	14749212
干鲜果品类	43855	8563766
(2)饮料类	7357	606833
(3)烟酒类	8228	738820
2. 服装、鞋帽、针纺织品类	56355	6346968
(1)服装类	30636	1371676
(2)鞋帽类	12167	1510561
(3)针纺织品类	13552	3464731
3. 化妆品类	2876	168196
4. 金银珠宝类	1419	362995
5. 日用品类	16105	955766
其中：洗涤用品类	5097	423645
儿童玩具类	7359	163025
6. 五金、电料类	7517	780689
7. 体育、娱乐用品类	1132	52151
8. 书报杂志类	442	48491
9. 电子出版物及音像制品类	593	41617
10. 家用电器和音像器材类	2043	1023722
11. 中西药品类	1122	193010
其中：西药类	266	19588
中草药及中成药类	817	170411
12. 文化办公用品类	2453	185185
13. 家具类	2580	320526
14. 通讯器材类	527	80456
15. 煤炭及制品类	1937	3725673
16. 木材及制品类	8167	3147904
17. 石油及制品类	108	5970
18. 化工材料及制品类	3919	1514544
其中：化肥类	1389	303370
19. 金属材料类	41843	43658133
20. 建筑及装潢材料类	19056	3676872
21. 机电产品及设备类	3717	934010
其中：农机类	1912	768291
22. 汽车类	14958	10702617
23. 种子饲料类	2838	92542
24. 棉麻类	1392	972134
25. 其他类	40361	5368104

1-10　续表 1

(封闭式)

摊　　位	年末出租摊位数(个)	成交额(万元)
总　　计	**2276789**	**482522835**
1. 粮油、食品、饮料、烟酒类	601827	103951734
(1)粮油、食品类	542558	93330677
其中：粮油类	48791	14575092
肉禽蛋类	94115	14982264
水产品类	89697	18754829
蔬菜类	193849	23923683
干鲜果品类	79237	15883315
(2)饮料类	31494	5278948
(3)烟酒类	27775	5342109
2. 服装、鞋帽、针纺织品类	773946	94239179
(1)服装类	487477	45832281
(2)鞋帽类	116083	10465133
(3)针纺织品类	170386	37941765
3. 化妆品类	22173	2024701
4. 金银珠宝类	9601	2724050
5. 日用品类	146926	20344929
其中：洗涤用品类	32251	3356339
儿童玩具类	19211	2470417
6. 五金、电料类	76069	13337651
7. 体育、娱乐用品类	9717	1249763
8. 书报杂志类	4112	622027
9. 电子出版物及音像制品类	7190	1528457
10. 家用电器和音像器材类	28074	5045163
11. 中西药品类	20904	4053068
其中：西药类	574	90918
中草药及中成药类	19234	3762108
12. 文化办公用品类	58159	10571892
13. 家具类	74304	13844975
14. 通讯器材类	20152	1948070
15. 煤炭及制品类	541	5294209
16. 木材及制品类	15179	3274891
17. 石油及制品类	867	15024068
18. 化工材料及制品类	24415	15973785
其中：化肥类	1947	632246
19. 金属材料类	35968	86757029
20. 建筑及装潢材料类	158061	29023673
21. 机电产品及设备类	40117	9725835
其中：农机类	2392	588285
22. 汽车类	47568	25984264
23. 种子饲料类	3339	870362
24. 棉麻类	3936	3929917
25. 其他类	93644	11179143

1-10 续表 2

(其他)

摊 位	年末出租摊位数(个)	成交额(万元)
总 计	**402904**	**121736961**
1. 粮油、食品、饮料、烟酒类	188438	36245325
(1)粮油、食品类	175603	34736750
其中：粮油类	15323	5508430
肉禽蛋类	22558	4494888
水产品类	29823	6545507
蔬菜类	75745	9220951
干鲜果品类	24848	7159761
(2)饮料类	6424	824150
(3)烟酒类	6411	684425
2. 服装、鞋帽、针纺织品类	74241	11251208
(1)服装类	34210	3477404
(2)鞋帽类	12804	857701
(3)针纺织品类	27227	6916103
3. 化妆品类	2703	289663
4. 金银珠宝类	2185	509547
5. 日用品类	15095	3057097
其中：洗涤用品类	5173	580587
儿童玩具类	1633	124472
6. 五金、电料类	14571	3547754
7. 体育、娱乐用品类	1011	111356
8. 书报杂志类	522	17432
9. 电子出版物及音像制品类	466	24491
10. 家用电器和音像器材类	2816	819473
11. 中西药品类	1710	778063
其中：西药类	290	26287
中草药及中成药类	1369	401665
12. 文化办公用品类	2113	530353
13. 家具类	3864	510932
14. 通讯器材类	3646	227205
15. 煤炭及制品类	137	10575
16. 木材及制品类	5942	1373741
17. 石油及制品类	353	1038300
18. 化工材料及制品类	7323	11015980
其中：化肥类	401	28004
19. 金属材料类	14071	29211380
20. 建筑及装潢材料类	21531	3633437
21. 机电产品及设备类	6565	1758315
其中：农机类	646	118556
22. 汽车类	7203	11582697
23. 种子饲料类	775	125820
24. 棉麻类	535	504017
25. 其他类	25088	3562800

第二部分　地区篇

简要说明：

本篇资料的主要内容为亿元以上商品交易市场分地区的情况，包括按照省（区、市）、东中西部及东北地区、36城市、三大地带等，以及按照市场类别、摊位类别、经营方式、经营状态和经营环境的分组数据。

（一）省、自治区、直辖市

2-1 商品交易市场总体情况

地区	市场数量（个）	总摊位数（个）	年末出租摊位数（个）	营业面积（平方米）	成交额（万元）
全国	**4940**	**3547581**	**3193365**	**248323113**	**727035303**
北京	135	129132	110047	6899092	24897505
天津	81	56419	50499	5370229	26718648
河北	281	338928	305275	25989531	41251581
山西	44	34993	30970	2543176	4874484
内蒙古	71	41272	38674	6924566	6328057
辽宁	222	196337	179992	8211965	34659846
吉林	71	71979	57856	2983063	5340331
黑龙江	89	61628	57049	3072320	8527770
上海	179	76560	73576	7847399	64798737
江苏	553	362831	332515	29657713	117543115
浙江	695	444617	401164	25114588	115922400
安徽	135	96722	85502	7784845	17373192
福建	159	62956	55388	3516241	13339532
江西	93	69195	62956	3372646	12378711
山东	543	373177	352628	34475871	66761769
河南	170	125237	113665	10191354	15397881
湖北	160	86895	79159	5932370	12687659
湖南	290	194601	170099	8838300	20745597
广东	378	220384	192367	18970765	48273955
广西	89	68918	62457	3388013	9609250
海南	7	4089	4089	97445	163020
重庆	119	89250	80570	5860050	24579490
四川	105	110280	98122	5458848	11520108
贵州	33	20835	18692	1311303	2896228
云南	53	56245	41193	2692061	6026431
西藏					
陕西	41	25620	24812	983631	1994411
甘肃	42	43686	41033	2093605	3751695
青海	9	7314	5984	445015	308808
宁夏	26	21555	17492	3000868	2034801
新疆	67	55926	49540	5296240	6330291

2-2 商品交易市场情况（按市场类别分）

(综合市场)

地 区	市场数量(个)	总摊位数(个)	年末出租摊位数(个)	营业面积(平方米)	成交额(万元)
全 国	**1341**	**1296672**	**1167981**	**57401634**	**147942258**
北 京	40	55833	50398	2920497	11536457
天 津	17	19499	17317	1382054	2578013
河 北	70	110701	105824	7172733	12682135
山 西	8	12400	11581	1174704	2825135
内蒙古	9	9823	9449	550260	569132
辽 宁	67	76120	69026	2104089	12096267
吉 林	17	34515	22352	856048	731270
黑龙江	29	25520	22824	1059582	2065578
上 海	39	23408	22619	1229564	3435286
江 苏	176	131940	119968	6067358	19066900
浙 江	219	175152	162999	7338771	25940187
安 徽	42	45798	40860	3264948	6451415
福 建	63	31936	25968	895012	2589958
江 西	35	42547	37997	1074888	6083318
山 东	85	80119	74656	4795510	6774471
河 南	27	42747	39847	1391030	3063869
湖 北	37	24893	23011	1250419	2467083
湖 南	105	89215	74790	2638785	6029830
广 东	83	55903	47987	1549295	5112163
广 西	26	30723	28056	830191	1868523
海 南	5	3752	3752	78045	119820
重 庆	37	52313	46250	2061511	7020986
四 川	29	47412	43111	1054365	2664911
贵 州	3	2127	1908	35277	56763
云 南	17	12743	11427	318751	383950
西 藏					
陕 西	6	7178	6993	204270	85014
甘 肃	13	13421	12414	830496	1012368
青 海	2	852	617	237853	68310
宁 夏	7	4169	4067	339500	295114
新 疆	28	33913	29913	2695828	2268032

2-2 续表 1

(生产资料综合市场)

地 区	市场数量（个）	总摊位数（个）	年末出租摊位数（个）	营业面积（平方米）	成交额（万元）
全 国	**62**	**64301**	**59080**	**8103183**	**17553203**
北 京	1	280	258	7200	12649
天 津	1	426	426	65000	119935
河 北	2	600	590	150050	90128
山 西					
内蒙古	2	75	75	23000	41860
辽 宁	6	2977	2967	337390	4696388
吉 林	2	5371	3061	132000	72425
黑龙江					
上 海	4	6891	6891	699000	612140
江 苏	8	10900	10429	1434370	1740397
浙 江	8	6328	6252	904299	4822047
安 徽	1	6953	6953	1570000	2376786
福 建	1	92	92	30000	12438
江 西					
山 东	5	1209	1090	250750	103580
河 南					
湖 北	5	6673	5312	625334	667800
湖 南	2	250	250	15200	26247
广 东					
广 西	1	250	250	17608	276000
海 南					
重 庆	1	1600	1600	260000	619728
四 川	4	6067	5568	274000	540900
贵 州					
云 南	1	173	167	10920	10982
西 藏					
陕 西					
甘 肃	1	407	407	120000	29045
青 海	1	335	100	116203	50526
宁 夏	1	308	206	200000	54613
新 疆	4	6136	6136	860859	576589

2-2 续表 2

(工业消费品综合市场)

地区	市场数量(个)	总摊位数(个)	年末出租摊位数(个)	营业面积(平方米)	成交额(万元)
全国	**310**	**496590**	**445954**	**20114897**	**48431265**
北京	10	13392	11978	226422	811684
天津	3	7104	6640	162635	441139
河北	21	52071	50318	4242161	8281521
山西	3	2827	2221	154041	49438
内蒙古	4	6159	5785	245260	138272
辽宁	29	44292	38948	719564	3514264
吉林	7	24846	15020	646000	522987
黑龙江	16	15538	12842	390075	620105
上海	3	1406	1339	24900	147657
江苏	25	36814	32343	979651	4445411
浙江	31	77117	74545	4065607	8786834
安徽	6	11811	9292	688950	813905
福建	4	5520	3119	196060	180893
江西	8	16270	14487	301960	2751866
山东	36	47237	44463	2407191	4604652
河南	15	23978	22429	898423	2734577
湖北	8	6703	6419	250420	762645
湖南	26	26669	25107	592348	2520579
广东	22	19072	15137	496663	1789514
广西	1	5340	5091	200000	120352
海南					
重庆	9	25383	22582	788348	2640141
四川	4	6752	6736	116300	618143
贵州					
云南	1	1460	1282	40000	23350
西藏					
陕西	1	970	970	63000	10341
甘肃	8	5316	5177	582496	688909
青海					
宁夏	1	476	476	40000	66975
新疆	8	12067	11208	596422	345111

2-2　续表 3

(农产品综合市场)

地　区	市场数量(个)	总摊位数(个)	年末出租摊位数(个)	营业面积(平方米)	成交额(万元)
全　国	**691**	**475304**	**427746**	**17111215**	**54777699**
北　京	21	23882	21748	2212381	7769169
天　津	7	7725	6068	710788	1430894
河　北	27	35519	34030	1578716	2749373
山　西	3	3300	3300	353040	430490
内蒙古					
辽　宁	18	11442	10337	449363	1002619
吉　林	3	2162	2162	44795	69246
黑龙江	9	6026	6026	602447	1311146
上　海	26	10989	10418	366206	2189144
江　苏	125	68547	62365	2526252	9303225
浙　江	163	79790	72494	1726615	8453080
安　徽	24	16532	15877	478292	2332891
福　建	46	19546	16833	307256	1310630
江　西	12	12711	11971	376571	2233245
山　东	22	16694	15717	909277	1527126
河　南	5	3083	3068	172580	213921
湖　北	15	6844	6759	180413	575773
湖　南	38	35462	24803	1280951	2280195
广　东	51	30797	27395	827683	3007803
广　西	16	14392	13832	415948	1017489
海　南	2	1523	1523	7200	36358
重　庆	18	17393	14459	482620	2921957
四　川	15	30394	27334	461325	1242478
贵　州	1	912	790	1950	12320
云　南	10	7450	6882	134970	253548
西　藏					
陕　西	2	2188	2018	48800	24955
甘　肃	2	2300	2191	60000	53090
青　海					
宁　夏	3	1892	1892	51000	42300
新　疆	7	5809	5454	343776	983234

2-2 续表 4

(其他综合市场)

地　区	市场数量(个)	总摊位数(个)	年末出租摊位数(个)	营业面积(平方米)	成交额(万元)
全　国	**278**	**260477**	**235201**	**12072339**	**27180091**
北　京	8	18279	16414	474494	2942955
天　津	6	4244	4183	443631	586045
河　北	20	22511	20886	1201806	1561113
山　西	2	6273	6060	667623	2345207
内蒙古	3	3589	3589	282000	389000
辽　宁	14	17409	16774	597772	2882996
吉　林	5	2136	2109	33253	66612
黑龙江	4	3956	3956	67060	134327
上　海	6	4122	3971	139458	486345
江　苏	18	15679	14831	1127085	3577867
浙　江	17	11917	9708	642250	3878226
安　徽	11	10502	8738	527706	927833
福　建	12	6778	5924	361696	1085997
江　西	15	13566	11539	396357	1098207
山　东	22	14979	13386	1228292	539113
河　南	7	15686	14350	320027	115371
湖　北	9	4673	4521	194252	460865
湖　南	39	26834	24630	750286	1202809
广　东	10	6034	5455	224949	314846
广　西	8	10741	8883	196635	454682
海　南	3	2229	2229	70845	83462
重　庆	9	7937	7609	530543	839160
四　川	6	4199	3473	202740	263390
贵　州	2	1215	1118	33327	44443
云　南	5	3660	3096	132861	96070
西　藏					
陕　西	3	4020	4005	92470	49718
甘　肃	2	5398	4639	68000	241324
青　海	1	517	517	121650	17784
宁　夏	2	1493	1493	48500	131226
新　疆	9	9901	7115	894771	363098

2-2 续表 5

(专业市场)

地 区	市场数量 (个)	总摊位数 (个)	年末出租摊位数 (个)	营业面积 (平方米)	成交额 (万元)
全 国	**3599**	**2250909**	**2025384**	**190921479**	**579093045**
北 京	95	73299	59649	3978595	13361048
天 津	64	36920	33182	3988175	24140635
河 北	211	228227	199451	18816798	28569446
山 西	36	22593	19389	1368472	2049349
内蒙古	62	31449	29225	6374306	5758925
辽 宁	155	120217	110966	6107876	22563579
吉 林	54	37464	35504	2127015	4609061
黑龙江	60	36108	34225	2012738	6462192
上 海	140	53152	50957	6617835	61363451
江 苏	377	230891	212547	23590355	98476215
浙 江	476	269465	238165	17775817	89982213
安 徽	93	50924	44642	4519897	10921777
福 建	96	31020	29420	2621229	10749574
江 西	58	26648	24959	2297758	6295393
山 东	458	293058	277972	29680361	59987298
河 南	143	82490	73818	8800324	12334012
湖 北	123	62002	56148	4681951	10220576
湖 南	185	105386	95309	6199515	14715767
广 东	295	164481	144380	17421470	43161792
广 西	63	38195	34401	2557822	7740727
海 南	2	337	337	19400	43200
重 庆	82	36937	34320	3798539	17558504
四 川	76	62868	55011	4404483	8855197
贵 州	30	18708	16784	1276026	2839465
云 南	36	43502	29766	2373310	5642481
西 藏					
陕 西	35	18442	17819	779361	1909397
甘 肃	29	30265	28619	1263109	2739327
青 海	7	6462	5367	207162	240498
宁 夏	19	17386	13425	2661368	1739687
新 疆	39	22013	19627	2600412	4062259

2-2 续表 6

(生产资料市场)

地　区	市场数量 (个)	总摊位数 (个)	年末出租摊位数 (个)	营业面积 (平方米)	成交额 (万元)
全　国	**754**	**294577**	**265613**	**60821474**	**238675832**
北　京	11	3839	3445	281791	544795
天　津	24	6114	5859	1731452	16568531
河　北	47	22490	21880	7387440	6458919
山　西	4	466	436	127400	978511
内蒙古	14	2309	2259	3535020	3158780
辽　宁	29	10298	9039	1879208	5833793
吉　林	13	5457	5136	660500	517683
黑龙江	9	2218	2113	580200	3021610
上　海	47	13931	13549	4120778	49955511
江　苏	115	56719	47518	8231586	47314414
浙　江	108	38784	35346	4917896	34526516
安　徽	17	8033	6784	857067	5030935
福　建	12	2872	2449	630044	3442160
江　西	8	3995	3943	296415	1245117
山　东	89	28793	27091	9276453	18344420
河　南	18	5350	3776	2278717	2530788
湖　北	25	8838	8173	900063	2174107
湖　南	44	23684	21144	2358865	4504360
广　东	27	10523	8689	2867230	9831046
广　西	19	6113	6071	1184696	4908475
海　南					
重　庆	25	9732	8756	1562711	8785707
四　川	16	9047	7902	1292559	2750885
贵　州	5	987	979	186464	275550
云　南	6	1592	1578	455795	1564693
西　藏					
陕　西	2	943	943	56300	44380
甘　肃	5	1983	1902	182800	1111766
青　海					
宁　夏	6	3587	3310	1749308	1201661
新　疆	9	5880	5543	1232716	2050719

2-2 续表 7

(农业生产用具市场)

地区	市场数量(个)	总摊位数(个)	年末出租摊位数(个)	营业面积(平方米)	成交额(万元)
全国	**17**	**5722**	**4855**	**1460241**	**1480377**
北京					
天津					
河北	3	2713	2510	801200	899430
山西					
内蒙古	2	60	60	180006	35326
辽宁					
吉林					
黑龙江					
上海					
江苏	1	550	468	45857	55126
浙江					
安徽	1	811	353	37163	12938
福建					
江西	1	80	78	8000	30774
山东	5	627	585	169000	195856
河南	1	360	280	56000	80000
湖北	1	163	163	26000	59306
湖南					
广东	1	180	180	115015	55645
广西					
海南					
重庆					
四川					
贵州					
云南					
西藏					
陕西					
甘肃					
青海					
宁夏	1	178	178	22000	55976
新疆					

2-2 续表 8

(农用生产资料市场)

地 区	市场数量(个)	总摊位数(个)	年末出租摊位数(个)	营业面积(平方米)	成交额(万元)
全 国	**32**	**6650**	**6188**	**936754**	**1534107**
北 京					
天 津					
河 北	3	2112	2106	308800	110952
山 西					
内蒙古	2	162	162	226674	45768
辽 宁					
吉 林	2	586	586	12300	45780
黑龙江					
上 海					
江 苏	3	436	320	30270	97720
浙 江	2	199	199	8380	49342
安 徽	2	172	172	10340	20000
福 建	2	338	225	22250	245346
江 西					
山 东	6	789	784	77750	344933
河 南					
湖 北					
湖 南	2	62	62	37000	62485
广 东					
广 西	4	586	586	76900	195934
海 南					
重 庆	1	390	390	40000	160000
四 川					
贵 州					
云 南					
西 藏					
陕 西					
甘 肃					
青 海					
宁 夏					
新 疆	3	818	596	86090	155847

2-2 续表 9

(煤炭市场)

地区	市场数量（个）	总摊位数（个）	年末出租摊位数（个）	营业面积（平方米）	成交额（万元）
全国	**16**	**2422**	**2111**	**5879492**	**8936684**
北京					
天津	4	681	681	113000	5612782
河北	4	272	214	1800199	389729
山西	2	11	11	3600	398011
内蒙古	1	29	29	2000100	1135274
辽宁					
吉林					
黑龙江					
上海	1	10	10	1500	11725
江苏	1	33	33	200000	149856
浙江	1	69	69	405353	1040000
安徽					
福建					
江西					
山东					
河南					
湖北					
湖南					
广东					
广西					
海南					
重庆					
四川					
贵州					
云南					
西藏					
陕西					
甘肃					
青海					
宁夏	1	1272	1019	1355400	42394
新疆	1	45	45	340	156913

2-2 续表 10

(木材市场)

地 区	市场数量(个)	总摊位数(个)	年末出租摊位数(个)	营业面积(平方米)	成交额(万元)
全 国	**56**	**19770**	**17612**	**4506084**	**5452430**
北 京	1	600	600	40000	13366
天 津					
河 北	1	50	50	53000	21400
山 西					
内蒙古	1	132	132	666700	221063
辽 宁	1	200	200	2800	35200
吉 林					
黑龙江					
上 海	5	331	326	117396	161933
江 苏	10	4933	4745	748107	723040
浙 江	13	5579	4157	661218	1386063
安 徽	1	160	160	2000	12000
福 建					
江 西					
山 东	12	3702	3637	1682480	2208064
河 南					
湖 北	1	400	400	35000	45000
湖 南	4	1920	1820	134547	103540
广 东	3	1193	865	200000	402861
广 西	2	320	315	122836	108400
海 南					
重 庆	1	250	205	40000	10500
四 川					
贵 州					
云 南					
西 藏					
陕 西					
甘 肃					
青 海					
宁 夏					
新 疆					

2-2 续表 11

(建材市场)

地 区	市场数量（个）	总摊位数（个）	年末出租摊位数（个）	营业面积（平方米）	成交额（万元）
全 国	**212**	**91859**	**83541**	**15354058**	**17557120**
北 京	6	2304	2003	164000	227962
天 津	3	2267	2267	643492	698447
河 北	6	1135	1119	309210	118142
山 西	1	285	285	12000	14500
内 蒙 古	4	1445	1395	263200	391216
辽 宁	8	2001	1607	657391	644444
吉 林	6	1188	1188	413200	155220
黑 龙 江	2	606	606	88000	32217
上 海	12	5022	4982	3088971	2473263
江 苏	38	19311	16850	3173110	3750749
浙 江	19	6356	5633	774462	1234362
安 徽	5	4298	3693	451429	184760
福 建	4	1538	1228	335158	1151138
江 西	5	3216	3166	235494	615598
山 东	22	9826	9374	1462354	1638773
河 南	8	3048	2077	1143786	490832
湖 北	13	5315	4886	458763	609301
湖 南	23	12989	11949	492178	948432
广 东	3	986	604	235874	273200
广 西	5	2325	2307	131700	331922
海 南					
重 庆	5	1695	1669	233742	565875
四 川	7	2674	2624	422680	778392
贵 州	2	264	264	28464	105500
云 南	2	784	784	69500	45332
西 藏					
陕 西	2	943	943	56300	44380
甘 肃	1	38	38	9600	33163
青 海					
宁 夏					
新 疆					

2-2 续表 12

(化工材料及制品市场)

地 区	市场数量 (个)	总摊位数 (个)	年末出租摊位数 (个)	营业面积 (平方米)	成交额 (万元)
全 国	**43**	**22258**	**19810**	**2319937**	**25823959**
北 京					
天 津	3	406	401	17382	1193236
河 北	3	802	755	83934	284242
山 西					
内蒙古					
辽 宁	1	120	120	8459	15125
吉 林					
黑龙江					
上 海	2	964	964	20000	881400
江 苏	8	6647	5420	341180	9003651
浙 江	9	5743	5252	948845	9711315
安 徽	1	350	337	3700	19113
福 建	1	110	110	13000	38852
江 西					
山 东	4	2230	2017	148326	419670
河 南	1	48	48	6800	10000
湖 北					
湖 南	3	1339	917	72600	84751
广 东	5	3066	3036	608657	3803864
广 西					
海 南					
重 庆					
四 川	1	366	366	23374	300000
贵 州					
云 南	1	67	67	23680	58740
西 藏					
陕 西					
甘 肃					
青 海					
宁 夏					
新 疆					

2-2 续表 13

(金属材料市场)

地 区	市场数量 (个)	总摊位数 (个)	年末出租摊位数 (个)	营业面积 (平方米)	成交额 (万元)
全 国	**287**	**94148**	**85637**	**23542663**	**157593107**
北 京	2	278	267	24235	47895
天 津	14	2760	2510	957578	9064066
河 北	21	11743	11663	2705622	3896942
山 西	1	170	140	111800	566000
内蒙古	4	481	481	198340	1330133
辽 宁	17	7161	6562	1198052	5072776
吉 林					
黑龙江	6	1462	1367	372200	2927193
上 海	20	5360	5139	756703	34681713
江 苏	47	20055	16920	3274712	32956268
浙 江	47	13975	13339	1767618	19505411
安 徽	6	1702	1529	332325	4746904
福 建	3	295	295	166636	1934663
江 西	2	699	699	52921	598745
山 东	31	6234	5357	4513623	12038043
河 南	8	1894	1371	1072131	1949956
湖 北	10	2960	2724	380300	1460500
湖 南	4	1630	1459	1188280	2636770
广 东	11	2673	2075	1020684	4719663
广 西	5	1002	983	700260	4013200
海 南					
重 庆	9	3830	3193	677969	7338344
四 川	5	2008	1934	671505	1215790
贵 州	3	723	715	158000	170050
云 南	3	741	727	362615	1460621
西 藏					
陕 西					
甘 肃	4	1945	1864	173200	1078603
青 海					
宁 夏	2	1514	1514	269071	1045041
新 疆	2	853	810	436283	1137817

2-2 续表 14

(机械设备市场)

地 区	市场数量(个)	总摊位数(个)	年末出租摊位数(个)	营业面积(平方米)	成交额(万元)
全 国	**48**	**26031**	**23436**	**2766653**	**5571088**
北 京	1	377	300	33000	199000
天 津					
河 北	2	883	883	192075	94994
山 西					
内蒙古					
辽 宁	1	268	268	8963	20000
吉 林					
黑龙江					
上 海	1	309	309	39000	13989
江 苏	4	1554	1192	133350	416223
浙 江	12	4151	4041	172121	1217603
安 徽	1	540	540	20110	35220
福 建					
江 西					
山 东	5	2775	2729	350608	979511
河 南					
湖 北					
湖 南	6	5280	4477	410700	645493
广 东	2	960	834	487000	193883
广 西	2	1200	1200	63000	181000
海 南					
重 庆	6	2287	2238	517000	634769
四 川	3	3999	2978	175000	456703
贵 州					
云 南					
西 藏					
陕 西					
甘 肃					
青 海					
宁 夏	1	296	296	34726	32700
新 疆	1	1152	1151	130000	450000

2-2　续表 15

(其他生产资料市场)

地　区	市场数量（个）	总摊位数（个）	年末出租摊位数（个）	营业面积（平方米）	成交额（万元）
全　国	**43**	**25717**	**22423**	**4055592**	**14726960**
北　京	1	280	275	20556	56572
天　津					
河　北	4	2780	2580	1133400	643088
山　西					
内蒙古					
辽　宁	1	548	282	3543	46248
吉　林	5	3683	3362	235000	316683
黑龙江	1	150	140	120000	62200
上　海	6	1935	1819	97208	11731488
江　苏	3	3200	1570	285000	161781
浙　江	5	2712	2656	179899	382420
安　徽					
福　建	2	591	591	93000	72161
江　西					
山　东	4	2610	2608	872312	519570
河　南					
湖　北					
湖　南	2	464	460	23560	22889
广　东	2	1465	1095	200000	381930
广　西	1	680	680	90000	78019
海　南					
重　庆	3	1280	1061	54000	76219
四　川					
贵　州					
云　南					
西　藏					
陕　西					
甘　肃					
青　海					
宁　夏	1	327	303	68111	25550
新　疆	2	3012	2941	580003	150142

2-2 续表 16

(农产品市场)

地 区	市场数量(个)	总摊位数(个)	年末出租摊位数(个)	营业面积(平方米)	成交额(万元)
全 国	**981**	**601358**	**536794**	**40636756**	**105932302**
北 京	18	21055	11118	899915	2771722
天 津	16	16731	14621	886501	3282845
河 北	90	107638	98438	5036514	7351742
山 西	7	2189	2087	210416	398408
内蒙古	22	12345	10809	2064810	975628
辽 宁	45	21703	18711	1416974	4455242
吉 林	12	6780	6575	579764	934475
黑龙江	13	1797	1787	343895	1450987
上 海	32	11150	10491	606314	4146956
江 苏	82	31380	28850	2459634	7625399
浙 江	116	53777	46154	2350065	14238339
安 徽	31	12800	10678	1048246	1665349
福 建	36	10144	9753	692541	1840100
江 西	20	8053	7430	340212	2028836
山 东	152	127665	122778	10755502	21202069
河 南	40	21479	19318	2355392	4019044
湖 北	26	14410	13155	825882	3135633
湖 南	42	20675	15642	816472	2261804
广 东	79	31837	27558	2516450	11817045
广 西	15	9884	9533	523711	1066120
海 南					
重 庆	14	7206	6435	388923	1826762
四 川	18	12739	11247	1184793	2428817
贵 州	9	3047	2857	259300	1084530
云 南	7	3551	3394	386363	1027458
西 藏					
陕 西	10	4173	4062	279326	1021218
甘 肃	11	17725	16170	440959	925047
青 海	2	2528	1488	139200	137750
宁 夏	5	3848	3422	366000	281909
新 疆	11	3049	2233	462682	531068

2-2 续表 17

(粮油市场)

地区	市场数量(个)	总摊位数(个)	年末出租摊位数(个)	营业面积(平方米)	成交额(万元)
全国	**109**	**35354**	**31978**	**4550940**	**14677318**
北京	3	1641	1475	160000	678978
天津	3	487	487	119309	990225
河北	8	917	803	619853	417059
山西	1	145	145	17000	64000
内蒙古	6	1962	1552	232012	229218
辽宁	2	417	417	130000	207796
吉林	1	1608	1608	177946	412000
黑龙江	2	125	125	53604	259937
上海	5	2289	2027	139700	1311085
江苏	7	1053	922	310950	1101028
浙江	16	2234	2229	290488	1533984
安徽	4	2696	1686	363600	308405
福建	3	405	366	72100	225480
江西	2	42	42	4900	747460
山东	16	9450	9397	636104	2183123
河南	5	2975	2862	728187	1388993
湖北	1	210	210	40000	15780
湖南	4	930	798	70500	266304
广东	10	2812	2068	236860	1174932
广西					
海南					
重庆	1	1000	1000	8000	66960
四川	1	196	190	2000	10200
贵州	2	324	324	15200	410000
云南	1	22	22	4931	195739
西藏					
陕西	1	230	230	5496	200000
甘肃	2	475	460	63000	178972
青海	1	528	423	39200	69660
宁夏					
新疆	1	181	110	10000	30000

2-2 续表 18

(肉禽蛋市场)

地　区	市场数量(个)	总摊位数(个)	年末出租摊位数(个)	营业面积(平方米)	成交额(万元)
全　国	**124**	**42028**	**38070**	**3112759**	**8135490**
北　京	2	594	340	30901	49143
天　津	1	485	485	100000	38200
河　北	5	1489	1461	234500	699698
山　西					
内蒙古	3	674	674	30000	79198
辽　宁	5	1726	1457	123117	343049
吉　林					
黑龙江	2	428	428	12055	195821
上　海	6	880	813	40857	208195
江　苏	18	3512	3176	149210	1337404
浙　江	14	2273	2109	157207	1247515
安　徽	8	2395	1917	129849	433984
福　建	4	1914	1836	215618	192885
江　西	5	1819	1800	51560	247115
山　东	8	3418	3298	136371	253144
河　南	1	621	621	35200	24922
湖　北	6	2056	1803	129760	290841
湖　南	1	263	240	8500	11208
广　东	15	6117	5698	617487	1378677
广　西	6	5466	5240	91415	401585
海　南					
重　庆	5	2689	2120	37320	125172
四　川	3	2230	1575	561000	327642
贵　州	1	534	534	2200	26317
云　南	1	160	160	40890	46000
西　藏					
陕　西					
甘　肃					
青　海					
宁　夏	1	80	80	65000	65163
新　疆	3	205	205	112742	112612

2-2　续表 19

(水产品市场)

地　区	市场数量(个)	总摊位数(个)	年末出租摊位数(个)	营业面积(平方米)	成交额(万元)
全　国	**150**	**99160**	**88346**	**3782291**	**20966288**
北　京	3	2074	1898	85000	917262
天　津	4	3805	1695	103960	525627
河　北	5	2939	2939	110788	300748
山　西					
内蒙古					
辽　宁	8	2632	2532	251700	1227026
吉　林					
黑龙江	1	30	20	7779	20000
上　海	5	2718	2478	204200	1585515
江　苏	24	8233	7186	728159	2112807
浙　江	31	21568	18072	501674	3469430
安　徽	1	260	241	36000	54100
福　建	7	1922	1738	65179	348057
江　西	1	910	832	43000	138000
山　东	22	38649	37058	875222	4449932
河　南	5	1891	1891	180581	335800
湖　北	3	3261	2325	76447	1444560
湖　南	6	1421	1390	98251	641760
广　东	17	3993	3381	229248	2010332
广　西	1	500	420	2100	20018
海　南					
重　庆	3	1241	1137	149603	1243703
四　川	1	624	624	27000	18600
贵　州					
云　南					
西　藏					
陕　西					
甘　肃	1	89	89	1200	11011
青　海					
宁　夏					
新　疆	1	400	400	5200	92000

2-2 续表 20

(蔬菜市场)

地　区	市场数量(个)	总摊位数(个)	年末出租摊位数(个)	营业面积(平方米)	成交额(万元)
全　国	**295**	**246026**	**220055**	**15868521**	**30627041**
北　京	5	10046	2417	190400	327762
天　津	6	10810	10810	417006	582915
河　北	53	81317	75255	3150803	4577734
山　西	4	1722	1722	153630	308108
内蒙古	7	8559	7622	1249970	453917
辽　宁	15	7970	7747	446540	2173854
吉　林	4	2230	2230	181800	256525
黑龙江	5	831	831	208405	772434
上　海	7	2775	2707	125812	561865
江　苏	15	6365	6091	335544	1365023
浙　江	22	13506	10343	692897	2491688
安　徽	9	4103	4039	316200	362424
福　建	8	1556	1508	172618	514192
江　西	3	1119	1119	43700	405573
山　东	62	50977	49295	5105215	8742348
河　南	18	11710	9884	785918	1869916
湖　北	7	3144	3144	120500	137721
湖　南	6	3943	3912	268000	798369
广　东	8	2380	2087	316187	570913
广　西	3	1410	1365	294051	308979
海　南					
重　庆	1	200	200	18000	69746
四　川	8	6389	5582	392391	1228481
贵　州	1	680	637	17000	20125
云　南	2	1099	1087	213672	420009
西　藏					
陕　西	7	3308	3197	227574	778678
甘　肃	5	4159	2619	260688	229064
青　海	1	2000	1065	100000	68090
宁　夏	1	1100	1100	35000	108588
新　疆	2	618	440	29000	122000

2-2 续表 21

(干鲜果品市场)

地　区	市场数量(个)	总摊位数(个)	年末出租摊位数(个)	营业面积(平方米)	成交额(万元)
全　国	**147**	**85320**	**76665**	**5791758**	**16821904**
北　京	2	2690	1150	255000	84900
天　津					
河　北	11	11022	8096	348854	816471
山　西	2	322	220	39786	26300
内蒙古	1	20	20	180000	10800
辽　宁	5	1340	995	139437	146908
吉　林	4	589	487	86118	196018
黑龙江	2	276	276	22052	189296
上　海	3	557	556	43927	334033
江　苏	9	6854	6595	372307	1138454
浙　江	18	7705	7471	427545	2520495
安　徽	3	267	267	61247	74032
福　建	3	207	207	51500	88406
江　西	5	2403	2208	176200	411436
山　东	24	13014	12324	826350	2566829
河　南	8	3282	3062	323236	301583
湖　北	6	4980	4914	403475	1161644
湖　南	11	3287	2875	226123	240112
广　东	11	6811	5839	926285	4589618
广　西	2	1025	1025	103360	237100
海　南					
重　庆	2	1076	1076	103500	187932
四　川	4	1822	1798	167000	381350
贵　州	4	1059	1059	222400	611845
云　南	1	520	520	50000	160000
西　藏					
陕　西	2	635	635	46256	42540
甘　肃	2	12345	12345	74800	206000
青　海					
宁　夏					
新　疆	2	1212	645	115000	97802

2-2 续表 22

(棉麻土畜、烟叶市场)

地 区	市场数量(个)	总摊位数(个)	年末出租摊位数(个)	营业面积(平方米)	成交额(万元)
全 国	**23**	**11961**	**11672**	**3357746**	**4502493**
北 京					
天 津	1	650	650	20000	305578
河 北	3	7250	7250	165356	324624
山 西					
内 蒙 古	3	540	540	252600	128900
辽 宁	1	400	200	12000	39200
吉 林					
黑 龙 江					
上 海					
江 苏					
浙 江	4	679	679	93360	1964532
安 徽	1	315	315	16850	39618
福 建					
江 西					
山 东	9	2047	1960	2764580	1646041
河 南	1	80	78	33000	54000
湖 北					
湖 南					
广 东					
广 西					
海 南					
重 庆					
四 川					
贵 州					
云 南					
西 藏					
陕 西					
甘 肃					
青 海					
宁 夏					
新 疆					

2-2　续表 23

(其他农产品市场)

地　　区	市场数量（个）	总摊位数（个）	年末出租摊位数（个）	营业面积（平方米）	成交额（万元）
全　　国	**133**	**81509**	**70008**	**4172741**	**10201768**
北　　京	3	4010	3838	178614	713677
天　　津	1	494	494	126226	840300
河　　北	5	2704	2634	406360	215408
山　　西					
内 蒙 古	2	590	401	120228	73595
辽　　宁	9	7218	5363	314180	317409
吉　　林	3	2353	2250	133900	69932
黑 龙 江	1	107	107	40000	13499
上　　海	6	1931	1910	51818	146263
江　　苏	9	5363	4880	563464	570683
浙　　江	11	5812	5251	186894	1010695
安　　徽	5	2764	2213	124500	392786
福　　建	11	4140	4098	115526	471080
江　　西	4	1760	1429	20852	79252
山　　东	11	10110	9446	411660	1360652
河　　南	2	920	920	269270	43830
湖　　北	3	759	759	55700	85087
湖　　南	14	10831	6427	145098	304051
广　　东	18	9724	8485	190383	2092573
广　　西	3	1483	1483	32785	98438
海　　南					
重　　庆	2	1000	902	72500	133249
四　　川	1	1478	1478	35402	462544
贵　　州	1	450	303	2500	16243
云　　南	2	1750	1605	76870	205710
西　　藏					
陕　　西					
甘　　肃	1	657	657	41271	300000
青　　海					
宁　　夏	3	2668	2242	266000	108158
新　　疆	2	433	433	190740	76654

2-2 续表 24

(食品、饮料及烟酒市场)

地区	市场数量(个)	总摊位数(个)	年末出租摊位数(个)	营业面积(平方米)	成交额(万元)
全国	**154**	**96645**	**76755**	**4239654**	**13222720**
北京	1	150	120	8000	20859
天津	5	3072	2697	76800	364879
河北	2	950	898	14100	188872
山西	3	391	347	15200	37520
内蒙古	2	628	548	70300	65780
辽宁	2	1951	1780	21434	279980
吉林	2	293	262	20837	95419
黑龙江	3	1598	1532	29400	106588
上海	2	679	670	27000	212757
江苏	19	8595	7110	1097903	3545954
浙江	18	18819	8141	537267	2004629
安徽	2	750	710	44320	170532
福建	6	2729	2288	187500	321553
江西	2	1280	1088	128295	809564
山东	28	25297	23705	922106	2027491
河南	6	4318	2472	172694	195374
湖北	8	2781	2596	128331	247075
湖南	8	3893	3344	88199	305461
广东	15	8141	7080	283158	1099110
广西	6	2881	2721	54550	160025
海南					
重庆	3	1257	1249	27089	192992
四川	4	1892	1655	97834	118696
贵州	2	1630	1393	56256	524331
云南	1	360	360	24982	18605
西藏					
陕西	1	986	986	50000	36236
甘肃					
青海	1	223	223	6149	18000
宁夏					
新疆	2	1101	780	49950	54438

2-2　续表 25

(食品饮料市场)

地　区	市场数量(个)	总摊位数(个)	年末出租摊位数(个)	营业面积(平方米)	成交额(万元)
全　国	**62**	**44448**	**38811**	**1630037**	**4473081**
北　京					
天　津	4	2793	2418	68800	346984
河　北	1	850	800	9100	117192
山　西	3	391	347	15200	37520
内蒙古	1	228	160	20300	17000
辽　宁	2	1951	1780	21434	279980
吉　林					
黑龙江	2	1287	1247	27000	96065
上　海					
江　苏	8	3569	2616	511900	711245
浙　江	5	3725	3457	190036	797096
安　徽					
福　建					
江　西	1	156	156	26000	17000
山　东	7	12020	11946	172108	648764
河　南	4	4053	2207	163884	171330
湖　北	4	1193	1178	47532	71150
湖　南	3	1355	1343	35000	112524
广　东	10	6365	5319	165708	759336
广　西	1	750	597	15000	31658
海　南					
重　庆	3	1257	1249	27089	192992
四　川	2	1680	1443	81000	40396
贵　州					
云　南					
西　藏					
陕　西					
甘　肃					
青　海					
宁　夏					
新　疆	1	825	548	32946	24849

2-2 续表 26

(茶叶市场)

地区	市场数量(个)	总摊位数(个)	年末出租摊位数(个)	营业面积(平方米)	成交额(万元)
全国	**26**	**20271**	**10227**	**714370**	**1712840**
北京	1	150	120	8000	20859
天津					
河北					
山西					
内蒙古					
辽宁					
吉林					
黑龙江					
上海	1	290	281	15000	34380
江苏	1	420	420	39960	18100
浙江	7	12156	2262	144460	492788
安徽	1	600	600	12000	162000
福建	3	1719	1719	63000	212184
江西					
山东	3	1162	1162	216000	324873
河南	1	180	180	3000	13000
湖北	2	1335	1225	73000	139731
湖南					
广东	3	1026	1025	77250	170289
广西	2	247	247	12700	88400
海南					
重庆					
四川					
贵州					
云南					
西藏					
陕西	1	986	986	50000	36236
甘肃					
青海					
宁夏					
新疆					

2-2　续表 27

(烟酒市场)

地　区	市场数量 (个)	总摊位数 (个)	年末出租摊位数 (个)	营业面积 (平方米)	成交额 (万元)
全　国	**13**	**4804**	**4085**	**211431**	**741666**
北　京					
天　津					
河　北	1	100	98	5000	71680
山　西					
内蒙古					
辽　宁					
吉　林					
黑龙江					
上　海					
江　苏	1	200	180	3200	20334
浙　江					
安　徽	1	150	110	32320	8532
福　建					
江　西					
山　东	7	2762	2502	143100	535992
河　南					
湖　北					
湖　南	2	1490	1093	21811	58828
广　东					
广　西					
海　南					
重　庆					
四　川	1	102	102	6000	46300
贵　州					
云　南					
西　藏					
陕　西					
甘　肃					
青　海					
宁　夏					
新　疆					

2-2 续表 28

(其他食品饮料及烟酒市场)

地 区	市场数量(个)	总摊位数(个)	年末出租摊位数(个)	营业面积(平方米)	成交额(万元)
全 国	**53**	**27122**	**23632**	**1683816**	**6295133**
北 京					
天 津	1	279	279	8000	17895
河 北					
山 西					
内蒙古	1	400	388	50000	48780
辽 宁					
吉 林	2	293	262	20837	95419
黑龙江	1	311	285	2400	10523
上 海	1	389	389	12000	178377
江 苏	9	4406	3894	542843	2796275
浙 江	6	2938	2422	202771	714745
安 徽					
福 建	3	1010	569	124500	109369
江 西	1	1124	932	102295	792564
山 东	11	9353	8095	390898	517862
河 南	1	85	85	5810	11044
湖 北	2	253	193	7799	36194
湖 南	3	1048	908	31388	134109
广 东	2	750	736	40200	169485
广 西	3	1884	1877	26850	39967
海 南					
重 庆					
四 川	1	110	110	10834	32000
贵 州	2	1630	1393	56256	524331
云 南	1	360	360	24982	18605
西 藏					
陕 西					
甘 肃					
青 海	1	223	223	6149	18000
宁 夏					
新 疆	1	276	232	17004	29589

2-2 续表 29

(纺织、服装、鞋帽市场)

地区	市场数量（个）	总摊位数（个）	年末出租摊位数（个）	营业面积（平方米）	成交额（万元）
全国	**553**	**684529**	**629757**	**24922892**	**92632360**
北京	13	17221	16616	476306	353169
天津	6	4204	4204	130549	450748
河北	26	37304	27339	1578740	6313803
山西	12	16518	13586	633776	358234
内蒙古	12	11460	10997	309667	739829
辽宁	30	54755	52230	1147994	5939211
吉林	14	17632	17112	324900	660528
黑龙江	21	23334	21756	515847	1055416
上海	14	11713	11409	305957	1191469
江苏	32	74091	73387	4112995	26465898
浙江	60	90473	86250	3853425	20035331
安徽	8	6398	6049	238526	417092
福建	12	8212	8169	277768	1935607
江西	4	1809	1783	68484	432859
山东	69	56811	55119	2372296	6234857
河南	26	28830	26841	1189033	1074995
湖北	24	17333	16740	1356650	763967
湖南	36	33326	32948	891854	1578782
广东	70	62788	54325	2211695	9468412
广西	9	11485	10893	262396	387658
海南					
重庆	4	2473	2362	141470	728333
四川	18	25852	23183	621103	1959853
贵州	2	9800	8360	351736	578936
云南	2	24500	15953	503897	1625500
西藏					
陕西	11	8568	8179	229333	423820
甘肃	5	7853	7853	462115	480003
青海	2	2998	2943	22813	51589
宁夏	3	7713	4863	110000	49291
新疆	8	9075	8308	221567	877170

2-2 续表 30

(布料及纺织品市场)

地 区	市场数量(个)	总摊位数(个)	年末出租摊位数(个)	营业面积(平方米)	成交额(万元)
全 国	**77**	**110859**	**102865**	**5921832**	**37098158**
北 京	2	950	510	36600	23100
天 津					
河 北	7	9308	9164	414886	1210395
山 西					
内 蒙 古					
辽 宁					
吉 林	1	1680	1680	16000	11090
黑 龙 江	3	3707	3394	82137	73770
上 海					
江 苏	8	19776	19610	1626800	16623792
浙 江	17	40670	39503	2064255	12151795
安 徽	2	2596	2396	96000	62750
福 建	2	578	570	28980	324735
江 西					
山 东	10	5451	5201	448275	1328305
河 南	4	3031	2421	107900	79192
湖 北	4	1205	1205	14483	47458
湖 南	3	712	680	19400	74068
广 东	11	19835	15171	913476	5006708
广 西					
海 南					
重 庆					
四 川					
贵 州					
云 南					
西 藏					
陕 西	2	1100	1100	26000	70000
甘 肃	1	260	260	26640	11000
青 海					
宁 夏					
新 疆					

2-2　续表 31

(服装市场)

地　区	市场数量(个)	总摊位数(个)	年末出租摊位数(个)	营业面积(平方米)	成交额(万元)
全　国	**344**	**416058**	**379172**	**13687703**	**39605239**
北　京	10	15191	15026	419706	308515
天　津	4	3338	3338	98318	428824
河　北	14	24355	14586	1071854	4408217
山　西	9	11878	11064	309276	248239
内蒙古	6	6606	6528	134900	281408
辽　宁	19	23891	22833	651671	1336259
吉　林	11	14435	14187	264900	625353
黑龙江	16	17895	16630	381710	944251
上　海	12	9353	9049	195957	1010015
江　苏	10	31574	31420	1249611	6920087
浙　江	34	39688	36759	1678414	6908775
安　徽	5	3294	3171	132526	329372
福　建	9	7346	7311	243759	1596672
江　西	2	933	933	32484	33049
山　东	44	41174	40169	1310296	3600594
河　南	15	16473	16423	510633	788273
湖　北	12	12928	12615	1264267	566075
湖　南	24	21034	20889	572625	788883
广　东	49	35370	32225	989317	3166038
广　西	6	9524	8932	212106	335244
海　南					
重　庆	1	370	345	9000	18000
四　川	12	15187	13159	407761	1394766
贵　州	1	6900	6807	266411	526736
云　南	2	24500	15953	503897	1625500
西　藏					
陕　西	7	5993	5604	164533	184440
甘　肃	4	7593	7593	435475	469003
青　海					
宁　夏	1	4390	1540	70000	9726
新　疆	5	4845	4083	106296	752925

2-2 续表 32

(鞋帽市场)

地 区	市场数量(个)	总摊位数(个)	年末出租摊位数(个)	营业面积(平方米)	成交额(万元)
全 国	**41**	**24974**	**23040**	**1452953**	**3715536**
北 京					
天 津	1	613	613	25000	10000
河 北	2	880	880	32000	378000
山 西	2	640	640	24500	90990
内蒙古					
辽 宁	2	2750	1900	16500	294700
吉 林					
黑龙江	1	1400	1400	20000	21800
上 海					
江 苏	4	2868	2868	746669	332246
浙 江	1	1200	1200	6000	56450
安 徽					
福 建	1	288	288	5029	14200
江 西	1	500	486	22500	12290
山 东	7	3196	3120	122292	575103
河 南	1	911	500	16000	64000
湖 北	6	1461	1181	60400	125250
湖 南	3	1224	1134	62000	49580
广 东	7	5409	5196	185263	1105927
广 西					
海 南					
重 庆	1	566	566	80000	425000
四 川					
贵 州					
云 南					
西 藏					
陕 西	1	1068	1068	28800	160000
甘 肃					
青 海					
宁 夏					
新 疆					

2-2 续表 33

(其他纺织服装鞋帽市场)

地 区	市场数量（个）	总摊位数（个）	年末出租摊位数（个）	营业面积（平方米）	成交额（万元）
全 国	**91**	**132638**	**124680**	**3860404**	**12213427**
北 京	1	1080	1080	20000	21554
天 津	1	253	253	7231	11924
河 北	3	2761	2709	60000	317191
山 西	1	4000	1882	300000	19005
内蒙古	6	4854	4469	174767	458421
辽 宁	9	28114	27497	479823	4308252
吉 林	2	1517	1245	44000	24085
黑龙江	1	332	332	32000	15595
上 海	2	2360	2360	110000	181454
江 苏	10	19873	19489	489915	2589773
浙 江	8	8915	8788	104756	918311
安 徽	1	508	482	10000	24970
福 建					
江 西	1	376	364	13500	387520
山 东	8	6990	6629	491433	730855
河 南	6	8415	7497	554500	143530
湖 北	2	1739	1739	17500	25184
湖 南	6	10356	10245	237829	666251
广 东	3	2174	1733	123639	189739
广 西	3	1961	1961	50290	52414
海 南					
重 庆	2	1537	1451	52470	285333
四 川	6	10665	10024	213342	565087
贵 州	1	2900	1553	85325	52200
云 南					
西 藏					
陕 西	1	407	407	10000	9380
甘 肃					
青 海	2	2998	2943	22813	51589
宁 夏	2	3323	3323	40000	39565
新 疆	3	4230	4225	115271	124245

2-2 续表 34

(日用品及文化用品市场)

地 区	市场数量 (个)	总摊位数 (个)	年末出租摊位数 (个)	营业面积 (平方米)	成交额 (万元)
全 国	**105**	**75203**	**71284**	**2793196**	**11695028**
北 京	5	8945	7806	200723	433199
天 津					
河 北	1	7200	7200	40000	245071
山 西	1	422	412	25680	48116
内 蒙 古	1	718	646	41000	116512
辽 宁	5	4371	4318	110800	1323271
吉 林	1	612	612	1000	57700
黑 龙 江	1	400	400	10000	50200
上 海	2	94	89	7500	2177775
江 苏	10	5690	5606	100544	284139
浙 江	12	11045	10784	184874	1798805
安 徽	2	1993	1825	86886	37751
福 建	3	819	810	210160	177038
江 西					
山 东	15	10252	10168	498932	1813474
河 南	5	861	826	74158	117255
湖 北	9	5652	4602	246902	502847
湖 南	6	953	950	59150	249781
广 东	23	14036	13096	875631	2191400
广 西					
海 南					
重 庆	3	1140	1134	19256	70694
四 川					
贵 州					
云 南					
西 藏					
陕 西					
甘 肃					
青 海					
宁 夏					
新 疆					

2-2 续表 35

(小商品市场)

地 区	市场数量(个)	总摊位数(个)	年末出租摊位数(个)	营业面积(平方米)	成交额(万元)
全 国	**35**	**39280**	**36962**	**942973**	**2857162**
北 京	3	7663	6834	129223	259591
天 津					
河 北	1	7200	7200	40000	245071
山 西	1	422	412	25680	48116
内蒙古	1	718	646	41000	116512
辽 宁					
吉 林					
黑龙江					
上 海					
江 苏	5	4383	4352	49668	191975
浙 江	1	632	632	21600	131774
安 徽	1	1864	1696	80000	26751
福 建	2	247	238	16000	145578
江 西					
山 东	5	6677	6597	272332	1239415
河 南	1	156	141	8000	10855
湖 北	2	2642	1942	38000	37630
湖 南					
广 东	11	6518	6120	217454	373844
广 西					
海 南					
重 庆	1	158	152	4016	30050
四 川					
贵 州					
云 南					
西 藏					
陕 西					
甘 肃					
青 海					
宁 夏					
新 疆					

2-2 续表 36

(箱包市场)

地区	市场数量(个)	总摊位数(个)	年末出租摊位数(个)	营业面积(平方米)	成交额(万元)
全国	**7**	**6002**	**5627**	**578000**	**1939498**
北京					
天津					
河北					
山西					
内蒙古					
辽宁	1	1330	1330	2000	360500
吉林					
黑龙江					
上海					
江苏					
浙江					
安徽					
福建					
江西					
山东	2	322	322	17800	73950
河南	2	250	230	8200	26400
湖北	1	500	500	50000	110000
湖南					
广东	1	3600	3245	500000	1368648
广西					
海南					
重庆					
四川					
贵州					
云南					
西藏					
陕西					
甘肃					
青海					
宁夏					
新疆					

2-2 续表 37

(玩具市场)

地　区	市场数量（个）	总摊位数（个）	年末出租摊位数（个）	营业面积（平方米）	成交额（万元）
全　国	**2**	**463**	**432**	**50750**	**95430**
北　京					
天　津					
河　北					
山　西					
内蒙古					
辽　宁					
吉　林					
黑龙江					
上　海					
江　苏					
浙　江					
安　徽					
福　建					
江　西					
山　东	1	348	347	38000	24910
河　南					
湖　北					
湖　南					
广　东	1	115	85	12750	70520
广　西					
海　南					
重　庆					
四　川					
贵　州					
云　南					
西　藏					
陕　西					
甘　肃					
青　海					
宁　夏					
新　疆					

2-2 续表 38

(文具市场)

地 区	市场数量(个)	总摊位数(个)	年末出租摊位数(个)	营业面积(平方米)	成交额(万元)
全 国	**5**	**2133**	**1661**	**126137**	**300023**
北 京	1	1070	760	64500	154797
天 津					
河 北					
山 西					
内蒙古					
辽 宁					
吉 林					
黑龙江					
上 海					
江 苏					
浙 江	1	558	506	33294	59983
安 徽					
福 建					
江 西					
山 东					
河 南					
湖 北					
湖 南	1	80	80	13000	35020
广 东	2	425	315	15343	50223
广 西					
海 南					
重 庆					
四 川					
贵 州					
云 南					
西 藏					
陕 西					
甘 肃					
青 海					
宁 夏					
新 疆					

2-2 续表 39

(图书、报刊杂志市场)

地　区	市场数量(个)	总摊位数(个)	年末出租摊位数(个)	营业面积(平方米)	成交额(万元)
全　国	**12**	**1832**	**1777**	**101289**	**325381**
北　京	1	212	212	7000	18811
天　津					
河　北					
山　西					
内蒙古					
辽　宁	1	83	83	6900	13000
吉　林					
黑龙江					
上　海	1	51	46	2500	16200
江　苏	2	208	161	15900	43206
浙　江	1	91	91	10000	20360
安　徽					
福　建					
江　西					
山　东	2	245	242	12800	28810
河　南	1	152	152	16000	50000
湖　北	1	277	277	4100	11000
湖　南	1	423	423	13100	80061
广　东	1	90	90	12989	43933
广　西					
海　南					
重　庆					
四　川					
贵　州					
云　南					
西　藏					
陕　西					
甘　肃					
青　海					
宁　夏					
新　疆					

2-2 续表 40

(音像制品及电子出版物市场)

地区	市场数量(个)	总摊位数(个)	年末出租摊位数(个)	营业面积(平方米)	成交额(万元)
全国	**4**	**991**	**969**	**39800**	**130208**
北京					
天津					
河北					
山西					
内蒙古					
辽宁					
吉林					
黑龙江	1	400	400	10000	50200
上海					
江苏	1	305	305	11000	13758
浙江					
安徽					
福建					
江西					
山东					
河南					
湖北					
湖南	1	183	183	7800	41250
广东	1	103	81	11000	25000
广西					
海南					
重庆					
四川					
贵州					
云南					
西藏					
陕西					
甘肃					
青海					
宁夏					
新疆					

2-2 续表 41

(体育用品市场)

地区	市场数量（个）	总摊位数（个）	年末出租摊位数（个）	营业面积（平方米）	成交额（万元）
全国	**1**	**80**	**80**	**6700**	**13000**
北京					
天津					
河北					
山西					
内蒙古					
辽宁					
吉林					
黑龙江					
上海					
江苏					
浙江					
安徽					
福建					
江西					
山东					
河南					
湖北					
湖南					
广东	1	80	80	6700	13000
广西					
海南					
重庆					
四川					
贵州					
云南					
西藏					
陕西					
甘肃					
青海					
宁夏					
新疆					

2-2 续表 42

(其他日用品及文化用品市场)

地 区	市场数量 (个)	总摊位数 (个)	年末出租摊位数 (个)	营业面积 (平方米)	成交额 (万元)
全 国	**39**	**24422**	**23776**	**947547**	**6034326**
北 京					
天 津					
河 北					
山 西					
内蒙古					
辽 宁	3	2958	2905	101900	949771
吉 林	1	612	612	1000	57700
黑龙江					
上 海	1	43	43	5000	2161575
江 苏	2	794	788	23976	35200
浙 江	9	9764	9555	119980	1586688
安 徽	1	129	129	6886	11000
福 建	1	572	572	194160	31460
江 西					
山 东	5	2660	2660	158000	446389
河 南	1	303	303	41958	30000
湖 北	5	2233	1883	154802	344217
湖 南	3	267	264	25250	93450
广 东	5	3105	3080	99395	246232
广 西					
海 南					
重 庆	2	982	982	15240	40644
四 川					
贵 州					
云 南					
西 藏					
陕 西					
甘 肃					
青 海					
宁 夏					
新 疆					

2-2　续表 43

(黄金、珠宝、玉器等首饰市场)

地　区	市场数量（个）	总摊位数（个）	年末出租摊位数（个）	营业面积（平方米）	成交额（万元）
全　国	**19**	**10748**	**10150**	**688071**	**3286350**
北　京	1	848	848	28000	49500
天　津					
河　北					
山　西					
内蒙古	1	631	631	21600	46848
辽　宁	3	2020	1920	22000	46750
吉　林					
黑龙江					
上　海					
江　苏	2	1287	1286	73000	481600
浙　江	1	839	839	106973	600138
安　徽					
福　建	4	1643	1643	39598	1088625
江　西					
山　东	3	1837	1592	220000	527670
河　南	2	293	266	11400	25300
湖　北					
湖　南					
广　东	2	1350	1125	165500	419919
广　西					
海　南					
重　庆					
四　川					
贵　州					
云　南					
西　藏					
陕　西					
甘　肃					
青　海					
宁　夏					
新　疆					

2-2 续表 44

(电器、通讯器材、电子设备市场)

地　区	市场数量(个)	总摊位数(个)	年末出租摊位数(个)	营业面积(平方米)	成交额(万元)
全　国	**160**	**74249**	**68824**	**2674744**	**11903051**
北　京	10	5633	4869	141130	1080985
天　津					
河　北	3	509	474	74000	75411
山　西	3	637	576	33000	41580
内蒙古	1	240	235	12000	37785
辽　宁	4	1998	1707	63000	342101
吉　林	3	1290	1290	6430	283583
黑龙江	1	1000	980	50000	320000
上　海	7	2904	2904	82128	449087
江　苏	8	3286	3266	88936	503215
浙　江	23	8265	7663	324091	1383352
安　徽	1	3902	3902	40000	892383
福　建	3	1364	1256	58000	166122
江　西	5	1638	1599	72294	259078
山　东	11	3612	3543	345300	1121773
河　南	5	2618	2618	315000	760242
湖　北	7	2647	2127	91300	416709
湖　南	16	4167	3943	201432	779513
广　东	21	19380	17100	313271	1211695
广　西	3	988	798	44259	244750
海　南	1	300	300	10500	28600
重　庆	7	2299	2280	125013	1031810
四　川	4	1159	999	34200	119190
贵　州	4	867	867	60150	134069
云　南					
西　藏					
陕　西	6	2334	2328	68700	160293
甘　肃	1	450	450	9500	14400
青　海					
宁　夏					
新　疆	2	762	750	11110	45325

2-2　续表 45

(家电市场)

地　区	市场数量(个)	总摊位数(个)	年末出租摊位数(个)	营业面积(平方米)	成交额(万元)
全　国	**40**	**14116**	**12782**	**799545**	**3054198**
北　京					
天　津					
河　北	1	150	130	20000	20000
山　西	1	197	136	15000	13580
内蒙古					
辽　宁	2	928	700	27000	96366
吉　林					
黑龙江					
上　海	1	230	230	20000	87547
江　苏	1	200	200	11000	41500
浙　江	5	1255	1044	103338	238822
安　徽	1	3902	3902	40000	892383
福　建					
江　西	2	1239	1229	53994	61995
山　东	5	1323	1287	258800	467185
河　南	3	450	450	35000	380000
湖　北	2	910	410	25300	141700
湖　南	7	1041	992	94232	295804
广　东	5	1417	1204	48131	169402
广　西					
海　南					
重　庆	2	403	403	23000	100663
四　川					
贵　州	1	315	315	20750	20000
云　南					
西　藏					
陕　西	1	156	150	4000	27251
甘　肃					
青　海					
宁　夏					
新　疆					

2-2 续表 46

(通讯器材市场)

地 区	市场数量(个)	总摊位数(个)	年末出租摊位数(个)	营业面积(平方米)	成交额(万元)
全 国	**24**	**15968**	**14950**	**371574**	**1094083**
北 京					
天 津					
河 北	2	359	344	54000	55411
山 西					
内蒙古	1	240	235	12000	37785
辽 宁	1	570	507	30000	210000
吉 林	2	551	551	3630	42459
黑龙江					
上 海	1	958	958	17000	11833
江 苏	1	1732	1732	44283	52568
浙 江	4	1120	1104	44400	83358
安 徽					
福 建					
江 西	1	31	31	4000	14888
山 东					
河 南					
湖 北	1	392	392	21000	141430
湖 南	2	247	205	2000	22200
广 东	6	9145	8270	121248	364767
广 西					
海 南					
重 庆	2	623	621	18013	57384
四 川					
贵 州					
云 南					
西 藏					
陕 西					
甘 肃					
青 海					
宁 夏					
新 疆					

2-2　续表 47

(照相、摄像器材市场)

地　区	市场数量(个)	总摊位数(个)	年末出租摊位数(个)	营业面积(平方米)	成交额(万元)
全　国	**2**	**449**	**449**	**15600**	**43373**
北　京	1	285	285	11000	13800
天　津					
河　北					
山　西					
内蒙古					
辽　宁					
吉　林					
黑龙江					
上　海	1	164	164	4600	29573
江　苏					
浙　江					
安　徽					
福　建					
江　西					
山　东					
河　南					
湖　北					
湖　南					
广　东					
广　西					
海　南					
重　庆					
四　川					
贵　州					
云　南					
西　藏					
陕　西					
甘　肃					
青　海					
宁　夏					
新　疆					

2-2 续表 48

(计算机及辅助设备市场)

地　区	市场数量(个)	总摊位数(个)	年末出租摊位数(个)	营业面积(平方米)	成交额(万元)
全　国	**78**	**30865**	**29357**	**1223429**	**6666489**
北　京	7	4543	3839	112930	931395
天　津					
河　北					
山　西	2	440	440	18000	28000
内蒙古					
辽　宁					
吉　林	1	739	739	2800	241124
黑龙江	1	1000	980	50000	320000
上　海	4	1552	1552	40528	320134
江　苏	6	1354	1334	33653	409147
浙　江	12	3503	3353	120353	848805
安　徽					
福　建	3	1364	1256	58000	166122
江　西	1	100	80	4700	10114
山　东	5	2169	2136	80500	632488
河　南	2	2168	2168	280000	380242
湖　北	4	1345	1325	45000	133579
湖　南	5	1854	1814	87200	407332
广　东	6	2085	2054	46396	423930
广　西	3	988	798	44259	244750
海　南	1	300	300	10500	28600
重　庆	2	1066	1066	72000	817573
四　川	4	1159	999	34200	119190
贵　州	2	196	196	6600	25597
云　南					
西　藏					
陕　西	5	2178	2178	64700	133042
甘　肃					
青　海					
宁　夏					
新　疆	2	762	750	11110	45325

2-2 续表 49

(其他电器、通讯器材、电子设备市场)

地 区	市场数量(个)	总摊位数(个)	年末出租摊位数(个)	营业面积(平方米)	成交额(万元)
全 国	**16**	**12851**	**11286**	**264596**	**1044908**
北 京	2	805	745	17200	135790
天 津					
河 北					
山 西					
内 蒙 古					
辽 宁	1	500	500	6000	35735
吉 林					
黑 龙 江					
上 海					
江 苏					
浙 江	2	2387	2162	56000	212367
安 徽					
福 建					
江 西	1	268	259	9600	172081
山 东	1	120	120	6000	22100
河 南					
湖 北					
湖 南	2	1025	932	18000	54177
广 东	4	6733	5572	97496	253596
广 西					
海 南					
重 庆	1	207	190	12000	56190
四 川					
贵 州	1	356	356	32800	88472
云 南					
西 藏					
陕 西					
甘 肃	1	450	450	9500	14400
青 海					
宁 夏					
新 疆					

2-2 续表 50

(医药、医疗用品及器材市场)

地　区	市场数量(个)	总摊位数(个)	年末出租摊位数(个)	营业面积(平方米)	成交额(万元)
全　国	**25**	**34443**	**22026**	**935661**	**4715779**
北　京					
天　津					
河　北	1	14000	6400	360000	1000000
山　西					
内蒙古	1	180	180	18000	46000
辽　宁	1	689	395	78000	230000
吉　林	2	1042	1042	50668	450000
黑龙江					
上　海	1	317	256	7800	93000
江　苏	1	300	300	36000	456405
浙　江	2	612	331	10568	62176
安　徽	2	6500	5452	44500	835928
福　建	1	35	35	1300	22631
江　西	1	700	360	19000	105000
山　东	1	800	800	60000	30998
河　南	2	3061	3061	123950	194604
湖　北					
湖　南	1	968	678	31230	132000
广　东	2	758	611	14971	110537
广　西	1	3000	770	23000	598000
海　南					
重　庆					
四　川					
贵　州					
云　南	2	839	830	34674	183085
西　藏					
陕　西	2	490	373	14000	30000
甘　肃					
青　海					
宁　夏	1	152	152	8000	135415
新　疆					

2-2 续表 51

(中药材市场)

地　区	市场数量（个）	总摊位数（个）	年末出租摊位数（个）	营业面积（平方米）	成交额（万元）
全　国	**23**	**33175**	**21048**	**868431**	**4127374**
北　京					
天　津					
河　北	1	14000	6400	360000	1000000
山　西					
内蒙古	1	180	180	18000	46000
辽　宁	1	689	395	78000	230000
吉　林	2	1042	1042	50668	450000
黑龙江					
上　海	1	317	256	7800	93000
江　苏					
浙　江	2	612	331	10568	62176
安　徽	2	6500	5452	44500	835928
福　建	1	35	35	1300	22631
江　西	1	700	360	19000	105000
山　东	1	800	800	60000	30998
河　南	2	3061	3061	123950	194604
湖　北					
湖　南					
广　东	2	758	611	14971	110537
广　西	1	3000	770	23000	598000
海　南					
重　庆					
四　川					
贵　州					
云　南	2	839	830	34674	183085
西　藏					
陕　西	2	490	373	14000	30000
甘　肃					
青　海					
宁　夏	1	152	152	8000	135415
新　疆					

2-2 续表 52

(其他医药、医疗用品及器材市场)

地 区	市场数量(个)	总摊位数(个)	年末出租摊位数(个)	营业面积(平方米)	成交额(万元)
全 国	**2**	**1268**	**978**	**67230**	**588405**
北 京					
天 津					
河 北					
山 西					
内 蒙 古					
辽 宁					
吉 林					
黑 龙 江					
上 海					
江 苏	1	300	300	36000	456405
浙 江					
安 徽					
福 建					
江 西					
山 东					
河 南					
湖 北					
湖 南	1	968	678	31230	132000
广 东					
广 西					
海 南					
重 庆					
四 川					
贵 州					
云 南					
西 藏					
陕 西					
甘 肃					
青 海					
宁 夏					
新 疆					

2-2 续表 53

(家具、五金及装饰材料市场)

地 区	市场数量 (个)	总摊位数 (个)	年末出租摊位数 (个)	营业面积 (平方米)	成交额 (万元)
全 国	**480**	**238752**	**218743**	**32021780**	**39614183**
北 京	18	7364	6959	932107	954185
天 津	9	5042	4051	987873	1481485
河 北	20	15528	14978	3048314	4321486
山 西	4	1506	1506	210000	142800
内 蒙 古	4	1475	1457	109600	275773
辽 宁	26	14149	13160	865676	1386285
吉 林	4	1346	1346	165046	204478
黑 龙 江	9	3341	3237	452396	320817
上 海	15	9125	8466	1134251	426464
江 苏	74	40670	37546	5506137	7610693
浙 江	77	35233	32886	4105907	6703690
安 徽	18	4934	4518	1611890	720186
福 建	9	2067	1922	375347	813058
江 西	10	6099	5857	930090	638678
山 东	50	25184	20894	3718849	4803255
河 南	20	8894	8038	1407350	585660
湖 北	15	7624	6312	579561	554502
湖 南	19	9564	9186	1115353	2516727
广 东	20	7310	6601	1296361	1262086
广 西	6	3246	3066	327640	154815
海 南					
重 庆	18	9449	9081	992307	2181187
四 川	8	9795	7979	898275	832167
贵 州	4	1612	1612	268120	104769
云 南	10	2991	2912	361150	306667
西 藏					
陕 西	1	308	308	76772	15400
甘 肃	6	2157	2147	157295	182011
青 海	1	568	568	25000	21159
宁 夏	2	1174	1160	174060	40346
新 疆	3	997	990	189053	53354

2-2 续表 54

(家具市场)

地 区	市场数量（个）	总摊位数（个）	年末出租摊位数（个）	营业面积（平方米）	成交额（万元）
全 国	**135**	**64317**	**59143**	**10949629**	**10846470**
北 京	8	3923	3759	643807	506200
天 津	1	468	468	45000	15000
河 北	5	10023	9995	2240000	3407950
山 西	2	300	300	70000	26500
内蒙古	2	696	696	45600	78455
辽 宁	13	5455	5044	437960	480141
吉 林	3	638	638	65046	142654
黑龙江	2	338	338	100000	39967
上 海	5	1182	1181	371259	101421
江 苏	20	10817	10162	1847760	1555030
浙 江	25	4653	4316	1106366	1631856
安 徽	5	652	635	258000	112520
福 建	1	108	84	30000	10001
江 西	4	1981	1903	426000	139879
山 东	13	8062	5894	909471	626235
河 南	2	1957	1957	678000	238425
湖 北	6	2639	1655	194435	289992
湖 南	2	311	311	57200	43720
广 东	2	736	730	105008	64876
广 西	3	1552	1478	107640	80295
海 南					
重 庆	2	1619	1614	350000	926646
四 川	4	4660	4459	515905	202377
贵 州	1	538	538	200000	34683
云 南	2	433	429	79119	58270
西 藏					
陕 西					
甘 肃	1	160	150	22000	10600
青 海					
宁 夏					
新 疆	1	416	409	44053	22777

2-2　续表 55

(装饰材料市场)

地　区	市场数量 (个)	总摊位数 (个)	年末出租摊位数 (个)	营业面积 (平方米)	成交额 (万元)
全　国	**195**	**80643**	**73012**	**11005359**	**10479926**
北　京	7	1787	1745	113300	140134
天　津	3	1170	1170	53260	146590
河　北	11	3314	3218	660314	720912
山　西	2	1206	1206	140000	116300
内蒙古	2	779	761	64000	197318
辽　宁	7	3610	3214	239686	347725
吉　林	1	708	708	100000	61824
黑龙江	5	1543	1439	306416	157100
上　海	6	4017	3784	382646	197955
江　苏	28	9522	8579	1341829	1484042
浙　江	28	12435	11335	1351963	1326527
安　徽	9	3201	2814	1228167	385728
福　建	5	1263	1142	119057	586017
江　西	2	2679	2679	438442	201600
山　东	20	8133	6816	1093879	2035537
河　南	6	3163	2582	269560	88706
湖　北	6	3950	3622	307855	158948
湖　南	10	4210	3832	370776	541217
广　东	11	3862	3619	1014789	518572
广　西	2	1194	1088	160000	25520
海　南					
重　庆	10	2539	2447	455275	635292
四　川	1	1440	350	157000	60000
贵　州	2	474	474	48120	56086
云　南	3	1222	1180	173193	113200
西　藏					
陕　西	1	308	308	76772	15400
甘　肃	3	847	847	70000	86300
青　海	1	568	568	25000	21159
宁　夏	2	1174	1160	174060	40346
新　疆	1	325	325	70000	13871

2-2 续表 56

(灯具市场)

地　区	市场数量(个)	总摊位数(个)	年末出租摊位数(个)	营业面积(平方米)	成交额(万元)
全　国	**11**	**6144**	**5996**	**667631**	**1512743**
北　京	1	240	233	25000	10492
天　津					
河　北					
山　西					
内蒙古					
辽　宁	1	276	160	54000	44138
吉　林					
黑龙江					
上　海					
江　苏	4	2826	2826	302450	650751
浙　江	2	1142	1133	98000	261000
安　徽					
福　建					
江　西					
山　东	1	970	970	130000	409000
河　南					
湖　北					
湖　南					
广　东					
广　西					
海　南					
重　庆					
四　川	1	180	180	42000	103770
贵　州					
云　南	1	510	494	16181	33592
西　藏					
陕　西					
甘　肃					
青　海					
宁　夏					
新　疆					

2-2 续表 57

(厨具、盥洗设备市场)

地 区	市场数量 (个)	总摊位数 (个)	年末出租摊位数 (个)	营业面积 (平方米)	成交额 (万元)
全 国	**4**	**1193**	**1169**	**104730**	**150495**
北 京					
天 津					
河 北					
山 西					
内 蒙 古					
辽 宁					
吉 林					
黑 龙 江	1	160	160	5980	20000
上 海					
江 苏					
浙 江	1	500	500	1300	98680
安 徽					
福 建					
江 西					
山 东	1	232	208	36000	19825
河 南	1	301	301	61450	11990
湖 北					
湖 南					
广 东					
广 西					
海 南					
重 庆					
四 川					
贵 州					
云 南					
西 藏					
陕 西					
甘 肃					
青 海					
宁 夏					
新 疆					

2-2 续表 58

(五金材料市场)

地　区	市场数量 (个)	总摊位数 (个)	年末出租摊位数 (个)	营业面积 (平方米)	成交额 (万元)
全　国	**80**	**53554**	**48239**	**4481298**	**10218299**
北　京					
天　津	4	3347	2356	875026	1301695
河　北	1	1291	903	70000	103460
山　西					
内蒙古					
辽　宁	1	1200	1150	21453	264072
吉　林					
黑龙江	1	1300	1300	40000	103750
上　海	2	3181	2756	294170	104209
江　苏	12	10536	9011	714786	2235168
浙　江	16	10766	10034	759203	2423874
安　徽	2	443	443	42723	128258
福　建	1	200	200	3900	52577
江　西					
山　东	10	5796	5614	594699	1090972
河　南	10	3273	2998	368340	232839
湖　北	1	547	547	29271	60000
湖　南	3	1310	1310	195450	377900
广　东	7	2712	2252	176564	678638
广　西					
海　南					
重　庆	6	5291	5020	187032	619249
四　川	1	1715	1715	85000	415030
贵　州	1	600	600	20000	14000
云　南	1	46	30	3681	12608
西　藏					
陕　西					
甘　肃					
青　海					
宁　夏					
新　疆					

2-2 续表 59

(其他装修市场)

地 区	市场数量（个）	总摊位数（个）	年末出租摊位数（个）	营业面积（平方米）	成交额（万元）
全 国	**55**	**32901**	**31184**	**4813133**	**6406250**
北 京	2	1414	1222	150000	297359
天 津	1	57	57	14587	18200
河 北	3	900	862	78000	89164
山 西					
内蒙古					
辽 宁	4	3608	3592	112577	250209
吉 林					
黑龙江					
上 海	2	745	745	86176	22879
江 苏	10	6969	6968	1299312	1685702
浙 江	5	5737	5568	789075	961753
安 徽	2	638	626	83000	93680
福 建	2	496	496	222390	164463
江 西	4	1439	1275	65648	297199
山 东	5	1991	1392	954800	621686
河 南	1	200	200	30000	13700
湖 北	2	488	488	48000	45562
湖 南	4	3733	3733	491927	1553890
广 东					
广 西	1	500	500	60000	49000
海 南					
重 庆					
四 川	1	1800	1275	98370	50990
贵 州					
云 南	3	780	779	88976	88997
西 藏					
陕 西					
甘 肃	2	1150	1150	65295	85111
青 海					
宁 夏					
新 疆	1	256	256	75000	16706

2-2 续表 60

(汽车、摩托车及零配件市场)

地 区	市场数量(个)	总摊位数(个)	年末出租摊位数(个)	营业面积(平方米)	成交额(万元)
全 国	**270**	**83592**	**76187**	**12006853**	**48249573**
北 京	16	4700	4336	992371	7098963
天 津	3	1157	1150	135000	1981347
河 北	11	14010	13925	720560	746155
山 西	2	464	439	113000	44180
内蒙古	1	43	43	2600	34290
辽 宁	6	2939	2406	341790	1766036
吉 林	2	2537	1654	285870	1392395
黑龙江	3	2420	2420	31000	136574
上 海	14	1649	1594	236107	2282329
江 苏	24	4388	3667	1363570	3070645
浙 江	42	6802	5948	1000609	7451538
安 徽	8	3060	2268	309962	1080986
福 建	6	597	579	97960	732349
江 西	6	1785	1610	224500	716683
山 东	31	9030	8714	925033	3313101
河 南	11	2869	2814	485260	1514980
湖 北	8	2635	2361	543942	2412886
湖 南	12	7746	7064	504894	2374839
广 东	29	4897	4830	1554303	5315901
广 西	4	598	549	137570	220884
海 南					
重 庆	7	3339	2981	532770	2711509
四 川	5	872	636	207719	485819
贵 州	4	765	716	94000	137280
云 南	6	1669	1382	549759	543764
西 藏					
陕 西	2	640	640	4930	178050
甘 肃	1	97	97	10440	26100
青 海	1	145	145	14000	12000
宁 夏	2	912	518	254000	31065
新 疆	3	827	701	333334	436925

2-2　续表 61

(汽车市场)

地　区	市场数量(个)	总摊位数(个)	年末出租摊位数(个)	营业面积(平方米)	成交额(万元)
全　国	**185**	**48143**	**42206**	**9024258**	**39356553**
北　京	9	1532	1302	692591	6495261
天　津	3	1157	1150	135000	1981347
河　北	7	11828	11746	441660	447728
山　西	1	38	13	43000	27180
内蒙古	1	43	43	2600	34290
辽　宁	4	1946	1733	247790	1739554
吉　林	2	2537	1654	285870	1392395
黑龙江	3	2420	2420	31000	136574
上　海	12	998	943	146918	1837134
江　苏	18	2143	1740	1066770	2410092
浙　江	35	3825	3023	761237	6505983
安　徽	4	1653	861	215000	883946
福　建	5	367	349	91260	697181
江　西	4	1364	1199	161000	200961
山　东	15	4049	4000	629660	2130678
河　南	5	205	203	240166	579780
湖　北	6	955	681	274942	1053636
湖　南	5	1681	1231	235904	2004500
广　东	18	1720	1687	1338832	4852612
广　西	3	252	203	127670	207304
海　南					
重　庆	6	2583	2225	492770	2074609
四　川	5	872	636	207719	485819
贵　州	1	82	78	9000	36500
云　南	5	1369	1082	539635	483449
西　藏					
陕　西	2	640	640	4930	178050
甘　肃					
青　海	1	145	145	14000	12000
宁　夏	2	912	518	254000	31065
新　疆	3	827	701	333334	436925

2-2 续表 62

(摩托车市场)

地　区	市场数量(个)	总摊位数(个)	年末出租摊位数(个)	营业面积(平方米)	成交额(万元)
全　国	**13**	**4886**	**4853**	**330528**	**1159684**
北　京					
天　津					
河　北	1	900	897	50000	42606
山　西					
内蒙古					
辽　宁					
吉　林					
黑龙江					
上　海					
江　苏					
浙　江	1	220	220	15226	31110
安　徽	2	972	972	47162	145040
福　建					
江　西	1	56	51	25000	135597
山　东					
河　南	2	1126	1126	106000	77200
湖　北					
湖　南	3	413	388	26800	51551
广　东					
广　西	1	346	346	9900	13580
海　南					
重　庆	1	756	756	40000	636900
四　川					
贵　州					
云　南					
西　藏					
陕　西					
甘　肃	1	97	97	10440	26100
青　海					
宁　夏					
新　疆					

2-2 续表 63

(机动车零配件市场)

地 区	市场数量 (个)	总摊位数 (个)	年末出租摊位数 (个)	营业面积 (平方米)	成交额 (万元)
全 国	**72**	**30563**	**29128**	**2652067**	**7733336**
北 京	7	3168	3034	299780	603702
天 津					
河 北	3	1282	1282	228900	255821
山 西	1	426	426	70000	17000
内蒙古					
辽 宁	2	993	673	94000	26482
吉 林					
黑龙江					
上 海	2	651	651	89189	445195
江 苏	6	2245	1927	296800	660553
浙 江	6	2757	2705	224146	914445
安 徽	2	435	435	47800	52000
福 建	1	230	230	6700	35168
江 西	1	365	360	38500	380125
山 东	16	4981	4714	295373	1182423
河 南	4	1538	1485	139094	858000
湖 北	2	1680	1680	269000	1359250
湖 南	4	5652	5445	242190	318788
广 东	11	3177	3143	215471	463289
广 西					
海 南					
重 庆					
四 川					
贵 州	3	683	638	85000	100780
云 南	1	300	300	10124	60315
西 藏					
陕 西					
甘 肃					
青 海					
宁 夏					
新 疆					

2-2　续表 64

(花鸟鱼虫市场)

地　区	市场数量 (个)	总摊位数 (个)	年末出租摊位数 (个)	营业面积 (平方米)	成交额 (万元)
全　国	**27**	**18005**	**16812**	**6458933**	**2926179**
北　京	1	200	188	3000	17700
天　津	1	600	600	40000	10800
河　北	1	360	300	14780	35000
山　西					
内蒙古					
辽　宁	1	1168	1168	4000	25690
吉　林					
黑龙江					
上　海	1	380	350	36000	12580
江　苏	4	3110	2756	419000	868603
浙　江	3	1460	1196	105372	154071
安　徽	2	1074	1074	113000	19840
福　建	2	415	415	32405	63601
江　西					
山　东	2	1600	1600	139960	397000
河　南	2	1152	1152	34000	521240
湖　北					
湖　南	1	410	410	132066	12500
广　东	3	2172	2136	5251350	383794
广　西					
海　南					
重　庆					
四　川	1	582	480	20000	46500
贵　州					
云　南	1	3000	2665	14000	344000
西　藏					
陕　西					
甘　肃					
青　海					
宁　夏					
新　疆	1	322	322	100000	13260

2-2 续表 65

(花卉市场)

地 区	市场数量（个）	总摊位数（个）	年末出租摊位数（个）	营业面积（平方米）	成交额（万元）
全 国	**24**	**16959**	**15766**	**6406464**	**2831644**
北 京	1	200	188	3000	17700
天 津					
河 北	1	360	300	14780	35000
山 西					
内 蒙 古					
辽 宁	1	1168	1168	4000	25690
吉 林					
黑 龙 江					
上 海	1	380	350	36000	12580
江 苏	4	3110	2756	419000	868603
浙 江	2	1174	910	99828	122571
安 徽	2	1074	1074	113000	19840
福 建	1	255	255	25480	11366
江 西					
山 东	2	1600	1600	139960	397000
河 南	2	1152	1152	34000	521240
湖 北					
湖 南	1	410	410	132066	12500
广 东	3	2172	2136	5251350	383794
广 西					
海 南					
重 庆					
四 川	1	582	480	20000	46500
贵 州					
云 南	1	3000	2665	14000	344000
西 藏					
陕 西					
甘 肃					
青 海					
宁 夏					
新 疆	1	322	322	100000	13260

2-2 续表 66

(其他花鸟鱼虫市场)

地区	市场数量(个)	总摊位数(个)	年末出租摊位数(个)	营业面积(平方米)	成交额(万元)
全国	**3**	**1046**	**1046**	**52469**	**94535**
北京					
天津	1	600	600	40000	10800
河北					
山西					
内蒙古					
辽宁					
吉林					
黑龙江					
上海					
江苏					
浙江	1	286	286	5544	31500
安徽					
福建	1	160	160	6925	52235
江西					
山东					
河南					
湖北					
湖南					
广东					
广西					
海南					
重庆					
四川					
贵州					
云南					
西藏					
陕西					
甘肃					
青海					
宁夏					
新疆					

2-2 续表 67

(旧货市场)

地区	市场数量(个)	总摊位数(个)	年末出租摊位数(个)	营业面积(平方米)	成交额(万元)
全国	**21**	**9011**	**8155**	**421998**	**1360958**
北京	1	3344	3344	15252	35971
天津					
河北					
山西					
内蒙古					
辽宁	1	576	532	72000	620000
吉林	1	475	475	32000	12800
黑龙江					
上海					
江苏	1	60	60	37000	18000
浙江	8	2130	1401	140020	386655
安徽					
福建	2	123	101	18606	146730
江西	1	418	418	15000	26000
山东	3	706	706	67000	58230
河南	1	507	446	13120	14412
湖北					
湖南					
广东	1	630	630	3000	12650
广西					
海南					
重庆	1	42	42	9000	29510
四川					
贵州					
云南					
西藏					
陕西					
甘肃					
青海					
宁夏					
新疆					

2-2 续表 68

(古玩、古董、字画市场)

地 区	市场数量(个)	总摊位数(个)	年末出租摊位数(个)	营业面积(平方米)	成交额(万元)
全 国	**3**	**1185**	**1102**	**18133**	**135092**
北 京					
天 津					
河 北					
山 西					
内蒙古					
辽 宁					
吉 林					
黑龙江					
上 海					
江 苏					
浙 江					
安 徽					
福 建	1	48	26	2013	108030
江 西					
山 东					
河 南	1	507	446	13120	14412
湖 北					
湖 南					
广 东	1	630	630	3000	12650
广 西					
海 南					
重 庆					
四 川					
贵 州					
云 南					
西 藏					
陕 西					
甘 肃					
青 海					
宁 夏					
新 疆					

2-2 续表 69

(其他旧货市场)

地 区	市场数量 (个)	总摊位数 (个)	年末出租摊位数 (个)	营业面积 (平方米)	成交额 (万元)
全 国	**18**	**7826**	**7053**	**403865**	**1225866**
北 京	1	3344	3344	15252	35971
天 津					
河 北					
山 西					
内蒙古					
辽 宁	1	576	532	72000	620000
吉 林	1	475	475	32000	12800
黑龙江					
上 海					
江 苏	1	60	60	37000	18000
浙 江	8	2130	1401	140020	386655
安 徽					
福 建	1	75	75	16593	38700
江 西	1	418	418	15000	26000
山 东	3	706	706	67000	58230
河 南					
湖 北					
湖 南					
广 东					
广 西					
海 南					
重 庆	1	42	42	9000	29510
四 川					
贵 州					
云 南					
西 藏					
陕 西					
甘 肃					
青 海					
宁 夏					
新 疆					

2-2 续表 70

(其他专业市场)

地区	市场数量(个)	总摊位数(个)	年末出租摊位数(个)	营业面积(平方米)	成交额(万元)
全国	**50**	**29797**	**24284**	**2299467**	**4878730**
北京					
天津					
河北	9	8238	7619	542350	1832987
山西					
内蒙古	3	1420	1420	189709	261700
辽宁	2	3600	3600	85000	315220
吉林					
黑龙江					
上海	5	1210	1179	54000	415523
江苏	5	1315	1195	64050	231250
浙江	6	1226	1226	138750	636973
安徽	2	1480	1382	125500	50795
福建					
江西	1	871	871	203468	33578
山东	4	1471	1262	378930	112960
河南	5	2258	2190	340250	780118
湖北	1	82	82	9320	12850
湖南					
广东	3	659	599	68550	38197
广西					
海南	1	37	37	8900	14600
重庆					
四川	2	930	930	48000	113270
贵州					
云南	1	5000	692	42690	28709
西藏					
陕西					
甘肃					
青海					
宁夏					
新疆					

2-3 商品交易市场情况(按营业状态分)

(常年营业)

地 区	市场数量(个)	总摊位数(个)	年末出租摊位数(个)	营业面积(平方米)	成交额(万元)
全 国	**4816**	**3493849**	**3144172**	**243445718**	**718235951**
北 京	133	126476	109009	6634092	24816051
天 津	81	56419	50499	5370229	26718648
河 北	265	328542	294948	24998369	40463441
山 西	42	34111	30098	2498896	4802846
内蒙古	64	40742	38242	6412638	6124177
辽 宁	215	194089	177969	8094375	33984749
吉 林	69	71243	57120	2939063	5250051
黑龙江	87	61510	56931	3021070	8356670
上 海	179	76560	73576	7847399	64798737
江 苏	546	360390	330688	29498999	117389859
浙 江	675	436993	393942	24714984	114175551
安 徽	131	95714	84494	7742358	17310044
福 建	158	62921	55353	3514941	13316901
江 西	90	67719	61492	3250146	11942941
山 东	515	359910	340082	32965281	63748751
河 南	165	123572	112220	10075394	15227301
湖 北	159	86535	78799	5921870	12670199
湖 南	286	191073	166836	8776806	20656413
广 东	374	219422	191647	18915265	47961501
广 西	86	68343	61882	3267313	9390734
海 南	7	4089	4089	97445	163020
重 庆	119	89250	80570	5860050	24579490
四 川	105	110280	98122	5458848	11520108
贵 州	33	20835	18692	1311303	2896228
云 南	52	56221	41169	2585061	5971659
西 藏					
陕 西	40	25390	24582	978135	1794411
甘 肃	42	43686	41033	2093605	3751695
青 海	8	4984	3674	430015	272648
宁 夏	26	21555	17492	3000868	2034801
新 疆	64	55275	48922	5170900	6146326

2-3 续表 1

(季节性营业)

地　区	市场数量 (个)	总摊位数 (个)	年末出租摊位数 (个)	营业面积 (平方米)	成交额 (万元)
全　国	**114**	**47064**	**42822**	**4697890**	**8015512**
北　京	2	2656	1038	265000	81454
天　津					
河　北	15	9984	9940	969362	776494
山　西	1	460	460	18600	23522
内蒙古	7	530	432	511928	203880
辽　宁	7	2248	2023	117590	675097
吉　林	2	736	736	44000	90280
黑龙江	2	118	118	51250	171100
上　海					
江　苏	5	1591	1207	105714	103520
浙　江	20	7624	7222	399604	1746849
安　徽	4	1008	1008	42487	63148
福　建	1	35	35	1300	22631
江　西	2	1100	1100	109000	48250
山　东	28	13267	12546	1510590	3013018
河　南	5	1665	1445	115960	170580
湖　北					
湖　南	2	1830	1575	26965	55982
广　东	4	962	720	55500	312454
广　西	3	575	575	120700	218516
海　南					
重　庆					
四　川					
贵　州					
云　南	1	24	24	107000	54772
西　藏					
陕　西					
甘　肃					
青　海					
宁　夏					
新　疆	3	651	618	125340	183965

2-3 续表 2

(其他)

地 区	市场数量 (个)	总摊位数 (个)	年末出租摊位数 (个)	营业面积 (平方米)	成交额 (万元)
全 国	**10**	**6668**	**6371**	**179505**	**783840**
北 京					
天 津					
河 北	1	402	387	21800	11646
山 西	1	422	412	25680	48116
内蒙古					
辽 宁					
吉 林					
黑龙江					
上 海					
江 苏	2	850	620	53000	49736
浙 江					
安 徽					
福 建					
江 西	1	376	364	13500	387520
山 东					
河 南					
湖 北	1	360	360	10500	17460
湖 南	2	1698	1688	34529	33202
广 东					
广 西					
海 南					
重 庆					
四 川					
贵 州					
云 南					
西 藏					
陕 西	1	230	230	5496	200000
甘 肃					
青 海	1	2330	2310	15000	36160
宁 夏					
新 疆					

2-4 商品交易市场情况(按经营方式分)

(批发为主)

地区	市场数量(个)	总摊位数(个)	年末出租摊位数(个)	营业面积(平方米)	成交额(万元)
全国	**2878**	**2321722**	**2070285**	**190812692**	**609549340**
北京	60	83285	68490	4316112	14570175
天津	59	44577	39206	4688320	24244776
河北	210	269982	240417	22910652	38678183
山西	29	28741	24934	2204768	4523151
内蒙古	46	23168	21153	6211539	5282947
辽宁	103	88566	80975	4756494	28894644
吉林	26	39210	28707	1679589	4218068
黑龙江	45	29972	28017	1762004	6826522
上海	97	46141	44248	5877390	59754908
江苏	282	216011	193405	21399916	100357384
浙江	375	305738	274652	19156747	94859873
安徽	88	68908	61823	6333894	15378690
福建	69	30653	26956	2179228	8895501
江西	54	44731	40515	2524223	10671899
山东	376	267426	253146	28356473	56374658
河南	115	85115	75491	7349155	12535789
湖北	96	55385	50371	3840552	10019746
湖南	149	107201	92570	6465438	13951834
广东	243	155004	135972	16496109	41039102
广西	44	32484	28335	2270037	7926280
海南	2	447	447	66700	27054
重庆	64	65034	58298	4054067	20231882
四川	69	68207	62122	3815865	9918591
贵州	21	16748	14879	1006262	2630365
云南	30	43497	29634	1897778	5095870
西藏					
陕西	27	16329	15526	736301	1576315
甘肃	31	33167	31422	1609609	3423808
青海	7	6129	4834	315552	275595
宁夏	16	10224	9439	2460237	1849496
新疆	45	39642	34301	4071681	5516234

2-4　续表

(零售为主)

地　区	市场数量(个)	总摊位数(个)	年末出租摊位数(个)	营业面积(平方米)	成交额(万元)
全　国	**2062**	**1225859**	**1123080**	**57510421**	**117485963**
北　京	75	45847	41557	2582980	10327330
天　津	22	11842	11293	681909	2473872
河　北	71	68946	64858	3078879	2573398
山　西	15	6252	6036	338408	351333
内蒙古	25	18104	17521	713027	1045110
辽　宁	119	107771	99017	3455471	5765202
吉　林	45	32769	29149	1303474	1122263
黑龙江	44	31656	29032	1310316	1701248
上　海	82	30419	29328	1970009	5043829
江　苏	271	146820	139110	8257797	17185731
浙　江	320	138879	126512	5957841	21062527
安　徽	47	27814	23679	1450951	1994502
福　建	90	32303	28432	1337013	4444031
江　西	39	24464	22441	848423	1706812
山　东	167	105751	99482	6119398	10387111
河　南	55	40122	38174	2842199	2862092
湖　北	64	31510	28788	2091818	2667913
湖　南	141	87400	77529	2372862	6793763
广　东	135	65380	56395	2474656	7234853
广　西	45	36434	34122	1117976	1682970
海　南	5	3642	3642	30745	135966
重　庆	55	24216	22272	1805983	4347608
四　川	36	42073	36000	1642983	1601517
贵　州	12	4087	3813	305041	265863
云　南	23	12748	11559	794283	930561
西　藏					
陕　西	14	9291	9286	247330	418096
甘　肃	11	10519	9611	483996	327887
青　海	2	1185	1150	129463	33213
宁　夏	10	11331	8053	540631	185305
新　疆	22	16284	15239	1224559	814057

2-5 商品交易市场情况(按经营环境分)

(露天式)

地　区	市场数量(个)	总摊位数(个)	年末出租摊位数(个)	营业面积(平方米)	成交额(万元)
全　国	**881**	**572985**	**513672**	**62744712**	**122775507**
北　京	17	24141	14817	2250353	8743116
天　津	15	12687	12194	1344512	1812740
河　北	108	127086	120387	9510865	9350217
山　西	13	8842	6145	790007	1289076
内蒙古	27	12073	10928	3922665	3519330
辽　宁	43	22963	21671	2142547	6984585
吉　林	11	9895	7500	787496	740563
黑龙江	9	3231	3160	451427	3142977
上　海	16	4589	4484	525849	3764628
江　苏	72	26921	25168	3180966	11852679
浙　江	84	33795	32204	3426388	13894547
安　徽	22	12752	11562	750320	1138835
福　建	10	5069	3214	102970	896252
江　西	13	11760	11281	895454	2535203
山　东	168	91509	87367	13271001	18724909
河　南	42	21311	19300	3340672	4089568
湖　北	25	14591	13432	967931	3340578
湖　南	21	15911	14564	1640256	4069842
广　东	47	19555	15967	5245542	6050781
广　西	14	4947	4175	1179126	4625250
海　南	1	410	410	57800	12454
重　庆	16	9353	8329	762197	3038673
四　川	13	7151	6755	522882	1587968
贵　州	9	2476	2226	241600	430357
云　南	14	11435	6586	711570	2194184
西　藏					
陕　西	9	6988	6871	272908	436208
甘　肃	13	24428	21982	565940	1738609
青　海	2	2335	1165	216203	118616
宁　夏	12	9182	8003	2559511	1476575
新　疆	15	15599	11825	1107754	1176187

2-5 续表 1

(封闭式)

地 区	市场数量(个)	总摊位数(个)	年末出租摊位数(个)	营业面积(平方米)	成交额(万元)
全 国	**3419**	**2517352**	**2276789**	**147691325**	**482522835**
北 京	105	88634	80747	4064030	11915376
天 津	54	32988	29918	2588722	20614371
河 北	129	168271	148133	13763114	28333812
山 西	26	22329	21259	1520006	3370440
内蒙古	41	28246	26851	2779301	2697637
辽 宁	169	165827	151382	5143848	24990262
吉 林	52	55293	44764	1575329	2727455
黑龙江	77	57871	53373	2533142	5034793
上 海	123	53284	51119	3239186	49450773
江 苏	392	285671	262228	21447714	80379079
浙 江	529	363236	325386	18497912	79858610
安 徽	88	63350	56657	5035483	13907746
福 建	138	53285	47668	3064802	12182132
江 西	69	42573	37949	2123195	6552095
山 东	324	233608	220274	17674635	41365279
河 南	98	70408	65253	5861599	9131607
湖 北	110	61647	55389	3684949	8198711
湖 南	231	143500	130152	5643623	14193317
广 东	276	161084	142612	8813908	25953305
广 西	55	54131	49092	1628045	3617005
海 南	5	3642	3642	30745	135966
重 庆	87	71451	64712	4362997	15807965
四 川	76	93414	82457	4094145	8165340
贵 州	18	15976	14370	918003	1651072
云 南	35	43142	32988	1792579	3715357
西 藏					
陕 西	27	15366	14845	578521	1461348
甘 肃	21	15313	15288	1170222	1749561
青 海	6	4411	4251	203812	169033
宁 夏	13	12221	9337	433357	422811
新 疆	45	37180	34693	3424401	4770577

2-5 续表 2

(其他)

地 区	市场数量(个)	总摊位数(个)	年末出租摊位数(个)	营业面积(平方米)	成交额(万元)
全 国	**640**	**457244**	**402904**	**37887076**	**121736961**
北 京	13	16357	14483	584709	4239013
天 津	12	10744	8387	1436995	4291537
河 北	44	43571	36755	2715552	3567552
山 西	5	3822	3566	233163	214968
内蒙古	3	953	895	222600	111090
辽 宁	10	7547	6939	925570	2684999
吉 林	8	6791	5592	620238	1872313
黑龙江	3	526	516	87751	350000
上 海	40	18687	17973	4082364	11583336
江 苏	89	50239	45119	5029033	25311357
浙 江	82	47586	43574	3190288	22169243
安 徽	25	20620	17283	1999042	2326611
福 建	11	4602	4506	348469	261148
江 西	11	14862	13726	353997	3291413
山 东	51	48060	44987	3530235	6671581
河 南	30	33518	29112	989083	2176706
湖 北	25	10657	10338	1279490	1148370
湖 南	38	35190	25383	1554421	2482438
广 东	55	39745	33788	4911315	16269869
广 西	20	9840	9190	580842	1366995
海 南	1	37	37	8900	14600
重 庆	16	8446	7529	734856	5732852
四 川	16	9715	8910	841821	1766800
贵 州	6	2383	2096	151700	814799
云 南	4	1668	1619	187912	116890
西 藏					
陕 西	5	3266	3096	132202	96855
甘 肃	8	3945	3763	357443	263525
青 海	1	568	568	25000	21159
宁 夏	1	152	152	8000	135415
新 疆	7	3147	3022	764085	383527

2-6 商品交易市场成交情况(按摊位分)

地区	粮油、食品、饮料、烟酒类		粮油、食品类		#粮油类	
	摊位数(个)	成交额(万元)	摊位数(个)	成交额(万元)	摊位数(个)	成交额(万元)
全 国	**1070477**	**178614291**	**982788**	**165139006**	**82877**	**23907920**
北 京	36255	12318628	32784	11339544	3131	1416157
天 津	23399	5041590	22257	4714033	1507	1287216
河 北	130901	10277007	123367	9639332	7179	1052607
山 西	6632	1389170	6245	1183392	713	169500
内蒙古	11543	943189	11071	899083	1735	255628
辽 宁	36437	6752711	34329	6454534	2537	575867
吉 林	10786	1185499	9647	1153099	2425	448830
黑龙江	11435	2890728	10409	2826732	1072	385312
上 海	22239	6681821	21211	6458799	2722	1607474
江 苏	97483	20708054	89347	19050101	6022	2688574
浙 江	126241	24348355	119939	22680666	8090	3114429
安 徽	31922	4782410	28444	4234525	3301	918884
福 建	28459	3839668	25638	3357914	1747	357056
江 西	22567	5767766	20463	5205897	1688	1346778
山 东	158190	22574734	144987	20936948	10502	2299457
河 南	31423	4645745	26361	3897632	4790	1056370
湖 北	25874	4111169	22735	3813105	2491	255062
湖 南	55496	5932886	46739	4964989	5331	538204
广 东	56378	15918555	53451	15155052	5582	1926133
广 西	23095	2390023	21676	2231931	1519	160565
海 南	2601	80689	2203	70925	160	1410
重 庆	23447	5095146	21089	4712966	2414	410200
四 川	35218	3849146	33004	3688815	1970	360599
贵 州	4990	1441015	4017	1167903	596	435319
云 南	9509	1154434	8041	1108946	593	265453
西 藏						
陕 西	8579	1102572	6927	1050487	736	219107
甘 肃	21717	1183097	20073	1050594	888	196522
青 海	1109	129240	990	120409	423	69660
宁 夏	5268	383409	5014	358441	125	6207
新 疆	11284	1695835	10330	1612212	888	83340

2-6 续表 1

地 区	#肉禽蛋类		#水产品类		#蔬菜类	
	摊位数（个）	成交额（万元）	摊位数（个）	成交额（万元）	摊位数（个）	成交额（万元）
全 国	**132833**	**22472132**	**146589**	**31655439**	**414909**	**47893846**
北 京	4711	1276957	4028	1690260	10271	3407247
天 津	1283	379176	2838	966161	13735	1134066
河 北	8031	1029786	4984	441436	83372	4944295
山 西	193	40111	201	31971	3454	587683
内蒙古	815	154996	696	23145	5706	324049
辽 宁	5159	738592	5941	1578188	13393	2461132
吉 林	1086	46007	546	19285	2997	336369
黑龙江	2118	302611	1191	309609	3654	1092140
上 海	2988	788911	3856	1940954	8979	1078746
江 苏	17675	4004716	16534	4644539	32447	3870538
浙 江	17460	3227195	30229	5940411	43064	4774899
安 徽	6082	939601	2650	704513	11068	917293
福 建	6060	649568	6311	859719	7003	810804
江 西	4256	742716	1522	301693	7231	1040396
山 东	10599	980635	35648	4833522	63593	9015373
河 南	1555	108993	2863	389784	10076	1781338
湖 北	3403	462387	3168	1305954	7764	656116
湖 南	8665	726194	4384	968624	15483	1494883
广 东	12473	2975030	9420	2667712	16833	3141384
广 西	5397	671709	2086	85494	7276	456815
海 南	525	26525	565	26960	735	14813
重 庆	3202	615917	2388	1255469	6462	712053
四 川	3493	770754	1896	273689	20170	1589714
贵 州	631	81858	78	6782	1188	164057
云 南	1831	176766	507	32759	3660	437512
西 藏						
陕 西	862	78308	505	19427	3762	661413
甘 肃	696	157332	615	134424	4018	214917
青 海	1	9	3	23	453	43617
宁 夏	473	83682	156	9216	3241	171745
新 疆	1110	235090	780	193716	3821	558439

2-6 续表 2

地区	#干鲜果品类		饮料类		烟酒类	
	摊位数(个)	成交额(万元)	摊位数(个)	成交额(万元)	摊位数(个)	成交额(万元)
全国	**147940**	**31606842**	**45275**	**6709931**	**42414**	**6765354**
北京	7420	3078603	1601	379990	1870	599094
天津	2765	657818	375	114948	767	212609
河北	18027	1750389	3265	227935	4269	409740
山西	1359	284179	57	9790	330	195988
内蒙古	1529	63811	150	6668	322	37438
辽宁	4032	518022	1050	148262	1058	149915
吉林	1388	254412	616	19262	523	13138
黑龙江	1935	718823	521	25619	505	38377
上海	1849	1008092	621	157412	407	65610
江苏	12554	2591118	4344	937825	3792	720128
浙江	16044	4700555	4563	1091556	1739	576133
安徽	4246	639470	1931	292611	1547	255274
福建	2495	408080	2270	341131	551	140623
江西	4280	1253496	988	236230	1116	325639
山东	20257	3135573	5334	698557	7869	939229
河南	4757	401000	2622	359558	2440	388555
湖北	4867	1007942	2290	211571	849	86493
湖南	9791	1025658	3419	275688	5338	692209
广东	7867	4238375	1948	474788	979	288715
广西	2785	495184	721	118215	698	39877
海南	218	1217	157	3310	241	6454
重庆	3879	1115554	1162	203294	1196	178886
四川	4425	659976	1169	54547	1045	105784
贵州	900	458833	588	136590	385	136522
云南	1211	193201	897	30144	571	15344
西藏						
陕西	991	63055	1356	47913	296	4172
甘肃	2318	319671	597	38118	1047	94385
青海	87	2100	55	4004	64	4827
宁夏	1002	87476	149	22825	105	2143
新疆	2662	475159	459	41570	495	42053

2-6 续表 3

地区	服装、鞋帽、针纺织品类		服装类		鞋帽类	
	摊位数(个)	成交额(万元)	摊位数(个)	成交额(万元)	摊位数(个)	成交额(万元)
全国	**904542**	**111837355**	**552323**	**50681361**	**141054**	**12833395**
北京	27945	878701	19854	546170	3249	125943
天津	10042	701600	7364	575288	2220	109719
河北	48880	7019414	30283	4363183	7502	932750
山西	15644	683830	12097	394628	2442	229350
内蒙古	13762	699108	8921	518196	2972	146168
辽宁	76651	8388455	45604	4811969	13679	1257181
吉林	25759	973414	18838	781248	3074	95241
黑龙江	28141	1277688	16772	956326	4401	152126
上海	12495	1201963	9549	1057217	1208	24024
江苏	85581	26640242	40018	6869325	14999	1736972
浙江	119369	23263963	51296	7815331	13319	1355648
安徽	17280	1280457	10191	781274	3620	269145
福建	12636	2297851	10667	1823935	983	94274
江西	14832	2204731	8953	1171799	2911	423809
山东	80839	8102867	50740	4311015	13983	1329703
河南	40243	2616518	23450	1427719	9555	607692
湖北	20258	978863	15513	648883	2594	217872
湖南	49293	2184585	34530	1420807	7683	378465
广东	68276	10274923	41756	3591025	8581	1344002
广西	22499	623044	16125	427290	2978	99438
海南	884	33909	674	30904	184	2725
重庆	19559	2933019	11706	1488516	4147	856339
四川	29857	2420982	22942	1898197	4126	347870
贵州	6727	518109	4925	377321	1214	101196
云南	16127	1574062	12305	1060811	2342	249267
西藏						
陕西	10179	421393	7081	188782	1448	155961
甘肃	8539	585073	6894	528784	689	19404
青海	2758	52454	1436	36242	560	6800
宁夏	5321	100205	3114	56539	1141	17164
新疆	14166	905932	8725	722637	3250	147147

2-6 续表 4

地区	针纺织品类		化妆品类		金银珠宝类	
	摊位数(个)	成交额(万元)	摊位数(个)	成交额(万元)	摊位数(个)	成交额(万元)
全国	**211165**	**48322599**	**27752**	**2482560**	**13205**	**3596592**
北京	4842	206588	865	57903	703	38886
天津	458	16593	306	25281	11	2454
河北	11095	1723481	1610	283543	711	18008
山西	1105	59852	259	25798	5	134
内蒙古	1869	34744	765	26622	71	36693
辽宁	17368	2319305	2182	264054	2019	56170
吉林	3847	96925	626	16209	27	1656
黑龙江	6968	169236	1267	46895	297	38784
上海	1738	120722	47	3510	7	157
江苏	30564	18033945	1691	203199	1490	500884
浙江	54754	14092984	2023	313253	871	614230
安徽	3469	230038	882	77622	145	20326
福建	986	379642	114	15678	1761	1094876
江西	2968	609123	916	121923	37	4141
山东	16116	2462149	3503	327367	1956	559162
河南	7238	581107	1681	90418	381	93265
湖北	2151	112108	594	82627	16	2529
湖南	7080	385313	1690	104855	197	12818
广东	17939	5339896	2127	156744	2123	471521
广西	3396	96316	472	22963	34	481
海南	26	280	48	781		
重庆	3706	588164	570	50002	9	3962
四川	2789	174915	1130	20474	77	9804
贵州	588	39592	60	16492		
云南	1480	263984	435	23344	12	1039
西藏						
陕西	1650	76650	171	4102		
甘肃	956	36885	526	53202	28	3789
青海	762	9412	121	4630		
宁夏	1066	26502	274	8656	42	385
新疆	2191	36148	797	34413	175	10438

2-6 续表 5

地区	日用品类		#洗涤用品类		#儿童玩具类	
	摊位数(个)	成交额(万元)	摊位数(个)	成交额(万元)	摊位数(个)	成交额(万元)
全国	**178126**	**24357792**	**42521**	**4360571**	**28203**	**2757914**
北京	12544	802934	3186	400500	1220	35723
天津	1696	176104	225	33949	57	2621
河北	16600	2641797	5216	1206164	10040	1241432
山西	2227	326464	309	7994	263	4462
内蒙古	1370	123578	502	24159	182	4564
辽宁	12827	1950678	2571	125447	1415	75450
吉林	2153	78947	340	11952	146	3732
黑龙江	3487	108528	2019	45956	620	26563
上海	1763	2338489	130	50170	23	6374
江苏	22138	2902717	4096	499828	1969	250651
浙江	25975	5039804	4242	317851	2769	347795
安徽	2609	204247	773	100133	455	31161
福建	1870	290744	417	99025	72	9454
江西	3081	371557	1145	161415	634	103151
山东	19376	2431779	4673	281031	2252	119814
河南	4869	222526	1906	74055	1421	59736
湖北	3109	350722	706	118391	353	44432
湖南	7963	693718	3295	198527	1116	92841
广东	14080	2093037	1268	105947	1279	172052
广西	1142	43209	303	6693	194	4019
海南	46	1120	36	1055	5	65
重庆	4622	295695	1218	135358	393	45822
四川	3175	195038	754	29766	291	10316
贵州	1590	197331	298	157773	33	4223
云南	2329	101389	432	12501	149	2879
西藏						
陕西	382	3922	112	1912	26	325
甘肃	1200	233599	896	70639	186	41487
青海	205	5460			20	2110
宁夏	919	33199	150	5812	49	886
新疆	2779	99460	1303	76568	571	13774

2-6 续表 6

地区	五金、电料类		体育、娱乐用品类		书报杂志类	
	摊位数（个）	成交额（万元）	摊位数（个）	成交额（万元）	摊位数（个）	成交额（万元）
全国	**98157**	**17666094**	**11860**	**1413270**	**5076**	**687950**
北京	1169	75460	1100	192947	242	19294
天津	2932	1407625	64	8907	14	172
河北	4085	982236	1336	347036	437	63034
山西	689	159578	102	2221	1	10
内蒙古	712	92888	302	12814	117	4420
辽宁	4476	358793	621	22934	700	107177
吉林	1624	51421	82	1853	70	2815
黑龙江	1528	129441	99	12381	38	1235
上海	3214	150085	186	29998	65	17135
江苏	14400	3227486	697	49544	459	59558
浙江	16868	4313787	1372	195965	127	34069
安徽	2027	297804	364	21639	334	100887
福建	746	147421	56	1915	10	89
江西	1105	247251	158	8925	104	7061
山东	9622	1695397	1263	167209	648	69732
河南	4845	358679	882	43367	396	57486
湖北	2526	289308	214	28069	300	11867
湖南	5831	1027239	1013	115683	514	66636
广东	4976	1215104	625	74363	148	47457
广西	1070	39041	119	8650	48	335
海南	5	110	5	138		
重庆	4796	607848	304	9418	51	1051
四川	3986	573694	144	9260	91	1401
贵州	560	17382	5	368	3	67
云南	957	52254	15	116	5	28
西藏						
陕西	358	22611	72	2834	8	114
甘肃	1110	46997	380	31422	39	609
青海	122	3911	24	1503		
宁夏	197	6736	42	1010	30	12781
新疆	1621	68507	214	10781	77	1430

2-6 续表 7

地区	电子出版物及音像制品类		家用电器和音像器材类		中西药品类	
	摊位数(个)	成交额(万元)	摊位数(个)	成交额(万元)	摊位数(个)	成交额(万元)
全国	**8249**	**1594565**	**32933**	**6888358**	**23736**	**5024141**
北京	83	2482	1345	191046	26	1149
天津	13	1568	173	18399	4	59
河北	1140	937931	786	92685	6525	1013863
山西	18	1132	185	15071	1	230
内蒙古	107	1100	381	29802	290	50249
辽宁	723	110100	1771	395859	325	212340
吉林	600	85640	228	10920	1283	456341
黑龙江	168	39011	432	437280	12	5356
上海	86	11312	334	100091	259	93438
江苏	539	36151	2242	461652	105	383817
浙江	154	28154	3726	494681	744	224342
安徽	135	5962	2443	785979	4656	844229
福建	55	4249	630	80187	131	26453
江西	199	11894	1639	289615	463	135270
山东	671	23406	3665	752389	1011	56021
河南	647	24502	2350	539823	2938	194281
湖北	188	2372	693	184206	54	21138
湖南	1155	162105	2903	964201	1136	182819
广东	566	58388	2227	338781	807	124866
广西	104	1432	469	18735	881	604153
海南			3	150	8	250
重庆	68	5582	1071	310809	80	7914
四川	33	4914	383	50743	15	1043
贵州	18	98	805	88632	105	2007
云南	123	1310	95	1242	890	184864
西藏						
陕西	193	4660	260	31273	378	30006
甘肃	234	15951	395	103927	312	24275
青海			74	780	3	60
宁夏	28	193	20	352	166	135565
新疆	201	12966	1205	99048	128	7743

2-6 续表 8

地区	#西药类		#中草药及中成药类		文化办公用品类	
	摊位数(个)	成交额(万元)	摊位数(个)	成交额(万元)	摊位数(个)	成交额(万元)
全国	**1130**	**136793**	**21420**	**4334184**	**62725**	**11287430**
北京	11	610	11	197	5495	1091527
天津	3	50			505	44385
河北	91	12515	6432	1001347	2474	477178
山西					642	34598
内蒙古	60	2973	194	46230	720	132565
辽宁	42	5101	277	206698	3577	1009951
吉林	24	953	1158	452417	1291	161002
黑龙江	7	1726	4	1219	1826	391318
上海	3	438	256	93000	1379	295181
江苏	53	9939	28	1540	4029	735925
浙江	9	460	732	223656	8884	1520471
安徽	40	18005	4602	821698	719	55495
福建	14	575	104	23783	1008	115207
江西	18	7330	423	122138	1120	229575
山东	132	17340	860	33088	4870	958014
河南	156	5222	2760	187884	3184	426773
湖北	15	8925	13	881	3235	492543
湖南	128	8712	233	37389	3535	748375
广东	40	5840	758	117616	5136	663458
广西	13	3839	826	599777	821	243121
海南	8	250			311	28930
重庆	52	3489	27	2802	2036	897970
四川	9	340	6	703	1117	138522
贵州			105	2007	615	84645
云南	43	1525	847	183339	28	402
西藏						
陕西			373	30000	2132	132469
甘肃	106	15925	206	8350	525	86732
青海					113	2873
宁夏	10	119	156	135427	81	1625
新疆	43	4592	29	998	1317	86600

2-6 续表 9

地区	家具类		通讯器材类		煤炭及制品类	
	摊位数(个)	成交额(万元)	摊位数(个)	成交额(万元)	摊位数(个)	成交额(万元)
全国	**80748**	**14676433**	**24325**	**2255731**	**2615**	**9030457**
北京	4190	619120	897	198291	1	4
天津	946	74376	81	32665	681	5612782
河北	11187	3509419	775	122287	265	406741
山西	279	28650	7	349	11	398011
内蒙古	1254	146528	298	44980	105	1145546
辽宁	7592	687933	1526	245884	10	1181
吉林	648	146604	735	66113	132	2600
黑龙江	862	117866	54	41882		
上海	2680	261175	1097	29816	10	11725
江苏	11383	2083145	1415	77613	60	158310
浙江	7019	2317066	2262	254564	75	1062870
安徽	2270	536471	61	5474	8	300
福建	371	44274	229	15377		
江西	2073	208803	144	42285		
山东	6872	1017590	845	80987	86	17813
河南	2021	221829	239	11607	68	1034
湖北	2270	411108	492	147640	98	2300
湖南	2067	370724	922	115322	17	1856
广东	690	90505	10945	519975		
广西	1525	97291	51	10140	40	1410
海南						
重庆	2923	1124320	779	168650	5	139
四川	4684	216957	15	444		
贵州	204	32142	13	800		
云南	579	80104	23	250	9	138
西藏						
陕西	7	113	17	158		
甘肃	1008	74355	52	5773	11	455
青海	233	11385	3	21		
宁夏	20	4519	54	209	712	36685
新疆	2891	142061	294	16175	211	168557

2-6　续表 10

地　区	木材及制品类		石油及制品类		化工材料及制品类	
	摊位数（个）	成交额（万元）	摊位数（个）	成交额（万元）	摊位数（个）	成交额（万元）
全　国	**29288**	**7796536**	**1328**	**16068338**	**35657**	**28504309**
北　京	864	35750			163	13816
天　津	427	181623	2	286	433	1223809
河　北	1039	178551	28	6209	8308	1439571
山　西	216	21300			5	1423
内蒙古	218	239161	33	905	76	29888
辽　宁	1608	137823	202	4400030	413	77139
吉　林	342	8412			1264	55156
黑龙江	44	15607			33	19380
上　海	1429	294950	506	11620000	1101	896207
江　苏	5498	1101478	7	2114	5799	9030401
浙　江	3655	1275033			5357	9626396
安　徽	884	432141	10	492	773	199489
福　建	383	47147	2	49	379	58151
江　西	411	35887			315	26699
山　东	5037	2640574	110	5354	3113	761995
河　南	390	34791	33	694	1417	105990
湖　北	955	179942	17	800	303	30505
湖　南	2388	167269	185	14604	998	114923
广　东	1087	452714	17	528	3071	3881741
广　西	413	100820	2	44	326	290274
海　南						
重　庆	507	109834	4	3304	188	42296
四　川	191	17085			424	302524
贵　州	5	4			2	183
云　南	114	7720	1	600	129	53418
西　藏						
陕　西	109	4079				
甘　肃	152	32357			45	648
青　海			3	352		
宁　夏	153	15580	10	1936	23	1036
新　疆	769	28904	156	10037	1199	221251

2-6 续表 11

地区	#化肥类		金属材料类		建筑及装潢材料类	
	摊位数(个)	成交额(万元)	摊位数(个)	成交额(万元)	摊位数(个)	成交额(万元)
全国	**3737**	**963620**	**91882**	**159626542**	**198648**	**36333982**
北京			363	75328	4867	605157
天津	5	3467	2587	9101742	2733	622454
河北	313	127362	11389	3933984	6226	1114198
山西			233	820455	2302	498606
内蒙古	69	29000	787	1432055	1482	461304
辽宁	12	640	6369	5070688	6411	1180485
吉林	1075	44630	843	143178	2577	270338
黑龙江	30	17600	1117	2507124	2724	233335
上海	5	686	5435	34643673	13663	3092542
江苏	267	173158	17190	33088782	33173	7031752
浙江	2	53	14047	20675549	23836	4509521
安徽	67	11610	2673	5544930	7217	714715
福建			346	1945121	2957	1923637
江西	34	1663	1018	645020	6559	960899
山东	498	247386	5700	11882465	19994	4659381
河南	323	17024	1683	1952781	5366	726875
湖北	95	10853	3161	1682893	11290	1098770
湖南	74	26183	1829	2214890	16595	1912777
广东	1	10	2213	4855196	4407	736448
广西	77	50961	1036	4028951	4115	450446
海南						
重庆	74	4953	3315	7129096	5883	1661142
四川			2198	1241517	4683	968843
贵州			721	170066	1088	170123
云南	73	28510	842	1465921	2608	229842
西藏						
陕西			10	38	1105	52660
甘肃	30	462	1806	1051496	1534	174583
青海					752	23843
宁夏	18	593	1578	1079255	380	43370
新疆	595	166816	1393	1244348	2121	205936

2-6 续表 12

地 区	机电产品及设备类		#农机类		汽车类	
	摊位数（个）	成交额（万元）	摊位数（个）	成交额（万元）	摊位数（个）	成交额（万元）
全 国	**50399**	**12418160**	**4950**	**1475132**	**69729**	**48269578**
北 京	458	210574			4335	7098961
天 津	60	12700			1162	2012927
河 北	5727	1130721	2042	777478	13828	999897
山 西	139	72526			457	361152
内 蒙 古	196	82687	65	35426	17	24950
辽 宁	1088	89097	26	30150	2436	1775172
吉 林	813	64472	112	14942	1975	1435066
黑 龙 江	39	923			2420	136574
上 海	563	99368			1376	2348243
江 苏	9081	2344292	426	40778	3659	3192057
浙 江	6568	2348770	11	2700	6041	7488975
安 徽	1930	233852	238	10809	601	926681
福 建	106	6007			579	732349
江 西	604	335969	181	57729	1375	575993
山 东	4052	1330721	697	230863	8567	3320870
河 南	1211	156584	321	82168	1938	1443602
湖 北	537	74672	79	51515	2273	2459306
湖 南	4167	784254	185	10439	4953	2422249
广 东	1069	281064	184	55702	4832	5315925
广 西	1636	197595			203	207304
海 南						
重 庆	3390	1294970	8	1019	2064	2078526
四 川	3892	605067	10	2722	636	485819
贵 州					716	137280
云 南	235	27872	120	19808	1084	520764
西 藏						
陕 西					648	178470
甘 肃	198	29916	2	432		
青 海	34	1430			145	12000
宁 夏	460	93688	169	40840	521	43329
新 疆	2146	508369	74	9612	888	535137

2-6 续表 13

地区	种子饲料类		棉麻类		其他类	
	摊位数(个)	成交额(万元)	摊位数(个)	成交额(万元)	摊位数(个)	成交额(万元)
全国	**6952**	**1088724**	**5863**	**5406068**	**159093**	**20110047**
北京	3	128	86	900	6048	368519
天津	33	17387	660	306044	1535	91709
河北	2155	90750	26	2160	28837	4163361
山西	2	420			914	33356
内蒙古	144	22558	69	1533	3855	542934
辽宁	34	1336	8	69	9986	1363787
吉林	255	11233	18	1720	3725	109722
黑龙江	86	13635	8	254	932	62545
上海	3	197			3639	577661
江苏	312	87153	771	1274090	13313	2162699
浙江	216	57841	596	1921365	25138	3993376
安徽	323	20787	45	3054	5191	277749
福建	197	231228			2363	421854
江西	201	15503	111	2005	3924	129939
山东	673	100998	3166	1829680	8799	1395264
河南	196	11696	151	54698	5113	1362317
湖北	121	9580			581	34730
湖南	365	61355	36	3882	4851	365572
广东	38	737	2	2	6527	701923
广西	462	113345			1894	116443
海南					178	16943
重庆	441	162290	14	1495	4444	585012
四川	163	8006	17	1850	5993	396975
贵州	2	4	33	371	430	19109
云南	158	11949			4886	533369
西藏						
陕西	5	98			199	2839
甘肃	9	254	9	163	1204	13022
青海					285	58866
宁夏	46	4110	9	289	1138	26679
新疆	309	34146	28	444	3171	181773

（二）东中西部及东北地区

2-7 商品交易市场总体情况

地区	市场数量（个）	总摊位数（个）	年末出租摊位数（个）	营业面积（平方米）	成交额（万元）
全国	**4940**	**3547581**	**3193365**	**248323113**	**727035303**
东部地区	**3011**	**2069093**	**1877548**	**157938874**	**519670262**
北京	135	129132	110047	6899092	24897505
天津	81	56419	50499	5370229	26718648
河北	281	338928	305275	25989531	41251581
上海	179	76560	73576	7847399	64798737
江苏	553	362831	332515	29657713	117543115
浙江	695	444617	401164	25114588	115922400
福建	159	62956	55388	3516241	13339532
山东	543	373177	352628	34475871	66761769
广东	378	220384	192367	18970765	48273955
海南	7	4089	4089	97445	163020
东北地区	**382**	**329944**	**294897**	**14267348**	**48527947**
辽宁	222	196337	179992	8211965	34659846
吉林	71	71979	57856	2983063	5340331
黑龙江	89	61628	57049	3072320	8527770
中部地区	**892**	**607643**	**542351**	**38662691**	**83457524**
山西	44	34993	30970	2543176	4874484
安徽	135	96722	85502	7784845	17373192
江西	93	69195	62956	3372646	12378711
河南	170	125237	113665	10191354	15397881
湖北	160	86895	79159	5932370	12687659
湖南	290	194601	170099	8838300	20745597
西部地区	**655**	**540901**	**478569**	**37454200**	**75379570**
内蒙古	71	41272	38674	6924566	6328057
广西	89	68918	62457	3388013	9609250
重庆	119	89250	80570	5860050	24579490
四川	105	110280	98122	5458848	11520108
贵州	33	20835	18692	1311303	2896228
云南	53	56245	41193	2692061	6026431
西藏					
陕西	41	25620	24812	983631	1994411
甘肃	42	43686	41033	2093605	3751695
青海	9	7314	5984	445015	308808
宁夏	26	21555	17492	3000868	2034801
新疆	67	55926	49540	5296240	6330291

2-8 商品交易市场情况(按市场类别分)

(综合市场)

地 区	市场数量(个)	总摊位数(个)	年末出租摊位数(个)	营业面积(平方米)	成交额(万元)
全 国	**1341**	**1296672**	**1167981**	**57401634**	**147942258**
东部地区	**797**	**688243**	**631488**	**33428839**	**89835390**
北 京	40	55833	50398	2920497	11536457
天 津	17	19499	17317	1382054	2578013
河 北	70	110701	105824	7172733	12682135
上 海	39	23408	22619	1229564	3435286
江 苏	176	131940	119968	6067358	19066900
浙 江	219	175152	162999	7338771	25940187
福 建	63	31936	25968	895012	2589958
山 东	85	80119	74656	4795510	6774471
广 东	83	55903	47987	1549295	5112163
海 南	5	3752	3752	78045	119820
东北地区	**113**	**136155**	**114202**	**4019719**	**14893115**
辽 宁	67	76120	69026	2104089	12096267
吉 林	17	34515	22352	856048	731270
黑龙江	29	25520	22824	1059582	2065578
中部地区	**254**	**257600**	**228086**	**10794774**	**26920650**
山 西	8	12400	11581	1174704	2825135
安 徽	42	45798	40860	3264948	6451415
江 西	35	42547	37997	1074888	6083318
河 南	27	42747	39847	1391030	3063869
湖 北	37	24893	23011	1250419	2467083
湖 南	105	89215	74790	2638785	6029830
西部地区	**177**	**214674**	**194205**	**9158302**	**16293103**
内蒙古	9	9823	9449	550260	569132
广 西	26	30723	28056	830191	1868523
重 庆	37	52313	46250	2061511	7020986
四 川	29	47412	43111	1054365	2664911
贵 州	3	2127	1908	35277	56763
云 南	17	12743	11427	318751	383950
西 藏					
陕 西	6	7178	6993	204270	85014
甘 肃	13	13421	12414	830496	1012368
青 海	2	852	617	237853	68310
宁 夏	7	4169	4067	339500	295114
新 疆	28	33913	29913	2695828	2268032

2-8 续表 1

(生产资料综合市场)

地 区	市场数量(个)	总摊位数(个)	年末出租摊位数(个)	营业面积(平方米)	成交额(万元)
全 国	**62**	**64301**	**59080**	**8103183**	**17553203**
东部地区	**30**	**26726**	**26028**	**3540669**	**7513314**
北 京	1	280	258	7200	12649
天 津	1	426	426	65000	119935
河 北	2	600	590	150050	90128
上 海	4	6891	6891	699000	612140
江 苏	8	10900	10429	1434370	1740397
浙 江	8	6328	6252	904299	4822047
福 建	1	92	92	30000	12438
山 东	5	1209	1090	250750	103580
广 东					
海 南					
东北地区	**8**	**8348**	**6028**	**469390**	**4768813**
辽 宁	6	2977	2967	337390	4696388
吉 林	2	5371	3061	132000	72425
黑龙江					
中部地区	**8**	**13876**	**12515**	**2210534**	**3070833**
山 西					
安 徽	1	6953	6953	1570000	2376786
江 西					
河 南					
湖 北	5	6673	5312	625334	667800
湖 南	2	250	250	15200	26247
西部地区	**16**	**15351**	**14509**	**1882590**	**2200243**
内蒙古	2	75	75	23000	41860
广 西	1	250	250	17608	276000
重 庆	1	1600	1600	260000	619728
四 川	4	6067	5568	274000	540900
贵 州					
云 南	1	173	167	10920	10982
西 藏					
陕 西					
甘 肃	1	407	407	120000	29045
青 海	1	335	100	116203	50526
宁 夏	1	308	206	200000	54613
新 疆	4	6136	6136	860859	576589

2-8 续表 2

(工业消费品综合市场)

地　区	市场数量(个)	总摊位数(个)	年末出租摊位数(个)	营业面积(平方米)	成交额(万元)
全　国	**310**	**496590**	**445954**	**20114897**	**48431265**
东部地区	**155**	**259733**	**239882**	**12801290**	**29489305**
北　京	10	13392	11978	226422	811684
天　津	3	7104	6640	162635	441139
河　北	21	52071	50318	4242161	8281521
上　海	3	1406	1339	24900	147657
江　苏	25	36814	32343	979651	4445411
浙　江	31	77117	74545	4065607	8786834
福　建	4	5520	3119	196060	180893
山　东	36	47237	44463	2407191	4604652
广　东	22	19072	15137	496663	1789514
海　南					
东北地区	**52**	**84676**	**66810**	**1755639**	**4657356**
辽　宁	29	44292	38948	719564	3514264
吉　林	7	24846	15020	646000	522987
黑龙江	16	15538	12842	390075	620105
中部地区	**66**	**88258**	**79955**	**2886142**	**9633010**
山　西	3	2827	2221	154041	49438
安　徽	6	11811	9292	688950	813905
江　西	8	16270	14487	301960	2751866
河　南	15	23978	22429	898423	2734577
湖　北	8	6703	6419	250420	762645
湖　南	26	26669	25107	592348	2520579
西部地区	**37**	**63923**	**59307**	**2671826**	**4651594**
内蒙古	4	6159	5785	245260	138272
广　西	1	5340	5091	200000	120352
重　庆	9	25383	22582	788348	2640141
四　川	4	6752	6736	116300	618143
贵　州					
云　南	1	1460	1282	40000	23350
西　藏					
陕　西	1	970	970	63000	10341
甘　肃	8	5316	5177	582496	688909
青　海					
宁　夏	1	476	476	40000	66975
新　疆	8	12067	11208	596422	345111

2-8 续表 3

(农产品综合市场)

地 区	市场数量（个）	总摊位数（个）	年末出租摊位数（个）	营业面积（平方米）	成交额（万元）
全 国	**691**	**475304**	**427746**	**17111215**	**54777699**
东部地区	**490**	**295012**	**268591**	**11172374**	**37776802**
北 京	21	23882	21748	2212381	7769169
天 津	7	7725	6068	710788	1430894
河 北	27	35519	34030	1578716	2749373
上 海	26	10989	10418	366206	2189144
江 苏	125	68547	62365	2526252	9303225
浙 江	163	79790	72494	1726615	8453080
福 建	46	19546	16833	307256	1310630
山 东	22	16694	15717	909277	1527126
广 东	51	30797	27395	827683	3007803
海 南	2	1523	1523	7200	36358
东北地区	**30**	**19630**	**18525**	**1096605**	**2383011**
辽 宁	18	11442	10337	449363	1002619
吉 林	3	2162	2162	44795	69246
黑龙江	9	6026	6026	602447	1311146
中部地区	**97**	**77932**	**65778**	**2841847**	**8066515**
山 西	3	3300	3300	353040	430490
安 徽	24	16532	15877	478292	2332891
江 西	12	12711	11971	376571	2233245
河 南	5	3083	3068	172580	213921
湖 北	15	6844	6759	180413	575773
湖 南	38	35462	24803	1280951	2280195
西部地区	**74**	**82730**	**74852**	**2000389**	**6551371**
内蒙古					
广 西	16	14392	13832	415948	1017489
重 庆	18	17393	14459	482620	2921957
四 川	15	30394	27334	461325	1242478
贵 州	1	912	790	1950	12320
云 南	10	7450	6882	134970	253548
西 藏					
陕 西	2	2188	2018	48800	24955
甘 肃	2	2300	2191	60000	53090
青 海					
宁 夏	3	1892	1892	51000	42300
新 疆	7	5809	5454	343776	983234

2-8 续表 4

(其他综合市场)

地 区	市场数量(个)	总摊位数(个)	年末出租摊位数(个)	营业面积(平方米)	成交额(万元)
全 国	**278**	**260477**	**235201**	**12072339**	**27180091**
东部地区	**122**	**106772**	**96987**	**5914506**	**15055969**
北 京	8	18279	16414	474494	2942955
天 津	6	4244	4183	443631	586045
河 北	20	22511	20886	1201806	1561113
上 海	6	4122	3971	139458	486345
江 苏	18	15679	14831	1127085	3577867
浙 江	17	11917	9708	642250	3878226
福 建	12	6778	5924	361696	1085997
山 东	22	14979	13386	1228292	539113
广 东	10	6034	5455	224949	314846
海 南	3	2229	2229	70845	83462
东北地区	**23**	**23501**	**22839**	**698085**	**3083935**
辽 宁	14	17409	16774	597772	2882996
吉 林	5	2136	2109	33253	66612
黑龙江	4	3956	3956	67060	134327
中部地区	**83**	**77534**	**69838**	**2856251**	**6150292**
山 西	2	6273	6060	667623	2345207
安 徽	11	10502	8738	527706	927833
江 西	15	13566	11539	396357	1098207
河 南	7	15686	14350	320027	115371
湖 北	9	4673	4521	194252	460865
湖 南	39	26834	24630	750286	1202809
西部地区	**50**	**52670**	**45537**	**2603497**	**2889895**
内蒙古	3	3589	3589	282000	389000
广 西	8	10741	8883	196635	454682
重 庆	9	7937	7609	530543	839160
四 川	6	4199	3473	202740	263390
贵 州	2	1215	1118	33327	44443
云 南	5	3660	3096	132861	96070
西 藏					
陕 西	3	4020	4005	92470	49718
甘 肃	2	5398	4639	68000	241324
青 海	1	517	517	121650	17784
宁 夏	2	1493	1493	48500	131226
新 疆	9	9901	7115	894771	363098

2-8 续表 5

(专业市场)

地 区	市场数量（个）	总摊位数（个）	年末出租摊位数（个）	营业面积（平方米）	成交额（万元）
全 国	**3599**	**2250909**	**2025384**	**190921479**	**579093045**
东部地区	**2214**	**1380850**	**1246060**	**124510035**	**429834872**
北 京	95	73299	59649	3978595	13361048
天 津	64	36920	33182	3988175	24140635
河 北	211	228227	199451	18816798	28569446
上 海	140	53152	50957	6617835	61363451
江 苏	377	230891	212547	23590355	98476215
浙 江	476	269465	238165	17775817	89982213
福 建	96	31020	29420	2621229	10749574
山 东	458	293058	277972	29680361	59987298
广 东	295	164481	144380	17421470	43161792
海 南	2	337	337	19400	43200
东北地区	**269**	**193789**	**180695**	**10247629**	**33634832**
辽 宁	155	120217	110966	6107876	22563579
吉 林	54	37464	35504	2127015	4609061
黑 龙 江	60	36108	34225	2012738	6462192
中部地区	**638**	**350043**	**314265**	**27867917**	**56536874**
山 西	36	22593	19389	1368472	2049349
安 徽	93	50924	44642	4519897	10921777
江 西	58	26648	24959	2297758	6295393
河 南	143	82490	73818	8800324	12334012
湖 北	123	62002	56148	4681951	10220576
湖 南	185	105386	95309	6199515	14715767
西部地区	**478**	**326227**	**284364**	**28295898**	**59086467**
内 蒙 古	62	31449	29225	6374306	5758925
广 西	63	38195	34401	2557822	7740727
重 庆	82	36937	34320	3798539	17558504
四 川	76	62868	55011	4404483	8855197
贵 州	30	18708	16784	1276026	2839465
云 南	36	43502	29766	2373310	5642481
西 藏					
陕 西	35	18442	17819	779361	1909397
甘 肃	29	30265	28619	1263109	2739327
青 海	7	6462	5367	207162	240498
宁 夏	19	17386	13425	2661368	1739687
新 疆	39	22013	19627	2600412	4062259

2-8 续表 6

(生产资料市场)

地 区	市场数量 (个)	总摊位数 (个)	年末出租摊位数 (个)	营业面积 (平方米)	成交额 (万元)
全 国	**754**	**294577**	**265613**	**60821474**	**238675832**
东部地区	**480**	**184065**	**165826**	**39444670**	**186986312**
北 京	11	3839	3445	281791	544795
天 津	24	6114	5859	1731452	16568531
河 北	47	22490	21880	7387440	6458919
上 海	47	13931	13549	4120778	49955511
江 苏	115	56719	47518	8231586	47314414
浙 江	108	38784	35346	4917896	34526516
福 建	12	2872	2449	630044	3442160
山 东	89	28793	27091	9276453	18344420
广 东	27	10523	8689	2867230	9831046
海 南					
东北地区	**51**	**17973**	**16288**	**3119908**	**9373086**
辽 宁	29	10298	9039	1879208	5833793
吉 林	13	5457	5136	660500	517683
黑 龙 江	9	2218	2113	580200	3021610
中部地区	**116**	**50366**	**44256**	**6818527**	**16463818**
山 西	4	466	436	127400	978511
安 徽	17	8033	6784	857067	5030935
江 西	8	3995	3943	296415	1245117
河 南	18	5350	3776	2278717	2530788
湖 北	25	8838	8173	900063	2174107
湖 南	44	23684	21144	2358865	4504360
西部地区	**107**	**42173**	**39243**	**11438369**	**25852616**
内 蒙 古	14	2309	2259	3535020	3158780
广 西	19	6113	6071	1184696	4908475
重 庆	25	9732	8756	1562711	8785707
四 川	16	9047	7902	1292559	2750885
贵 州	5	987	979	186464	275550
云 南	6	1592	1578	455795	1564693
西 藏					
陕 西	2	943	943	56300	44380
甘 肃	5	1983	1902	182800	1111766
青 海					
宁 夏	6	3587	3310	1749308	1201661
新 疆	9	5880	5543	1232716	2050719

2-8 续表 7

(农业生产用具市场)

地 区	市场数量(个)	总摊位数(个)	年末出租摊位数(个)	营业面积(平方米)	成交额(万元)
全 国	**17**	**5722**	**4855**	**1460241**	**1480377**
东部地区	**10**	**4070**	**3743**	**1131072**	**1206057**
北 京					
天 津					
河 北	3	2713	2510	801200	899430
上 海					
江 苏	1	550	468	45857	55126
浙 江					
福 建					
山 东	5	627	585	169000	195856
广 东	1	180	180	115015	55645
海 南					
东北地区					
辽 宁					
吉 林					
黑龙江					
中部地区	**4**	**1414**	**874**	**127163**	**183018**
山 西					
安 徽	1	811	353	37163	12938
江 西	1	80	78	8000	30774
河 南	1	360	280	56000	80000
湖 北	1	163	163	26000	59306
湖 南					
西部地区	**3**	**238**	**238**	**202006**	**91302**
内蒙古	2	60	60	180006	35326
广 西					
重 庆					
四 川					
贵 州					
云 南					
西 藏					
陕 西					
甘 肃					
青 海					
宁 夏	1	178	178	22000	55976
新 疆					

2-8 续表 8

(农用生产资料市场)

地　区	市场数量(个)	总摊位数(个)	年末出租摊位数(个)	营业面积(平方米)	成交额(万元)
全　国	**32**	**6650**	**6188**	**936754**	**1534107**
东部地区	**16**	**3874**	**3634**	**447450**	**848293**
北　京					
天　津					
河　北	3	2112	2106	308800	110952
上　海					
江　苏	3	436	320	30270	97720
浙　江	2	199	199	8380	49342
福　建	2	338	225	22250	245346
山　东	6	789	784	77750	344933
广　东					
海　南					
东北地区	**2**	**586**	**586**	**12300**	**45780**
辽　宁					
吉　林	2	586	586	12300	45780
黑龙江					
中部地区	**4**	**234**	**234**	**47340**	**82485**
山　西					
安　徽	2	172	172	10340	20000
江　西					
河　南					
湖　北					
湖　南	2	62	62	37000	62485
西部地区	**10**	**1956**	**1734**	**429664**	**557549**
内蒙古	2	162	162	226674	45768
广　西	4	586	586	76900	195934
重　庆	1	390	390	40000	160000
四　川					
贵　州					
云　南					
西　藏					
陕　西					
甘　肃					
青　海					
宁　夏					
新　疆	3	818	596	86090	155847

2-8 续表 9

(煤炭市场)

地　区	市场数量（个）	总摊位数（个）	年末出租摊位数（个）	营业面积（平方米）	成交额（万元）
全　国	**16**	**2422**	**2111**	**5879492**	**8936684**
东部地区	**11**	**1065**	**1007**	**2520052**	**7204092**
北　京					
天　津	4	681	681	113000	5612782
河　北	4	272	214	1800199	389729
上　海	1	10	10	1500	11725
江　苏	1	33	33	200000	149856
浙　江	1	69	69	405353	1040000
福　建					
山　东					
广　东					
海　南					
东北地区					
辽　宁					
吉　林					
黑龙江					
中部地区	**2**	**11**	**11**	**3600**	**398011**
山　西	2	11	11	3600	398011
安　徽					
江　西					
河　南					
湖　北					
湖　南					
西部地区	**3**	**1346**	**1093**	**3355840**	**1334581**
内蒙古	1	29	29	2000100	1135274
广　西					
重　庆					
四　川					
贵　州					
云　南					
西　藏					
陕　西					
甘　肃					
青　海					
宁　夏	1	1272	1019	1355400	42394
新　疆	1	45	45	340	156913

2-8 续表 10

(木材市场)

地　区	市场数量(个)	总摊位数(个)	年末出租摊位数(个)	营业面积(平方米)	成交额(万元)
全　国	**56**	**19770**	**17612**	**4506084**	**5452430**
东部地区	**45**	**16388**	**14380**	**3502201**	**4916727**
北　京	1	600	600	40000	13366
天　津					
河　北	1	50	50	53000	21400
上　海	5	331	326	117396	161933
江　苏	10	4933	4745	748107	723040
浙　江	13	5579	4157	661218	1386063
福　建					
山　东	12	3702	3637	1682480	2208064
广　东	3	1193	865	200000	402861
海　南					
东北地区	**1**	**200**	**200**	**2800**	**35200**
辽　宁	1	200	200	2800	35200
吉　林					
黑龙江					
中部地区	**6**	**2480**	**2380**	**171547**	**160540**
山　西					
安　徽	1	160	160	2000	12000
江　西					
河　南					
湖　北	1	400	400	35000	45000
湖　南	4	1920	1820	134547	103540
西部地区	**4**	**702**	**652**	**829536**	**339963**
内蒙古	1	132	132	666700	221063
广　西	2	320	315	122836	108400
重　庆	1	250	205	40000	10500
四　川					
贵　州					
云　南					
西　藏					
陕　西					
甘　肃					
青　海					
宁　夏					
新　疆					

2-8 续表 11

(建材市场)

地 区	市场数量（个）	总摊位数（个）	年末出租摊位数（个）	营业面积（平方米）	成交额（万元）
全 国	**212**	**91859**	**83541**	**15354058**	**17557120**
东部地区	**113**	**48745**	**44060**	**10186631**	**11566036**
北 京	6	2304	2003	164000	227962
天 津	3	2267	2267	643492	698447
河 北	6	1135	1119	309210	118142
上 海	12	5022	4982	3088971	2473263
江 苏	38	19311	16850	3173110	3750749
浙 江	19	6356	5633	774462	1234362
福 建	4	1538	1228	335158	1151138
山 东	22	9826	9374	1462354	1638773
广 东	3	986	604	235874	273200
海 南					
东北地区	**16**	**3795**	**3401**	**1158591**	**831881**
辽 宁	8	2001	1607	657391	644444
吉 林	6	1188	1188	413200	155220
黑龙江	2	606	606	88000	32217
中部地区	**55**	**29151**	**26056**	**2793650**	**2863423**
山 西	1	285	285	12000	14500
安 徽	5	4298	3693	451429	184760
江 西	5	3216	3166	235494	615598
河 南	8	3048	2077	1143786	490832
湖 北	13	5315	4886	458763	609301
湖 南	23	12989	11949	492178	948432
西部地区	**28**	**10168**	**10024**	**1215186**	**2295780**
内蒙古	4	1445	1395	263200	391216
广 西	5	2325	2307	131700	331922
重 庆	5	1695	1669	233742	565875
四 川	7	2674	2624	422680	778392
贵 州	2	264	264	28464	105500
云 南	2	784	784	69500	45332
西 藏					
陕 西	2	943	943	56300	44380
甘 肃	1	38	38	9600	33163
青 海					
宁 夏					
新 疆					

2-8 续表 12

(化工材料及制品市场)

地　区	市场数量(个)	总摊位数(个)	年末出租摊位数(个)	营业面积(平方米)	成交额(万元)
全　国	**43**	**22258**	**19810**	**2319937**	**25823959**
东部地区	**35**	**19968**	**17955**	**2181324**	**25336230**
北　京					
天　津	3	406	401	17382	1193236
河　北	3	802	755	83934	284242
上　海	2	964	964	20000	881400
江　苏	8	6647	5420	341180	9003651
浙　江	9	5743	5252	948845	9711315
福　建	1	110	110	13000	38852
山　东	4	2230	2017	148326	419670
广　东	5	3066	3036	608657	3803864
海　南					
东北地区	**1**	**120**	**120**	**8459**	**15125**
辽　宁	1	120	120	8459	15125
吉　林					
黑龙江					
中部地区	**5**	**1737**	**1302**	**83100**	**113864**
山　西					
安　徽	1	350	337	3700	19113
江　西					
河　南	1	48	48	6800	10000
湖　北					
湖　南	3	1339	917	72600	84751
西部地区	**2**	**433**	**433**	**47054**	**358740**
内蒙古					
广　西					
重　庆					
四　川	1	366	366	23374	300000
贵　州					
云　南	1	67	67	23680	58740
西　藏					
陕　西					
甘　肃					
青　海					
宁　夏					
新　疆					

2-8　续表 13

（金属材料市场）

地　　区	市场数量（个）	总摊位数（个）	年末出租摊位数（个）	营业面积（平方米）	成交额（万元）
全　　国	**287**	**94148**	**85637**	**23542663**	**157593107**
东部地区	**196**	**63373**	**57565**	**15187411**	**118844664**
北　　京	2	278	267	24235	47895
天　　津	14	2760	2510	957578	9064066
河　　北	21	11743	11663	2705622	3896942
上　　海	20	5360	5139	756703	34681713
江　　苏	47	20055	16920	3274712	32956268
浙　　江	47	13975	13339	1767618	19505411
福　　建	3	295	295	166636	1934663
山　　东	31	6234	5357	4513623	12038043
广　　东	11	2673	2075	1020684	4719663
海　　南					
东北地区	**23**	**8623**	**7929**	**1570252**	**7999969**
辽　　宁	17	7161	6562	1198052	5072776
吉　　林					
黑 龙 江	6	1462	1367	372200	2927193
中部地区	**31**	**9055**	**7922**	**3137757**	**11958875**
山　　西	1	170	140	111800	566000
安　　徽	6	1702	1529	332325	4746904
江　　西	2	699	699	52921	598745
河　　南	8	1894	1371	1072131	1949956
湖　　北	10	2960	2724	380300	1460500
湖　　南	4	1630	1459	1188280	2636770
西部地区	**37**	**13097**	**12221**	**3647243**	**18789599**
内 蒙 古	4	481	481	198340	1330133
广　　西	5	1002	983	700260	4013200
重　　庆	9	3830	3193	677969	7338344
四　　川	5	2008	1934	671505	1215790
贵　　州	3	723	715	158000	170050
云　　南	3	741	727	362615	1460621
西　　藏					
陕　　西					
甘　　肃	4	1945	1864	173200	1078603
青　　海					
宁　　夏	2	1514	1514	269071	1045041
新　　疆	2	853	810	436283	1137817

2-8 续表 14

(机械设备市场)

地　区	市场数量(个)	总摊位数(个)	年末出租摊位数(个)	营业面积(平方米)	成交额(万元)
全　国	**48**	**26031**	**23436**	**2766653**	**5571088**
东部地区	**27**	**11009**	**10288**	**1407154**	**3115203**
北　京	1	377	300	33000	199000
天　津					
河　北	2	883	883	192075	94994
上　海	1	309	309	39000	13989
江　苏	4	1554	1192	133350	416223
浙　江	12	4151	4041	172121	1217603
福　建					
山　东	5	2775	2729	350608	979511
广　东	2	960	834	487000	193883
海　南					
东北地区	**1**	**268**	**268**	**8963**	**20000**
辽　宁	1	268	268	8963	20000
吉　林					
黑龙江					
中部地区	**7**	**5820**	**5017**	**430810**	**680713**
山　西					
安　徽	1	540	540	20110	35220
江　西					
河　南					
湖　北					
湖　南	6	5280	4477	410700	645493
西部地区	**13**	**8934**	**7863**	**919726**	**1755172**
内蒙古					
广　西	2	1200	1200	63000	181000
重　庆	6	2287	2238	517000	634769
四　川	3	3999	2978	175000	456703
贵　州					
云　南					
西　藏					
陕　西					
甘　肃					
青　海					
宁　夏	1	296	296	34726	32700
新　疆	1	1152	1151	130000	450000

2-8 续表 15

(其他生产资料市场)

地 区	市场数量 (个)	总摊位数 (个)	年末出租摊位数 (个)	营业面积 (平方米)	成交额 (万元)
全 国	**43**	**25717**	**22423**	**4055592**	**14726960**
东部地区	**27**	**15573**	**13194**	**2881375**	**13949010**
北 京	1	280	275	20556	56572
天 津					
河 北	4	2780	2580	1133400	643088
上 海	6	1935	1819	97208	11731488
江 苏	3	3200	1570	285000	161781
浙 江	5	2712	2656	179899	382420
福 建	2	591	591	93000	72161
山 东	4	2610	2608	872312	519570
广 东	2	1465	1095	200000	381930
海 南					
东北地区	**7**	**4381**	**3784**	**358543**	**425131**
辽 宁	1	548	282	3543	46248
吉 林	5	3683	3362	235000	316683
黑 龙 江	1	150	140	120000	62200
中部地区	**2**	**464**	**460**	**23560**	**22889**
山 西					
安 徽					
江 西					
河 南					
湖 北					
湖 南	2	464	460	23560	22889
西部地区	**7**	**5299**	**4985**	**792114**	**329930**
内 蒙 古					
广 西	1	680	680	90000	78019
重 庆	3	1280	1061	54000	76219
四 川					
贵 州					
云 南					
西 藏					
陕 西					
甘 肃					
青 海					
宁 夏	1	327	303	68111	25550
新 疆	2	3012	2941	580003	150142

2-8 续表 16

(农产品市场)

地区	市场数量(个)	总摊位数(个)	年末出租摊位数(个)	营业面积(平方米)	成交额(万元)
全国	**981**	**601358**	**536794**	**40636756**	**105932302**
东部地区	**621**	**411377**	**369761**	**26203436**	**74276217**
北京	18	21055	11118	899915	2771722
天津	16	16731	14621	886501	3282845
河北	90	107638	98438	5036514	7351742
上海	32	11150	10491	606314	4146956
江苏	82	31380	28850	2459634	7625399
浙江	116	53777	46154	2350065	14238339
福建	36	10144	9753	692541	1840100
山东	152	127665	122778	10755502	21202069
广东	79	31837	27558	2516450	11817045
海南					
东北地区	**70**	**30280**	**27073**	**2340633**	**6840704**
辽宁	45	21703	18711	1416974	4455242
吉林	12	6780	6575	579764	934475
黑龙江	13	1797	1787	343895	1450987
中部地区	**166**	**79606**	**68310**	**5596620**	**13509074**
山西	7	2189	2087	210416	398408
安徽	31	12800	10678	1048246	1665349
江西	20	8053	7430	340212	2028836
河南	40	21479	19318	2355392	4019044
湖北	26	14410	13155	825882	3135633
湖南	42	20675	15642	816472	2261804
西部地区	**124**	**80095**	**71650**	**6496067**	**11306307**
内蒙古	22	12345	10809	2064810	975628
广西	15	9884	9533	523711	1066120
重庆	14	7206	6435	388923	1826762
四川	18	12739	11247	1184793	2428817
贵州	9	3047	2857	259300	1084530
云南	7	3551	3394	386363	1027458
西藏					
陕西	10	4173	4062	279326	1021218
甘肃	11	17725	16170	440959	925047
青海	2	2528	1488	139200	137750
宁夏	5	3848	3422	366000	281909
新疆	11	3049	2233	462682	531068

2-8 续表 17

(粮油市场)

地　区	市场数量(个)	总摊位数(个)	年末出租摊位数(个)	营业面积(平方米)	成交额(万元)
全　国	**109**	**35354**	**31978**	**4550940**	**14677318**
东部地区	**71**	**21288**	**19774**	**2585364**	**9615894**
北　京	3	1641	1475	160000	678978
天　津	3	487	487	119309	990225
河　北	8	917	803	619853	417059
上　海	5	2289	2027	139700	1311085
江　苏	7	1053	922	310950	1101028
浙　江	16	2234	2229	290488	1533984
福　建	3	405	366	72100	225480
山　东	16	9450	9397	636104	2183123
广　东	10	2812	2068	236860	1174932
海　南					
东北地区	**5**	**2150**	**2150**	**361550**	**879733**
辽　宁	2	417	417	130000	207796
吉　林	1	1608	1608	177946	412000
黑龙江	2	125	125	53604	259937
中部地区	**17**	**6998**	**5743**	**1224187**	**2790942**
山　西	1	145	145	17000	64000
安　徽	4	2696	1686	363600	308405
江　西	2	42	42	4900	747460
河　南	5	2975	2862	728187	1388993
湖　北	1	210	210	40000	15780
湖　南	4	930	798	70500	266304
西部地区	**16**	**4918**	**4311**	**379839**	**1390749**
内蒙古	6	1962	1552	232012	229218
广　西					
重　庆	1	1000	1000	8000	66960
四　川	1	196	190	2000	10200
贵　州	2	324	324	15200	410000
云　南	1	22	22	4931	195739
西　藏					
陕　西	1	230	230	5496	200000
甘　肃	2	475	460	63000	178972
青　海	1	528	423	39200	69660
宁　夏					
新　疆	1	181	110	10000	30000

2-8 续表 18

(肉禽蛋市场)

地　区	市场数量(个)	总摊位数(个)	年末出租摊位数(个)	营业面积(平方米)	成交额(万元)
全　国	**124**	**42028**	**38070**	**3112759**	**8135490**
东部地区	**73**	**20682**	**19216**	**1682151**	**5404861**
北　京	2	594	340	30901	49143
天　津	1	485	485	100000	38200
河　北	5	1489	1461	234500	699698
上　海	6	880	813	40857	208195
江　苏	18	3512	3176	149210	1337404
浙　江	14	2273	2109	157207	1247515
福　建	4	1914	1836	215618	192885
山　东	8	3418	3298	136371	253144
广　东	15	6117	5698	617487	1378677
海　南					
东北地区	**7**	**2154**	**1885**	**135172**	**538870**
辽　宁	5	1726	1457	123117	343049
吉　林					
黑龙江	2	428	428	12055	195821
中部地区	**21**	**7154**	**6381**	**354869**	**1008070**
山　西					
安　徽	8	2395	1917	129849	433984
江　西	5	1819	1800	51560	247115
河　南	1	621	621	35200	24922
湖　北	6	2056	1803	129760	290841
湖　南	1	263	240	8500	11208
西部地区	**23**	**12038**	**10588**	**940567**	**1183689**
内蒙古	3	674	674	30000	79198
广　西	6	5466	5240	91415	401585
重　庆	5	2689	2120	37320	125172
四　川	3	2230	1575	561000	327642
贵　州	1	534	534	2200	26317
云　南	1	160	160	40890	46000
西　藏					
陕　西					
甘　肃					
青　海					
宁　夏	1	80	80	65000	65163
新　疆	3	205	205	112742	112612

2-8　续表 19

(水产品市场)

地　区	市场数量(个)	总摊位数(个)	年末出租摊位数(个)	营业面积(平方米)	成交额(万元)
全　国	**150**	**99160**	**88346**	**3782291**	**20966288**
东部地区	**118**	**85901**	**76445**	**2903430**	**15719710**
北　京	3	2074	1898	85000	917262
天　津	4	3805	1695	103960	525627
河　北	5	2939	2939	110788	300748
上　海	5	2718	2478	204200	1585515
江　苏	24	8233	7186	728159	2112807
浙　江	31	21568	18072	501674	3469430
福　建	7	1922	1738	65179	348057
山　东	22	38649	37058	875222	4449932
广　东	17	3993	3381	229248	2010332
海　南					
东北地区	**9**	**2662**	**2552**	**259479**	**1247026**
辽　宁	8	2632	2532	251700	1227026
吉　林					
黑龙江	1	30	20	7779	20000
中部地区	**16**	**7743**	**6679**	**434279**	**2614220**
山　西					
安　徽	1	260	241	36000	54100
江　西	1	910	832	43000	138000
河　南	5	1891	1891	180581	335800
湖　北	3	3261	2325	76447	1444560
湖　南	6	1421	1390	98251	641760
西部地区	**7**	**2854**	**2670**	**185103**	**1385332**
内蒙古					
广　西	1	500	420	2100	20018
重　庆	3	1241	1137	149603	1243703
四　川	1	624	624	27000	18600
贵　州					
云　南					
西　藏					
陕　西					
甘　肃	1	89	89	1200	11011
青　海					
宁　夏					
新　疆	1	400	400	5200	92000

2-8 续表 20

(蔬菜市场)

地 区	市场数量(个)	总摊位数(个)	年末出租摊位数(个)	营业面积(平方米)	成交额(万元)
全 国	**295**	**246026**	**220055**	**15868521**	**30627041**
东部地区	**186**	**179732**	**160513**	**10506482**	**19734440**
北 京	5	10046	2417	190400	327762
天 津	6	10810	10810	417006	582915
河 北	53	81317	75255	3150803	4577734
上 海	7	2775	2707	125812	561865
江 苏	15	6365	6091	335544	1365023
浙 江	22	13506	10343	692897	2491688
福 建	8	1556	1508	172618	514192
山 东	62	50977	49295	5105215	8742348
广 东	8	2380	2087	316187	570913
海 南					
东北地区	**24**	**11031**	**10808**	**836745**	**3202813**
辽 宁	15	7970	7747	446540	2173854
吉 林	4	2230	2230	181800	256525
黑龙江	5	831	831	208405	772434
中部地区	**47**	**25741**	**23820**	**1687948**	**3882111**
山 西	4	1722	1722	153630	308108
安 徽	9	4103	4039	316200	362424
江 西	3	1119	1119	43700	405573
河 南	18	11710	9884	785918	1869916
湖 北	7	3144	3144	120500	137721
湖 南	6	3943	3912	268000	798369
西部地区	**38**	**29522**	**24914**	**2837346**	**3807677**
内蒙古	7	8559	7622	1249970	453917
广 西	3	1410	1365	294051	308979
重 庆	1	200	200	18000	69746
四 川	8	6389	5582	392391	1228481
贵 州	1	680	637	17000	20125
云 南	2	1099	1087	213672	420009
西 藏					
陕 西	7	3308	3197	227574	778678
甘 肃	5	4159	2619	260688	229064
青 海	1	2000	1065	100000	68090
宁 夏	1	1100	1100	35000	108588
新 疆	2	618	440	29000	122000

2-8　续表 21

(干鲜果品市场)

地　区	市场数量(个)	总摊位数(个)	年末出租摊位数(个)	营业面积(平方米)	成交额(万元)
全　国	**147**	**85320**	**76665**	**5791758**	**16821904**
东部地区	**81**	**48860**	**42238**	**3251768**	**12139206**
北　京	2	2690	1150	255000	84900
天　津					
河　北	11	11022	8096	348854	816471
上　海	3	557	556	43927	334033
江　苏	9	6854	6595	372307	1138454
浙　江	18	7705	7471	427545	2520495
福　建	3	207	207	51500	88406
山　东	24	13014	12324	826350	2566829
广　东	11	6811	5839	926285	4589618
海　南					
东北地区	**11**	**2205**	**1758**	**247607**	**532222**
辽　宁	5	1340	995	139437	146908
吉　林	4	589	487	86118	196018
黑龙江	2	276	276	22052	189296
中部地区	**35**	**14541**	**13546**	**1230067**	**2215107**
山　西	2	322	220	39786	26300
安　徽	3	267	267	61247	74032
江　西	5	2403	2208	176200	411436
河　南	8	3282	3062	323236	301583
湖　北	6	4980	4914	403475	1161644
湖　南	11	3287	2875	226123	240112
西部地区	**20**	**19714**	**19123**	**1062316**	**1935369**
内蒙古	1	20	20	180000	10800
广　西	2	1025	1025	103360	237100
重　庆	2	1076	1076	103500	187932
四　川	4	1822	1798	167000	381350
贵　州	4	1059	1059	222400	611845
云　南	1	520	520	50000	160000
西　藏					
陕　西	2	635	635	46256	42540
甘　肃	2	12345	12345	74800	206000
青　海					
宁　夏					
新　疆	2	1212	645	115000	97802

2-8 续表 22

(棉麻土畜、烟叶市场)

地　区	市场数量（个）	总摊位数（个）	年末出租摊位数（个）	营业面积（平方米）	成交额（万元）
全　国	**23**	**11961**	**11672**	**3357746**	**4502493**
东部地区	**17**	**10626**	**10539**	**3043296**	**4240775**
北　京					
天　津	1	650	650	20000	305578
河　北	3	7250	7250	165356	324624
上　海					
江　苏					
浙　江	4	679	679	93360	1964532
福　建					
山　东	9	2047	1960	2764580	1646041
广　东					
海　南					
东北地区	**1**	**400**	**200**	**12000**	**39200**
辽　宁	1	400	200	12000	39200
吉　林					
黑龙江					
中部地区	**2**	**395**	**393**	**49850**	**93618**
山　西					
安　徽	1	315	315	16850	39618
江　西					
河　南	1	80	78	33000	54000
湖　北					
湖　南					
西部地区	**3**	**540**	**540**	**252600**	**128900**
内蒙古	3	540	540	252600	128900
广　西					
重　庆					
四　川					
贵　州					
云　南					
西　藏					
陕　西					
甘　肃					
青　海					
宁　夏					
新　疆					

2-8　续表 23

(其他农产品市场)

地　区	市场数量（个）	总摊位数（个）	年末出租摊位数（个）	营业面积（平方米）	成交额（万元）
全　国	**133**	**81509**	**70008**	**4172741**	**10201768**
东部地区	**75**	**44288**	**41036**	**2230945**	**7421331**
北　京	3	4010	3838	178614	713677
天　津	1	494	494	126226	840300
河　北	5	2704	2634	406360	215408
上　海	6	1931	1910	51818	146263
江　苏	9	5363	4880	563464	570683
浙　江	11	5812	5251	186894	1010695
福　建	11	4140	4098	115526	471080
山　东	11	10110	9446	411660	1360652
广　东	18	9724	8485	190383	2092573
海　南					
东北地区	**13**	**9678**	**7720**	**488080**	**400840**
辽　宁	9	7218	5363	314180	317409
吉　林	3	2353	2250	133900	69932
黑龙江	1	107	107	40000	13499
中部地区	**28**	**17034**	**11748**	**615420**	**905006**
山　西					
安　徽	5	2764	2213	124500	392786
江　西	4	1760	1429	20852	79252
河　南	2	920	920	269270	43830
湖　北	3	759	759	55700	85087
湖　南	14	10831	6427	145098	304051
西部地区	**17**	**10509**	**9504**	**838296**	**1474591**
内蒙古	2	590	401	120228	73595
广　西	3	1483	1483	32785	98438
重　庆	2	1000	902	72500	133249
四　川	1	1478	1478	35402	462544
贵　州	1	450	303	2500	16243
云　南	2	1750	1605	76870	205710
西　藏					
陕　西					
甘　肃	1	657	657	41271	300000
青　海					
宁　夏	3	2668	2242	266000	108158
新　疆	2	433	433	190740	76654

2-8 续表 24

(食品、饮料及烟酒市场)

地　区	市场数量(个)	总摊位数(个)	年末出租摊位数(个)	营业面积(平方米)	成交额(万元)
全　国	**154**	**96645**	**76755**	**4239654**	**13222720**
东部地区	**96**	**68432**	**52709**	**3153834**	**9786104**
北　京	1	150	120	8000	20859
天　津	5	3072	2697	76800	364879
河　北	2	950	898	14100	188872
上　海	2	679	670	27000	212757
江　苏	19	8595	7110	1097903	3545954
浙　江	18	18819	8141	537267	2004629
福　建	6	2729	2288	187500	321553
山　东	28	25297	23705	922106	2027491
广　东	15	8141	7080	283158	1099110
海　南					
东北地区	**7**	**3842**	**3574**	**71671**	**481987**
辽　宁	2	1951	1780	21434	279980
吉　林	2	293	262	20837	95419
黑 龙 江	3	1598	1532	29400	106588
中部地区	**29**	**13413**	**10557**	**577039**	**1765526**
山　西	3	391	347	15200	37520
安　徽	2	750	710	44320	170532
江　西	2	1280	1088	128295	809564
河　南	6	4318	2472	172694	195374
湖　北	8	2781	2596	128331	247075
湖　南	8	3893	3344	88199	305461
西部地区	**22**	**10958**	**9915**	**437110**	**1189103**
内 蒙 古	2	628	548	70300	65780
广　西	6	2881	2721	54550	160025
重　庆	3	1257	1249	27089	192992
四　川	4	1892	1655	97834	118696
贵　州	2	1630	1393	56256	524331
云　南	1	360	360	24982	18605
西　藏					
陕　西	1	986	986	50000	36236
甘　肃					
青　海	1	223	223	6149	18000
宁　夏					
新　疆	2	1101	780	49950	54438

2-8　续表 25

(食品饮料市场)

地　　区	市场数量（个）	总摊位数（个）	年末出租摊位数（个）	营业面积（平方米）	成交额（万元）
全　　国	**62**	**44448**	**38811**	**1630037**	**4473081**
东部地区	**35**	**29322**	**26556**	**1117652**	**3380617**
北　　京					
天　　津	4	2793	2418	68800	346984
河　　北	1	850	800	9100	117192
上　　海					
江　　苏	8	3569	2616	511900	711245
浙　　江	5	3725	3457	190036	797096
福　　建					
山　　东	7	12020	11946	172108	648764
广　　东	10	6365	5319	165708	759336
海　　南					
东北地区	**4**	**3238**	**3027**	**48434**	**376045**
辽　　宁	2	1951	1780	21434	279980
吉　　林					
黑 龙 江	2	1287	1247	27000	96065
中部地区	**15**	**7148**	**5231**	**287616**	**409524**
山　　西	3	391	347	15200	37520
安　　徽					
江　　西	1	156	156	26000	17000
河　　南	4	4053	2207	163884	171330
湖　　北	4	1193	1178	47532	71150
湖　　南	3	1355	1343	35000	112524
西部地区	**8**	**4740**	**3997**	**176335**	**306895**
内 蒙 古	1	228	160	20300	17000
广　　西	1	750	597	15000	31658
重　　庆	3	1257	1249	27089	192992
四　　川	2	1680	1443	81000	40396
贵　　州					
云　　南					
西　　藏					
陕　　西					
甘　　肃					
青　　海					
宁　　夏					
新　　疆	1	825	548	32946	24849

2-8 续表 26

(茶叶市场)

地　区	市场数量(个)	总摊位数(个)	年末出租摊位数(个)	营业面积(平方米)	成交额(万元)
全　国	**26**	**20271**	**10227**	**714370**	**1712840**
东部地区	**19**	**16923**	**6989**	**563670**	**1273473**
北　京	1	150	120	8000	20859
天　津					
河　北					
上　海	1	290	281	15000	34380
江　苏	1	420	420	39960	18100
浙　江	7	12156	2262	144460	492788
福　建	3	1719	1719	63000	212184
山　东	3	1162	1162	216000	324873
广　东	3	1026	1025	77250	170289
海　南					
东北地区					
辽　宁					
吉　林					
黑龙江					
中部地区	**4**	**2115**	**2005**	**88000**	**314731**
山　西					
安　徽	1	600	600	12000	162000
江　西					
河　南	1	180	180	3000	13000
湖　北	2	1335	1225	73000	139731
湖　南					
西部地区	**3**	**1233**	**1233**	**62700**	**124636**
内蒙古					
广　西	2	247	247	12700	88400
重　庆					
四　川					
贵　州					
云　南					
西　藏					
陕　西	1	986	986	50000	36236
甘　肃					
青　海					
宁　夏					
新　疆					

2-8 续表 27

(烟酒市场)

地　区	市场数量（个）	总摊位数（个）	年末出租摊位数（个）	营业面积（平方米）	成交额（万元）
全　国	**13**	**4804**	**4085**	**211431**	**741666**
东部地区	**9**	**3062**	**2780**	**151300**	**628006**
北　京					
天　津					
河　北	1	100	98	5000	71680
上　海					
江　苏	1	200	180	3200	20334
浙　江					
福　建					
山　东	7	2762	2502	143100	535992
广　东					
海　南					
东北地区					
辽　宁					
吉　林					
黑龙江					
中部地区	**3**	**1640**	**1203**	**54131**	**67360**
山　西					
安　徽	1	150	110	32320	8532
江　西					
河　南					
湖　北					
湖　南	2	1490	1093	21811	58828
西部地区	**1**	**102**	**102**	**6000**	**46300**
内蒙古					
广　西					
重　庆					
四　川	1	102	102	6000	46300
贵　州					
云　南					
西　藏					
陕　西					
甘　肃					
青　海					
宁　夏					
新　疆					

2-8 续表 28

(其他食品饮料及烟酒市场)

地　区	市场数量(个)	总摊位数(个)	年末出租摊位数(个)	营业面积(平方米)	成交额(万元)
全　国	**53**	**27122**	**23632**	**1683816**	**6295133**
东部地区	**33**	**19125**	**16384**	**1321212**	**4504008**
北　京					
天　津	1	279	279	8000	17895
河　北					
上　海	1	389	389	12000	178377
江　苏	9	4406	3894	542843	2796275
浙　江	6	2938	2422	202771	714745
福　建	3	1010	569	124500	109369
山　东	11	9353	8095	390898	517862
广　东	2	750	736	40200	169485
海　南					
东北地区	**3**	**604**	**547**	**23237**	**105942**
辽　宁					
吉　林	2	293	262	20837	95419
黑龙江	1	311	285	2400	10523
中部地区	**7**	**2510**	**2118**	**147292**	**973911**
山　西					
安　徽					
江　西	1	1124	932	102295	792564
河　南	1	85	85	5810	11044
湖　北	2	253	193	7799	36194
湖　南	3	1048	908	31388	134109
西部地区	**10**	**4883**	**4583**	**192075**	**711272**
内蒙古	1	400	388	50000	48780
广　西	3	1884	1877	26850	39967
重　庆					
四　川	1	110	110	10834	32000
贵　州	2	1630	1393	56256	524331
云　南	1	360	360	24982	18605
西　藏					
陕　西					
甘　肃					
青　海	1	223	223	6149	18000
宁　夏					
新　疆	1	276	232	17004	29589

2-8 续表 29

(纺织、服装、鞋帽市场)

地 区	市场数量 (个)	总摊位数 (个)	年末出租摊位数 (个)	营业面积 (平方米)	成交额 (万元)
全 国	**553**	**684529**	**629757**	**24922892**	**92632360**
东部地区	**302**	**362817**	**336818**	**15319731**	**72449294**
北 京	13	17221	16616	476306	353169
天 津	6	4204	4204	130549	450748
河 北	26	37304	27339	1578740	6313803
上 海	14	11713	11409	305957	1191469
江 苏	32	74091	73387	4112995	26465898
浙 江	60	90473	86250	3853425	20035331
福 建	12	8212	8169	277768	1935607
山 东	69	56811	55119	2372296	6234857
广 东	70	62788	54325	2211695	9468412
海 南					
东北地区	**65**	**95721**	**91098**	**1988741**	**7655155**
辽 宁	30	54755	52230	1147994	5939211
吉 林	14	17632	17112	324900	660528
黑 龙 江	21	23334	21756	515847	1055416
中部地区	**110**	**104214**	**97947**	**4378323**	**4625929**
山 西	12	16518	13586	633776	358234
安 徽	8	6398	6049	238526	417092
江 西	4	1809	1783	68484	432859
河 南	26	28830	26841	1189033	1074995
湖 北	24	17333	16740	1356650	763967
湖 南	36	33326	32948	891854	1578782
西部地区	**76**	**121777**	**103894**	**3236097**	**7901982**
内 蒙 古	12	11460	10997	309667	739829
广 西	9	11485	10893	262396	387658
重 庆	4	2473	2362	141470	728333
四 川	18	25852	23183	621103	1959853
贵 州	2	9800	8360	351736	578936
云 南	2	24500	15953	503897	1625500
西 藏					
陕 西	11	8568	8179	229333	423820
甘 肃	5	7853	7853	462115	480003
青 海	2	2998	2943	22813	51589
宁 夏	3	7713	4863	110000	49291
新 疆	8	9075	8308	221567	877170

2-8 续表 30

(布料及纺织品市场)

地　区	市场数量(个)	总摊位数(个)	年末出租摊位数(个)	营业面积(平方米)	成交额(万元)
全　国	**77**	**110859**	**102865**	**5921832**	**37098158**
东部地区	**57**	**96568**	**89729**	**5533272**	**36668830**
北　京	2	950	510	36600	23100
天　津					
河　北	7	9308	9164	414886	1210395
上　海					
江　苏	8	19776	19610	1626800	16623792
浙　江	17	40670	39503	2064255	12151795
福　建	2	578	570	28980	324735
山　东	10	5451	5201	448275	1328305
广　东	11	19835	15171	913476	5006708
海　南					
东北地区	**4**	**5387**	**5074**	**98137**	**84860**
辽　宁					
吉　林	1	1680	1680	16000	11090
黑龙江	3	3707	3394	82137	73770
中部地区	**13**	**7544**	**6702**	**237783**	**263468**
山　西					
安　徽	2	2596	2396	96000	62750
江　西					
河　南	4	3031	2421	107900	79192
湖　北	4	1205	1205	14483	47458
湖　南	3	712	680	19400	74068
西部地区	**3**	**1360**	**1360**	**52640**	**81000**
内蒙古					
广　西					
重　庆					
四　川					
贵　州					
云　南					
西　藏					
陕　西	2	1100	1100	26000	70000
甘　肃	1	260	260	26640	11000
青　海					
宁　夏					
新　疆					

2-8 续表 31

(服装市场)

地　区	市场数量（个）	总摊位数（个）	年末出租摊位数（个）	营业面积（平方米）	成交额（万元）
全　国	**344**	**416058**	**379172**	**13687703**	**39605239**
东部地区	**186**	**207389**	**189883**	**7257232**	**28347737**
北　京	10	15191	15026	419706	308515
天　津	4	3338	3338	98318	428824
河　北	14	24355	14586	1071854	4408217
上　海	12	9353	9049	195957	1010015
江　苏	10	31574	31420	1249611	6920087
浙　江	34	39688	36759	1678414	6908775
福　建	9	7346	7311	243759	1596672
山　东	44	41174	40169	1310296	3600594
广　东	49	35370	32225	989317	3166038
海　南					
东北地区	**46**	**56221**	**53650**	**1298281**	**2905863**
辽　宁	19	23891	22833	651671	1336259
吉　林	11	14435	14187	264900	625353
黑龙江	16	17895	16630	381710	944251
中部地区	**67**	**66540**	**65095**	**2821811**	**2753891**
山　西	9	11878	11064	309276	248239
安　徽	5	3294	3171	132526	329372
江　西	2	933	933	32484	33049
河　南	15	16473	16423	510633	788273
湖　北	12	12928	12615	1264267	566075
湖　南	24	21034	20889	572625	788883
西部地区	**45**	**85908**	**70544**	**2310379**	**5597748**
内蒙古	6	6606	6528	134900	281408
广　西	6	9524	8932	212106	335244
重　庆	1	370	345	9000	18000
四　川	12	15187	13159	407761	1394766
贵　州	1	6900	6807	266411	526736
云　南	2	24500	15953	503897	1625500
西　藏					
陕　西	7	5993	5604	164533	184440
甘　肃	4	7593	7593	435475	469003
青　海					
宁　夏	1	4390	1540	70000	9726
新　疆	5	4845	4083	106296	752925

2-8 续表 32

(鞋帽市场)

地　　区	市场数量（个）	总摊位数（个）	年末出租摊位数（个）	营业面积（平方米）	成交额（万元）
全　国	**41**	**24974**	**23040**	**1452953**	**3715536**
东部地区	**23**	**14454**	**14165**	**1122253**	**2471926**
北　京					
天　津	1	613	613	25000	10000
河　北	2	880	880	32000	378000
上　海					
江　苏	4	2868	2868	746669	332246
浙　江	1	1200	1200	6000	56450
福　建	1	288	288	5029	14200
山　东	7	3196	3120	122292	575103
广　东	7	5409	5196	185263	1105927
海　南					
东北地区	**3**	**4150**	**3300**	**36500**	**316500**
辽　宁	2	2750	1900	16500	294700
吉　林					
黑龙江	1	1400	1400	20000	21800
中部地区	**13**	**4736**	**3941**	**185400**	**342110**
山　西	2	640	640	24500	90990
安　徽					
江　西	1	500	486	22500	12290
河　南	1	911	500	16000	64000
湖　北	6	1461	1181	60400	125250
湖　南	3	1224	1134	62000	49580
西部地区	**2**	**1634**	**1634**	**108800**	**585000**
内蒙古					
广　西					
重　庆	1	566	566	80000	425000
四　川					
贵　州					
云　南					
西　藏					
陕　西	1	1068	1068	28800	160000
甘　肃					
青　海					
宁　夏					
新　疆					

2-8 续表 33

(其他纺织服装鞋帽市场)

地 区	市场数量 (个)	总摊位数 (个)	年末出租摊位数 (个)	营业面积 (平方米)	成交额 (万元)
全 国	**91**	**132638**	**124680**	**3860404**	**12213427**
东部地区	**36**	**44406**	**43041**	**1406974**	**4960801**
北 京	1	1080	1080	20000	21554
天 津	1	253	253	7231	11924
河 北	3	2761	2709	60000	317191
上 海	2	2360	2360	110000	181454
江 苏	10	19873	19489	489915	2589773
浙 江	8	8915	8788	104756	918311
福 建					
山 东	8	6990	6629	491433	730855
广 东	3	2174	1733	123639	189739
海 南					
东北地区	**12**	**29963**	**29074**	**555823**	**4347932**
辽 宁	9	28114	27497	479823	4308252
吉 林	2	1517	1245	44000	24085
黑 龙 江	1	332	332	32000	15595
中部地区	**17**	**25394**	**22209**	**1133329**	**1266460**
山 西	1	4000	1882	300000	19005
安 徽	1	508	482	10000	24970
江 西	1	376	364	13500	387520
河 南	6	8415	7497	554500	143530
湖 北	2	1739	1739	17500	25184
湖 南	6	10356	10245	237829	666251
西部地区	**26**	**32875**	**30356**	**764278**	**1638234**
内 蒙 古	6	4854	4469	174767	458421
广 西	3	1961	1961	50290	52414
重 庆	2	1537	1451	52470	285333
四 川	6	10665	10024	213342	565087
贵 州	1	2900	1553	85325	52200
云 南					
西 藏					
陕 西	1	407	407	10000	9380
甘 肃					
青 海	2	2998	2943	22813	51589
宁 夏	2	3323	3323	40000	39565
新 疆	3	4230	4225	115271	124245

2-8 续表 34

(日用品及文化用品市场)

地　区	市场数量(个)	总摊位数(个)	年末出租摊位数(个)	营业面积(平方米)	成交额(万元)
全　国	**105**	**75203**	**71284**	**2793196**	**11695028**
东部地区	**71**	**58081**	**55559**	**2118364**	**9120901**
北　京	5	8945	7806	200723	433199
天　津					
河　北	1	7200	7200	40000	245071
上　海	2	94	89	7500	2177775
江　苏	10	5690	5606	100544	284139
浙　江	12	11045	10784	184874	1798805
福　建	3	819	810	210160	177038
山　东	15	10252	10168	498932	1813474
广　东	23	14036	13096	875631	2191400
海　南					
东北地区	**7**	**5383**	**5330**	**121800**	**1431171**
辽　宁	5	4371	4318	110800	1323271
吉　林	1	612	612	1000	57700
黑龙江	1	400	400	10000	50200
中部地区	**23**	**9881**	**8615**	**492776**	**955750**
山　西	1	422	412	25680	48116
安　徽	2	1993	1825	86886	37751
江　西					
河　南	5	861	826	74158	117255
湖　北	9	5652	4602	246902	502847
湖　南	6	953	950	59150	249781
西部地区	**4**	**1858**	**1780**	**60256**	**187206**
内蒙古	1	718	646	41000	116512
广　西					
重　庆	3	1140	1134	19256	70694
四　川					
贵　州					
云　南					
西　藏					
陕　西					
甘　肃					
青　海					
宁　夏					
新　疆					

2-8 续表 35

(小商品市场)

地 区	市场数量（个）	总摊位数（个）	年末出租摊位数（个）	营业面积（平方米）	成交额（万元）
全 国	**35**	**39280**	**36962**	**942973**	**2857162**
东部地区	**28**	**33320**	**31973**	**746277**	**2587248**
北 京	3	7663	6834	129223	259591
天 津					
河 北	1	7200	7200	40000	245071
上 海					
江 苏	5	4383	4352	49668	191975
浙 江	1	632	632	21600	131774
福 建	2	247	238	16000	145578
山 东	5	6677	6597	272332	1239415
广 东	11	6518	6120	217454	373844
海 南					
东北地区					
辽 宁					
吉 林					
黑龙江					
中部地区	**5**	**5084**	**4191**	**151680**	**123352**
山 西	1	422	412	25680	48116
安 徽	1	1864	1696	80000	26751
江 西					
河 南	1	156	141	8000	10855
湖 北	2	2642	1942	38000	37630
湖 南					
西部地区	**2**	**876**	**798**	**45016**	**146562**
内蒙古	1	718	646	41000	116512
广 西					
重 庆	1	158	152	4016	30050
四 川					
贵 州					
云 南					
西 藏					
陕 西					
甘 肃					
青 海					
宁 夏					
新 疆					

2-8 续表 36

(箱包市场)

地 区	市场数量(个)	总摊位数(个)	年末出租摊位数(个)	营业面积(平方米)	成交额(万元)
全 国	**7**	**6002**	**5627**	**578000**	**1939498**
东部地区	**3**	**3922**	**3567**	**517800**	**1442598**
北 京					
天 津					
河 北					
上 海					
江 苏					
浙 江					
福 建					
山 东	2	322	322	17800	73950
广 东	1	3600	3245	500000	1368648
海 南					
东北地区	**1**	**1330**	**1330**	**2000**	**360500**
辽 宁	1	1330	1330	2000	360500
吉 林					
黑龙江					
中部地区	**3**	**750**	**730**	**58200**	**136400**
山 西					
安 徽					
江 西					
河 南	2	250	230	8200	26400
湖 北	1	500	500	50000	110000
湖 南					
西部地区					
内蒙古					
广 西					
重 庆					
四 川					
贵 州					
云 南					
西 藏					
陕 西					
甘 肃					
青 海					
宁 夏					
新 疆					

2-8 续表 37

(玩具市场)

地 区	市场数量（个）	总摊位数（个）	年末出租摊位数（个）	营业面积（平方米）	成交额（万元）
全 国	**2**	**463**	**432**	**50750**	**95430**
东部地区	**2**	**463**	**432**	**50750**	**95430**
北 京					
天 津					
河 北					
上 海					
江 苏					
浙 江					
福 建					
山 东	1	348	347	38000	24910
广 东	1	115	85	12750	70520
海 南					
东北地区					
辽 宁					
吉 林					
黑 龙 江					
中部地区					
山 西					
安 徽					
江 西					
河 南					
湖 北					
湖 南					
西部地区					
内 蒙 古					
广 西					
重 庆					
四 川					
贵 州					
云 南					
西 藏					
陕 西					
甘 肃					
青 海					
宁 夏					
新 疆					

2-8 续表 38

(文具市场)

地　区	市场数量(个)	总摊位数(个)	年末出租摊位数(个)	营业面积(平方米)	成交额(万元)
全　国	**5**	**2133**	**1661**	**126137**	**300023**
东部地区	**4**	**2053**	**1581**	**113137**	**265003**
北　京	1	1070	760	64500	154797
天　津					
河　北					
上　海					
江　苏					
浙　江	1	558	506	33294	59983
福　建					
山　东					
广　东	2	425	315	15343	50223
海　南					
东北地区					
辽　宁					
吉　林					
黑 龙 江					
中部地区	**1**	**80**	**80**	**13000**	**35020**
山　西					
安　徽					
江　西					
河　南					
湖　北					
湖　南	1	80	80	13000	35020
西部地区					
内 蒙 古					
广　西					
重　庆					
四　川					
贵　州					
云　南					
西　藏					
陕　西					
甘　肃					
青　海					
宁　夏					
新　疆					

2-8 续表 39

(图书、报刊杂志市场)

地 区	市场数量 (个)	总摊位数 (个)	年末出租摊位数 (个)	营业面积 (平方米)	成交额 (万元)
全 国	**12**	**1832**	**1777**	**101289**	**325381**
东部地区	**8**	**897**	**842**	**61189**	**171320**
北 京	1	212	212	7000	18811
天 津					
河 北					
上 海	1	51	46	2500	16200
江 苏	2	208	161	15900	43206
浙 江	1	91	91	10000	20360
福 建					
山 东	2	245	242	12800	28810
广 东	1	90	90	12989	43933
海 南					
东北地区	**1**	**83**	**83**	**6900**	**13000**
辽 宁	1	83	83	6900	13000
吉 林					
黑 龙 江					
中部地区	**3**	**852**	**852**	**33200**	**141061**
山 西					
安 徽					
江 西					
河 南	1	152	152	16000	50000
湖 北	1	277	277	4100	11000
湖 南	1	423	423	13100	80061
西部地区					
内 蒙 古					
广 西					
重 庆					
四 川					
贵 州					
云 南					
西 藏					
陕 西					
甘 肃					
青 海					
宁 夏					
新 疆					

2-8 续表 40

(音像制品及电子出版物市场)

地　区	市场数量(个)	总摊位数(个)	年末出租摊位数(个)	营业面积(平方米)	成交额(万元)
全　国	**4**	**991**	**969**	**39800**	**130208**
东部地区	**2**	**408**	**386**	**22000**	**38758**
北　京					
天　津					
河　北					
上　海					
江　苏	1	305	305	11000	13758
浙　江					
福　建					
山　东					
广　东	1	103	81	11000	25000
海　南					
东北地区	**1**	**400**	**400**	**10000**	**50200**
辽　宁					
吉　林					
黑龙江	1	400	400	10000	50200
中部地区	**1**	**183**	**183**	**7800**	**41250**
山　西					
安　徽					
江　西					
河　南					
湖　北					
湖　南	1	183	183	7800	41250
西部地区					
内蒙古					
广　西					
重　庆					
四　川					
贵　州					
云　南					
西　藏					
陕　西					
甘　肃					
青　海					
宁　夏					
新　疆					

2-8　续表 41

(体育用品市场)

地　区	市场数量 (个)	总摊位数 (个)	年末出租摊位数 (个)	营业面积 (平方米)	成交额 (万元)
全　国	**1**	**80**	**80**	**6700**	**13000**
东部地区	**1**	**80**	**80**	**6700**	**13000**
北　京					
天　津					
河　北					
上　海					
江　苏					
浙　江					
福　建					
山　东					
广　东	1	80	80	6700	13000
海　南					
东北地区					
辽　宁					
吉　林					
黑龙江					
中部地区					
山　西					
安　徽					
江　西					
河　南					
湖　北					
湖　南					
西部地区					
内蒙古					
广　西					
重　庆					
四　川					
贵　州					
云　南					
西　藏					
陕　西					
甘　肃					
青　海					
宁　夏					
新　疆					

2-8 续表 42

(其他日用品及文化用品市场)

地 区	市场数量(个)	总摊位数(个)	年末出租摊位数(个)	营业面积(平方米)	成交额(万元)
全 国	**39**	**24422**	**23776**	**947547**	**6034326**
东部地区	**23**	**16938**	**16698**	**600511**	**4507544**
北 京					
天 津					
河 北					
上 海	1	43	43	5000	2161575
江 苏	2	794	788	23976	35200
浙 江	9	9764	9555	119980	1586688
福 建	1	572	572	194160	31460
山 东	5	2660	2660	158000	446389
广 东	5	3105	3080	99395	246232
海 南					
东北地区	**4**	**3570**	**3517**	**102900**	**1007471**
辽 宁	3	2958	2905	101900	949771
吉 林	1	612	612	1000	57700
黑龙江					
中部地区	**10**	**2932**	**2579**	**228896**	**478667**
山 西					
安 徽	1	129	129	6886	11000
江 西					
河 南	1	303	303	41958	30000
湖 北	5	2233	1883	154802	344217
湖 南	3	267	264	25250	93450
西部地区	**2**	**982**	**982**	**15240**	**40644**
内蒙古					
广 西					
重 庆	2	982	982	15240	40644
四 川					
贵 州					
云 南					
西 藏					
陕 西					
甘 肃					
青 海					
宁 夏					
新 疆					

2-8 续表 43

(黄金、珠宝、玉器等首饰市场)

地区	市场数量(个)	总摊位数(个)	年末出租摊位数(个)	营业面积(平方米)	成交额(万元)
全国	**19**	**10748**	**10150**	**688071**	**3286350**
东部地区	**13**	**7804**	**7333**	**633071**	**3167452**
北京	1	848	848	28000	49500
天津					
河北					
上海					
江苏	2	1287	1286	73000	481600
浙江	1	839	839	106973	600138
福建	4	1643	1643	39598	1088625
山东	3	1837	1592	220000	527670
广东	2	1350	1125	165500	419919
海南					
东北地区	**3**	**2020**	**1920**	**22000**	**46750**
辽宁	3	2020	1920	22000	46750
吉林					
黑龙江					
中部地区	**2**	**293**	**266**	**11400**	**25300**
山西					
安徽					
江西					
河南	2	293	266	11400	25300
湖北					
湖南					
西部地区	**1**	**631**	**631**	**21600**	**46848**
内蒙古	1	631	631	21600	46848
广西					
重庆					
四川					
贵州					
云南					
西藏					
陕西					
甘肃					
青海					
宁夏					
新疆					

2-8 续表 44

(电器、通讯器材、电子设备市场)

地　区	市场数量(个)	总摊位数(个)	年末出租摊位数(个)	营业面积(平方米)	成交额(万元)
全　国	**160**	**74249**	**68824**	**2674744**	**11903051**
东部地区	**87**	**45253**	**41375**	**1437356**	**6020240**
北　京	10	5633	4869	141130	1080985
天　津					
河　北	3	509	474	74000	75411
上　海	7	2904	2904	82128	449087
江　苏	8	3286	3266	88936	503215
浙　江	23	8265	7663	324091	1383352
福　建	3	1364	1256	58000	166122
山　东	11	3612	3543	345300	1121773
广　东	21	19380	17100	313271	1211695
海　南	1	300	300	10500	28600
东北地区	**8**	**4288**	**3977**	**119430**	**945684**
辽　宁	4	1998	1707	63000	342101
吉　林	3	1290	1290	6430	283583
黑龙江	1	1000	980	50000	320000
中部地区	**37**	**15609**	**14765**	**753026**	**3149505**
山　西	3	637	576	33000	41580
安　徽	1	3902	3902	40000	892383
江　西	5	1638	1599	72294	259078
河　南	5	2618	2618	315000	760242
湖　北	7	2647	2127	91300	416709
湖　南	16	4167	3943	201432	779513
西部地区	**28**	**9099**	**8707**	**364932**	**1787622**
内蒙古	1	240	235	12000	37785
广　西	3	988	798	44259	244750
重　庆	7	2299	2280	125013	1031810
四　川	4	1159	999	34200	119190
贵　州	4	867	867	60150	134069
云　南					
西　藏					
陕　西	6	2334	2328	68700	160293
甘　肃	1	450	450	9500	14400
青　海					
宁　夏					
新　疆	2	762	750	11110	45325

2-8　续表 45

(家电市场)

地　区	市场数量（个）	总摊位数（个）	年末出租摊位数（个）	营业面积（平方米）	成交额（万元）
全　国	**40**	**14116**	**12782**	**799545**	**3054198**
东部地区	**18**	**4575**	**4095**	**461269**	**1024456**
北　京					
天　津					
河　北	1	150	130	20000	20000
上　海	1	230	230	20000	87547
江　苏	1	200	200	11000	41500
浙　江	5	1255	1044	103338	238822
福　建					
山　东	5	1323	1287	258800	467185
广　东	5	1417	1204	48131	169402
海　南					
东北地区	**2**	**928**	**700**	**27000**	**96366**
辽　宁	2	928	700	27000	96366
吉　林					
黑龙江					
中部地区	**16**	**7739**	**7119**	**263526**	**1785462**
山　西	1	197	136	15000	13580
安　徽	1	3902	3902	40000	892383
江　西	2	1239	1229	53994	61995
河　南	3	450	450	35000	380000
湖　北	2	910	410	25300	141700
湖　南	7	1041	992	94232	295804
西部地区	**4**	**874**	**868**	**47750**	**147914**
内蒙古					
广　西					
重　庆	2	403	403	23000	100663
四　川					
贵　州	1	315	315	20750	20000
云　南					
西　藏					
陕　西	1	156	150	4000	27251
甘　肃					
青　海					
宁　夏					
新　疆					

2-8 续表 46

(通讯器材市场)

地　区	市场数量 (个)	总摊位数 (个)	年末出租摊位数 (个)	营业面积 (平方米)	成交额 (万元)
全　国	**24**	**15968**	**14950**	**371574**	**1094083**
东部地区	**14**	**13314**	**12408**	**280931**	**567937**
北　京					
天　津					
河　北	2	359	344	54000	55411
上　海	1	958	958	17000	11833
江　苏	1	1732	1732	44283	52568
浙　江	4	1120	1104	44400	83358
福　建					
山　东					
广　东	6	9145	8270	121248	364767
海　南					
东北地区	**3**	**1121**	**1058**	**33630**	**252459**
辽　宁	1	570	507	30000	210000
吉　林	2	551	551	3630	42459
黑 龙 江					
中部地区	**4**	**670**	**628**	**27000**	**178518**
山　西					
安　徽					
江　西	1	31	31	4000	14888
河　南					
湖　北	1	392	392	21000	141430
湖　南	2	247	205	2000	22200
西部地区	**3**	**863**	**856**	**30013**	**95169**
内 蒙 古	1	240	235	12000	37785
广　西					
重　庆	2	623	621	18013	57384
四　川					
贵　州					
云　南					
西　藏					
陕　西					
甘　肃					
青　海					
宁　夏					
新　疆					

2-8　续表 47

(照相、摄像器材市场)

地　区	市场数量（个）	总摊位数（个）	年末出租摊位数（个）	营业面积（平方米）	成交额（万元）
全　国	**2**	**449**	**449**	**15600**	**43373**
东部地区	**2**	**449**	**449**	**15600**	**43373**
北　京	1	285	285	11000	13800
天　津					
河　北					
上　海	1	164	164	4600	29573
江　苏					
浙　江					
福　建					
山　东					
广　东					
海　南					
东北地区					
辽　宁					
吉　林					
黑龙江					
中部地区					
山　西					
安　徽					
江　西					
河　南					
湖　北					
湖　南					
西部地区					
内蒙古					
广　西					
重　庆					
四　川					
贵　州					
云　南					
西　藏					
陕　西					
甘　肃					
青　海					
宁　夏					
新　疆					

2-8 续表 48

(计算机及辅助设备市场)

地 区	市场数量(个)	总摊位数(个)	年末出租摊位数(个)	营业面积(平方米)	成交额(万元)
全 国	**78**	**30865**	**29357**	**1223429**	**6666489**
东部地区	**44**	**16870**	**15824**	**502860**	**3760621**
北 京	7	4543	3839	112930	931395
天 津					
河 北					
上 海	4	1552	1552	40528	320134
江 苏	6	1354	1334	33653	409147
浙 江	12	3503	3353	120353	848805
福 建	3	1364	1256	58000	166122
山 东	5	2169	2136	80500	632488
广 东	6	2085	2054	46396	423930
海 南	1	300	300	10500	28600
东北地区	**2**	**1739**	**1719**	**52800**	**561124**
辽 宁					
吉 林	1	739	739	2800	241124
黑龙江	1	1000	980	50000	320000
中部地区	**14**	**5907**	**5827**	**434900**	**959267**
山 西	2	440	440	18000	28000
安 徽					
江 西	1	100	80	4700	10114
河 南	2	2168	2168	280000	380242
湖 北	4	1345	1325	45000	133579
湖 南	5	1854	1814	87200	407332
西部地区	**18**	**6349**	**5987**	**232869**	**1385477**
内蒙古					
广 西	3	988	798	44259	244750
重 庆	2	1066	1066	72000	817573
四 川	4	1159	999	34200	119190
贵 州	2	196	196	6600	25597
云 南					
西 藏					
陕 西	5	2178	2178	64700	133042
甘 肃					
青 海					
宁 夏					
新 疆	2	762	750	11110	45325

2-8　续表 49

(其他电器、通讯器材、电子设备市场)

地　区	市场数量（个）	总摊位数（个）	年末出租摊位数（个）	营业面积（平方米）	成交额（万元）
全　国	**16**	**12851**	**11286**	**264596**	**1044908**
东部地区	**9**	**10045**	**8599**	**176696**	**623853**
北　京	2	805	745	17200	135790
天　津					
河　北					
上　海					
江　苏					
浙　江	2	2387	2162	56000	212367
福　建					
山　东	1	120	120	6000	22100
广　东	4	6733	5572	97496	253596
海　南					
东北地区	**1**	**500**	**500**	**6000**	**35735**
辽　宁	1	500	500	6000	35735
吉　林					
黑龙江					
中部地区	**3**	**1293**	**1191**	**27600**	**226258**
山　西					
安　徽					
江　西	1	268	259	9600	172081
河　南					
湖　北					
湖　南	2	1025	932	18000	54177
西部地区	**3**	**1013**	**996**	**54300**	**159062**
内蒙古					
广　西					
重　庆	1	207	190	12000	56190
四　川					
贵　州	1	356	356	32800	88472
云　南					
西　藏					
陕　西					
甘　肃	1	450	450	9500	14400
青　海					
宁　夏					
新　疆					

2-8 续表 50

(医药、医疗用品及器材市场)

地 区	市场数量（个）	总摊位数（个）	年末出租摊位数（个）	营业面积（平方米）	成交额（万元）
全 国	**25**	**34443**	**22026**	**935661**	**4715779**
东部地区	**9**	**16822**	**8733**	**490639**	**1775747**
北 京					
天 津					
河 北	1	14000	6400	360000	1000000
上 海	1	317	256	7800	93000
江 苏	1	300	300	36000	456405
浙 江	2	612	331	10568	62176
福 建	1	35	35	1300	22631
山 东	1	800	800	60000	30998
广 东	2	758	611	14971	110537
海 南					
东北地区	**3**	**1731**	**1437**	**128668**	**680000**
辽 宁	1	689	395	78000	230000
吉 林	2	1042	1042	50668	450000
黑 龙 江					
中部地区	**6**	**11229**	**9551**	**218680**	**1267532**
山 西					
安 徽	2	6500	5452	44500	835928
江 西	1	700	360	19000	105000
河 南	2	3061	3061	123950	194604
湖 北					
湖 南	1	968	678	31230	132000
西部地区	**7**	**4661**	**2305**	**97674**	**992500**
内 蒙 古	1	180	180	18000	46000
广 西	1	3000	770	23000	598000
重 庆					
四 川					
贵 州					
云 南	2	839	830	34674	183085
西 藏					
陕 西	2	490	373	14000	30000
甘 肃					
青 海					
宁 夏	1	152	152	8000	135415
新 疆					

2-8 续表 51

（中药材市场）

地 区	市场数量（个）	总摊位数（个）	年末出租摊位数（个）	营业面积（平方米）	成交额（万元）
全 国	**23**	**33175**	**21048**	**868431**	**4127374**
东部地区	**8**	**16522**	**8433**	**454639**	**1319342**
北 京					
天 津					
河 北	1	14000	6400	360000	1000000
上 海	1	317	256	7800	93000
江 苏					
浙 江	2	612	331	10568	62176
福 建	1	35	35	1300	22631
山 东	1	800	800	60000	30998
广 东	2	758	611	14971	110537
海 南					
东北地区	**3**	**1731**	**1437**	**128668**	**680000**
辽 宁	1	689	395	78000	230000
吉 林	2	1042	1042	50668	450000
黑龙江					
中部地区	**5**	**10261**	**8873**	**187450**	**1135532**
山 西					
安 徽	2	6500	5452	44500	835928
江 西	1	700	360	19000	105000
河 南	2	3061	3061	123950	194604
湖 北					
湖 南					
西部地区	**7**	**4661**	**2305**	**97674**	**992500**
内蒙古	1	180	180	18000	46000
广 西	1	3000	770	23000	598000
重 庆					
四 川					
贵 州					
云 南	2	839	830	34674	183085
西 藏					
陕 西	2	490	373	14000	30000
甘 肃					
青 海					
宁 夏	1	152	152	8000	135415
新 疆					

2-8 续表 52

(其他医药、医疗用品及器材市场)

地　区	市场数量(个)	总摊位数(个)	年末出租摊位数(个)	营业面积(平方米)	成交额(万元)
全　国	**2**	**1268**	**978**	**67230**	**588405**
东部地区	**1**	**300**	**300**	**36000**	**456405**
北　京					
天　津					
河　北					
上　海					
江　苏	1	300	300	36000	456405
浙　江					
福　建					
山　东					
广　东					
海　南					
东北地区					
辽　宁					
吉　林					
黑龙江					
中部地区	**1**	**968**	**678**	**31230**	**132000**
山　西					
安　徽					
江　西					
河　南					
湖　北					
湖　南	1	968	678	31230	132000
西部地区					
内蒙古					
广　西					
重　庆					
四　川					
贵　州					
云　南					
西　藏					
陕　西					
甘　肃					
青　海					
宁　夏					
新　疆					

2-8 续表 53

(家具、五金及装饰材料市场)

地 区	市场数量 (个)	总摊位数 (个)	年末出租摊位数 (个)	营业面积 (平方米)	成交额 (万元)
全 国	**480**	**238752**	**218743**	**32021780**	**39614183**
东部地区	**292**	**147523**	**134303**	**21105146**	**28376402**
北 京	18	7364	6959	932107	954185
天 津	9	5042	4051	987873	1481485
河 北	20	15528	14978	3048314	4321486
上 海	15	9125	8466	1134251	426464
江 苏	74	40670	37546	5506137	7610693
浙 江	77	35233	32886	4105907	6703690
福 建	9	2067	1922	375347	813058
山 东	50	25184	20894	3718849	4803255
广 东	20	7310	6601	1296361	1262086
海 南					
东北地区	**39**	**18836**	**17743**	**1483118**	**1911580**
辽 宁	26	14149	13160	865676	1386285
吉 林	4	1346	1346	165046	204478
黑龙江	9	3341	3237	452396	320817
中部地区	**86**	**38621**	**35417**	**5854244**	**5158553**
山 西	4	1506	1506	210000	142800
安 徽	18	4934	4518	1611890	720186
江 西	10	6099	5857	930090	638678
河 南	20	8894	8038	1407350	585660
湖 北	15	7624	6312	579561	554502
湖 南	19	9564	9186	1115353	2516727
西部地区	**63**	**33772**	**31280**	**3579272**	**4167648**
内蒙古	4	1475	1457	109600	275773
广 西	6	3246	3066	327640	154815
重 庆	18	9449	9081	992307	2181187
四 川	8	9795	7979	898275	832167
贵 州	4	1612	1612	268120	104769
云 南	10	2991	2912	361150	306667
西 藏					
陕 西	1	308	308	76772	15400
甘 肃	6	2157	2147	157295	182011
青 海	1	568	568	25000	21159
宁 夏	2	1174	1160	174060	40346
新 疆	3	997	990	189053	53354

2-8 续表 54

(家具市场)

地 区	市场数量 (个)	总摊位数 (个)	年末出租摊位数 (个)	营业面积 (平方米)	成交额 (万元)
全 国	**135**	**64317**	**59143**	**10949629**	**10846470**
东部地区	**80**	**39972**	**36589**	**7298671**	**7918569**
北 京	8	3923	3759	643807	506200
天 津	1	468	468	45000	15000
河 北	5	10023	9995	2240000	3407950
上 海	5	1182	1181	371259	101421
江 苏	20	10817	10162	1847760	1555030
浙 江	25	4653	4316	1106366	1631856
福 建	1	108	84	30000	10001
山 东	13	8062	5894	909471	626235
广 东	2	736	730	105008	64876
海 南					
东北地区	**18**	**6431**	**6020**	**603006**	**662762**
辽 宁	13	5455	5044	437960	480141
吉 林	3	638	638	65046	142654
黑龙江	2	338	338	100000	39967
中部地区	**21**	**7840**	**6761**	**1683635**	**851036**
山 西	2	300	300	70000	26500
安 徽	5	652	635	258000	112520
江 西	4	1981	1903	426000	139879
河 南	2	1957	1957	678000	238425
湖 北	6	2639	1655	194435	289992
湖 南	2	311	311	57200	43720
西部地区	**16**	**10074**	**9773**	**1364317**	**1414103**
内蒙古	2	696	696	45600	78455
广 西	3	1552	1478	107640	80295
重 庆	2	1619	1614	350000	926646
四 川	4	4660	4459	515905	202377
贵 州	1	538	538	200000	34683
云 南	2	433	429	79119	58270
西 藏					
陕 西					
甘 肃	1	160	150	22000	10600
青 海					
宁 夏					
新 疆	1	416	409	44053	22777

2-8 续表 55

(装饰材料市场)

地 区	市场数量(个)	总摊位数(个)	年末出租摊位数(个)	营业面积(平方米)	成交额(万元)
全 国	**195**	**80643**	**73012**	**11005359**	**10479926**
东部地区	**119**	**45503**	**41408**	**6131037**	**7156286**
北 京	7	1787	1745	113300	140134
天 津	3	1170	1170	53260	146590
河 北	11	3314	3218	660314	720912
上 海	6	4017	3784	382646	197955
江 苏	28	9522	8579	1341829	1484042
浙 江	28	12435	11335	1351963	1326527
福 建	5	1263	1142	119057	586017
山 东	20	8133	6816	1093879	2035537
广 东	11	3862	3619	1014789	518572
海 南					
东北地区	**13**	**5861**	**5361**	**646102**	**566649**
辽 宁	7	3610	3214	239686	347725
吉 林	1	708	708	100000	61824
黑龙江	5	1543	1439	306416	157100
中部地区	**35**	**18409**	**16735**	**2754800**	**1492499**
山 西	2	1206	1206	140000	116300
安 徽	9	3201	2814	1228167	385728
江 西	2	2679	2679	438442	201600
河 南	6	3163	2582	269560	88706
湖 北	6	3950	3622	307855	158948
湖 南	10	4210	3832	370776	541217
西部地区	**28**	**10870**	**9508**	**1473420**	**1264492**
内蒙古	2	779	761	64000	197318
广 西	2	1194	1088	160000	25520
重 庆	10	2539	2447	455275	635292
四 川	1	1440	350	157000	60000
贵 州	2	474	474	48120	56086
云 南	3	1222	1180	173193	113200
西 藏					
陕 西	1	308	308	76772	15400
甘 肃	3	847	847	70000	86300
青 海	1	568	568	25000	21159
宁 夏	2	1174	1160	174060	40346
新 疆	1	325	325	70000	13871

2-8 续表 56

(灯具市场)

地　区	市场数量(个)	总摊位数(个)	年末出租摊位数(个)	营业面积(平方米)	成交额(万元)
全　国	**11**	**6144**	**5996**	**667631**	**1512743**
东部地区	**8**	**5178**	**5162**	**555450**	**1331243**
北　京	1	240	233	25000	10492
天　津					
河　北					
上　海					
江　苏	4	2826	2826	302450	650751
浙　江	2	1142	1133	98000	261000
福　建					
山　东	1	970	970	130000	409000
广　东					
海　南					
东北地区	**1**	**276**	**160**	**54000**	**44138**
辽　宁	1	276	160	54000	44138
吉　林					
黑 龙 江					
中部地区					
山　西					
安　徽					
江　西					
河　南					
湖　北					
湖　南					
西部地区	**2**	**690**	**674**	**58181**	**137362**
内 蒙 古					
广　西					
重　庆					
四　川	1	180	180	42000	103770
贵　州					
云　南	1	510	494	16181	33592
西　藏					
陕　西					
甘　肃					
青　海					
宁　夏					
新　疆					

2-8 续表 57

(厨具、盥洗设备市场)

地　区	市场数量(个)	总摊位数(个)	年末出租摊位数(个)	营业面积(平方米)	成交额(万元)
全　国	**4**	**1193**	**1169**	**104730**	**150495**
东部地区	**2**	**732**	**708**	**37300**	**118505**
北　京					
天　津					
河　北					
上　海					
江　苏					
浙　江	1	500	500	1300	98680
福　建					
山　东	1	232	208	36000	19825
广　东					
海　南					
东北地区	**1**	**160**	**160**	**5980**	**20000**
辽　宁					
吉　林					
黑龙江	1	160	160	5980	20000
中部地区	**1**	**301**	**301**	**61450**	**11990**
山　西					
安　徽					
江　西					
河　南	1	301	301	61450	11990
湖　北					
湖　南					
西部地区					
内蒙古					
广　西					
重　庆					
四　川					
贵　州					
云　南					
西　藏					
陕　西					
甘　肃					
青　海					
宁　夏					
新　疆					

2-8 续表 58

(五金材料市场)

地　区	市场数量(个)	总摊位数(个)	年末出租摊位数(个)	营业面积(平方米)	成交额(万元)
全　国	**80**	**53554**	**48239**	**4481298**	**10218299**
东部地区	**53**	**37829**	**33126**	**3488348**	**7990593**
北　京					
天　津	4	3347	2356	875026	1301695
河　北	1	1291	903	70000	103460
上　海	2	3181	2756	294170	104209
江　苏	12	10536	9011	714786	2235168
浙　江	16	10766	10034	759203	2423874
福　建	1	200	200	3900	52577
山　东	10	5796	5614	594699	1090972
广　东	7	2712	2252	176564	678638
海　南					
东北地区	**2**	**2500**	**2450**	**61453**	**367822**
辽　宁	1	1200	1150	21453	264072
吉　林					
黑龙江	1	1300	1300	40000	103750
中部地区	**16**	**5573**	**5298**	**635784**	**798997**
山　西					
安　徽	2	443	443	42723	128258
江　西					
河　南	10	3273	2998	368340	232839
湖　北	1	547	547	29271	60000
湖　南	3	1310	1310	195450	377900
西部地区	**9**	**7652**	**7365**	**295713**	**1060887**
内蒙古					
广　西					
重　庆	6	5291	5020	187032	619249
四　川	1	1715	1715	85000	415030
贵　州	1	600	600	20000	14000
云　南	1	46	30	3681	12608
西　藏					
陕　西					
甘　肃					
青　海					
宁　夏					
新　疆					

2-8　续表 59

(其他装修市场)

地　区	市场数量 (个)	总摊位数 (个)	年末出租摊位数 (个)	营业面积 (平方米)	成交额 (万元)
全　国	**55**	**32901**	**31184**	**4813133**	**6406250**
东部地区	**30**	**18309**	**17310**	**3594340**	**3861206**
北　京	2	1414	1222	150000	297359
天　津	1	57	57	14587	18200
河　北	3	900	862	78000	89164
上　海	2	745	745	86176	22879
江　苏	10	6969	6968	1299312	1685702
浙　江	5	5737	5568	789075	961753
福　建	2	496	496	222390	164463
山　东	5	1991	1392	954800	621686
广　东					
海　南					
东北地区	**4**	**3608**	**3592**	**112577**	**250209**
辽　宁	4	3608	3592	112577	250209
吉　林					
黑 龙 江					
中部地区	**13**	**6498**	**6322**	**718575**	**2004031**
山　西					
安　徽	2	638	626	83000	93680
江　西	4	1439	1275	65648	297199
河　南	1	200	200	30000	13700
湖　北	2	488	488	48000	45562
湖　南	4	3733	3733	491927	1553890
西部地区	**8**	**4486**	**3960**	**387641**	**290804**
内 蒙 古					
广　西	1	500	500	60000	49000
重　庆					
四　川	1	1800	1275	98370	50990
贵　州					
云　南	3	780	779	88976	88997
西　藏					
陕　西					
甘　肃	2	1150	1150	65295	85111
青　海					
宁　夏					
新　疆	1	256	256	75000	16706

2-8 续表 60

(汽车、摩托车及零配件市场)

地 区	市场数量(个)	总摊位数(个)	年末出租摊位数(个)	营业面积(平方米)	成交额(万元)
全 国	**270**	**83592**	**76187**	**12006853**	**48249573**
东部地区	**176**	**47230**	**44743**	**7025513**	**31992328**
北 京	16	4700	4336	992371	7098963
天 津	3	1157	1150	135000	1981347
河 北	11	14010	13925	720560	746155
上 海	14	1649	1594	236107	2282329
江 苏	24	4388	3667	1363570	3070645
浙 江	42	6802	5948	1000609	7451538
福 建	6	597	579	97960	732349
山 东	31	9030	8714	925033	3313101
广 东	29	4897	4830	1554303	5315901
海 南					
东北地区	**11**	**7896**	**6480**	**658660**	**3295005**
辽 宁	6	2939	2406	341790	1766036
吉 林	2	2537	1654	285870	1392395
黑龙江	3	2420	2420	31000	136574
中部地区	**47**	**18559**	**16556**	**2181558**	**8144554**
山 西	2	464	439	113000	44180
安 徽	8	3060	2268	309962	1080986
江 西	6	1785	1610	224500	716683
河 南	11	2869	2814	485260	1514980
湖 北	8	2635	2361	543942	2412886
湖 南	12	7746	7064	504894	2374839
西部地区	**36**	**9907**	**8408**	**2141122**	**4817686**
内蒙古	1	43	43	2600	34290
广 西	4	598	549	137570	220884
重 庆	7	3339	2981	532770	2711509
四 川	5	872	636	207719	485819
贵 州	4	765	716	94000	137280
云 南	6	1669	1382	549759	543764
西 藏					
陕 西	2	640	640	4930	178050
甘 肃	1	97	97	10440	26100
青 海	1	145	145	14000	12000
宁 夏	2	912	518	254000	31065
新 疆	3	827	701	333334	436925

2-8 续表 61

(汽车市场)

地 区	市场数量（个）	总摊位数（个）	年末出租摊位数（个）	营业面积（平方米）	成交额（万元）
全 国	**185**	**48143**	**42206**	**9024258**	**39356553**
东部地区	**122**	**27619**	**25940**	**5303928**	**27358016**
北 京	9	1532	1302	692591	6495261
天 津	3	1157	1150	135000	1981347
河 北	7	11828	11746	441660	447728
上 海	12	998	943	146918	1837134
江 苏	18	2143	1740	1066770	2410092
浙 江	35	3825	3023	761237	6505983
福 建	5	367	349	91260	697181
山 东	15	4049	4000	629660	2130678
广 东	18	1720	1687	1338832	4852612
海 南					
东北地区	**9**	**6903**	**5807**	**564660**	**3268523**
辽 宁	4	1946	1733	247790	1739554
吉 林	2	2537	1654	285870	1392395
黑龙江	3	2420	2420	31000	136574
中部地区	**25**	**5896**	**4188**	**1170012**	**4750003**
山 西	1	38	13	43000	27180
安 徽	4	1653	861	215000	883946
江 西	4	1364	1199	161000	200961
河 南	5	205	203	240166	579780
湖 北	6	955	681	274942	1053636
湖 南	5	1681	1231	235904	2004500
西部地区	**29**	**7725**	**6271**	**1985658**	**3980011**
内蒙古	1	43	43	2600	34290
广 西	3	252	203	127670	207304
重 庆	6	2583	2225	492770	2074609
四 川	5	872	636	207719	485819
贵 州	1	82	78	9000	36500
云 南	5	1369	1082	539635	483449
西 藏					
陕 西	2	640	640	4930	178050
甘 肃					
青 海	1	145	145	14000	12000
宁 夏	2	912	518	254000	31065
新 疆	3	827	701	333334	436925

2-8 续表 62

(摩托车市场)

地　区	市场数量（个）	总摊位数（个）	年末出租摊位数（个）	营业面积（平方米）	成交额（万元）
全　国	**13**	**4886**	**4853**	**330528**	**1159684**
东部地区	**2**	**1120**	**1117**	**65226**	**73716**
北　京					
天　津					
河　北	1	900	897	50000	42606
上　海					
江　苏					
浙　江	1	220	220	15226	31110
福　建					
山　东					
广　东					
海　南					
东北地区					
辽　宁					
吉　林					
黑龙江					
中部地区	**8**	**2567**	**2537**	**204962**	**409388**
山　西					
安　徽	2	972	972	47162	145040
江　西	1	56	51	25000	135597
河　南	2	1126	1126	106000	77200
湖　北					
湖　南	3	413	388	26800	51551
西部地区	**3**	**1199**	**1199**	**60340**	**676580**
内蒙古					
广　西	1	346	346	9900	13580
重　庆	1	756	756	40000	636900
四　川					
贵　州					
云　南					
西　藏					
陕　西					
甘　肃	1	97	97	10440	26100
青　海					
宁　夏					
新　疆					

2-8　续表 63

（机动车零配件市场）

地　区	市场数量（个）	总摊位数（个）	年末出租摊位数（个）	营业面积（平方米）	成交额（万元）
全　国	**72**	**30563**	**29128**	**2652067**	**7733336**
东部地区	**52**	**18491**	**17686**	**1656359**	**4560596**
北　京	7	3168	3034	299780	603702
天　津					
河　北	3	1282	1282	228900	255821
上　海	2	651	651	89189	445195
江　苏	6	2245	1927	296800	660553
浙　江	6	2757	2705	224146	914445
福　建	1	230	230	6700	35168
山　东	16	4981	4714	295373	1182423
广　东	11	3177	3143	215471	463289
海　南					
东北地区	**2**	**993**	**673**	**94000**	**26482**
辽　宁	2	993	673	94000	26482
吉　林					
黑龙江					
中部地区	**14**	**10096**	**9831**	**806584**	**2985163**
山　西	1	426	426	70000	17000
安　徽	2	435	435	47800	52000
江　西	1	365	360	38500	380125
河　南	4	1538	1485	139094	858000
湖　北	2	1680	1680	269000	1359250
湖　南	4	5652	5445	242190	318788
西部地区	**4**	**983**	**938**	**95124**	**161095**
内蒙古					
广　西					
重　庆					
四　川					
贵　州	3	683	638	85000	100780
云　南	1	300	300	10124	60315
西　藏					
陕　西					
甘　肃					
青　海					
宁　夏					
新　疆					

2-8 续表 64

(花鸟鱼虫市场)

地　区	市场数量（个）	总摊位数（个）	年末出租摊位数（个）	营业面积（平方米）	成交额（万元）
全　国	**27**	**18005**	**16812**	**6458933**	**2926179**
东部地区	**18**	**10297**	**9541**	**6041867**	**1943149**
北　京	1	200	188	3000	17700
天　津	1	600	600	40000	10800
河　北	1	360	300	14780	35000
上　海	1	380	350	36000	12580
江　苏	4	3110	2756	419000	868603
浙　江	3	1460	1196	105372	154071
福　建	2	415	415	32405	63601
山　东	2	1600	1600	139960	397000
广　东	3	2172	2136	5251350	383794
海　南					
东北地区	**1**	**1168**	**1168**	**4000**	**25690**
辽　宁	1	1168	1168	4000	25690
吉　林					
黑 龙 江					
中部地区	**5**	**2636**	**2636**	**279066**	**553580**
山　西					
安　徽	2	1074	1074	113000	19840
江　西					
河　南	2	1152	1152	34000	521240
湖　北					
湖　南	1	410	410	132066	12500
西部地区	**3**	**3904**	**3467**	**134000**	**403760**
内 蒙 古					
广　西					
重　庆					
四　川	1	582	480	20000	46500
贵　州					
云　南	1	3000	2665	14000	344000
西　藏					
陕　西					
甘　肃					
青　海					
宁　夏					
新　疆	1	322	322	100000	13260

2-8 续表 65

(花卉市场)

地　区	市场数量(个)	总摊位数(个)	年末出租摊位数(个)	营业面积(平方米)	成交额(万元)
全　国	**24**	**16959**	**15766**	**6406464**	**2831644**
东部地区	**15**	**9251**	**8495**	**5989398**	**1848614**
北　京	1	200	188	3000	17700
天　津					
河　北	1	360	300	14780	35000
上　海	1	380	350	36000	12580
江　苏	4	3110	2756	419000	868603
浙　江	2	1174	910	99828	122571
福　建	1	255	255	25480	11366
山　东	2	1600	1600	139960	397000
广　东	3	2172	2136	5251350	383794
海　南					
东北地区	**1**	**1168**	**1168**	**4000**	**25690**
辽　宁	1	1168	1168	4000	25690
吉　林					
黑龙江					
中部地区	**5**	**2636**	**2636**	**279066**	**553580**
山　西					
安　徽	2	1074	1074	113000	19840
江　西					
河　南	2	1152	1152	34000	521240
湖　北					
湖　南	1	410	410	132066	12500
西部地区	**3**	**3904**	**3467**	**134000**	**403760**
内蒙古					
广　西					
重　庆					
四　川	1	582	480	20000	46500
贵　州					
云　南	1	3000	2665	14000	344000
西　藏					
陕　西					
甘　肃					
青　海					
宁　夏					
新　疆	1	322	322	100000	13260

2-8 续表 66

(其他花鸟鱼虫市场)

地　区	市场数量(个)	总摊位数(个)	年末出租摊位数(个)	营业面积(平方米)	成交额(万元)
全　国	**3**	**1046**	**1046**	**52469**	**94535**
东部地区	**3**	**1046**	**1046**	**52469**	**94535**
北　京					
天　津	1	600	600	40000	10800
河　北					
上　海					
江　苏					
浙　江	1	286	286	5544	31500
福　建	1	160	160	6925	52235
山　东					
广　东					
海　南					
东北地区					
辽　宁					
吉　林					
黑龙江					
中部地区					
山　西					
安　徽					
江　西					
河　南					
湖　北					
湖　南					
西部地区					
内蒙古					
广　西					
重　庆					
四　川					
贵　州					
云　南					
西　藏					
陕　西					
甘　肃					
青　海					
宁　夏					
新　疆					

2-8 续表 67

(旧货市场)

地　区	市场数量 (个)	总摊位数 (个)	年末出租摊位数 (个)	营业面积 (平方米)	成交额 (万元)
全　国	**21**	**9011**	**8155**	**421998**	**1360958**
东部地区	**16**	**6993**	**6242**	**280878**	**658236**
北　京	1	3344	3344	15252	35971
天　津					
河　北					
上　海					
江　苏	1	60	60	37000	18000
浙　江	8	2130	1401	140020	386655
福　建	2	123	101	18606	146730
山　东	3	706	706	67000	58230
广　东	1	630	630	3000	12650
海　南					
东北地区	**2**	**1051**	**1007**	**104000**	**632800**
辽　宁	1	576	532	72000	620000
吉　林	1	475	475	32000	12800
黑龙江					
中部地区	**2**	**925**	**864**	**28120**	**40412**
山　西					
安　徽					
江　西	1	418	418	15000	26000
河　南	1	507	446	13120	14412
湖　北					
湖　南					
西部地区	**1**	**42**	**42**	**9000**	**29510**
内蒙古					
广　西					
重　庆	1	42	42	9000	29510
四　川					
贵　州					
云　南					
西　藏					
陕　西					
甘　肃					
青　海					
宁　夏					
新　疆					

2-8 续表 68

(古玩、古董、字画市场)

地 区	市场数量(个)	总摊位数(个)	年末出租摊位数(个)	营业面积(平方米)	成交额(万元)
全 国	**3**	**1185**	**1102**	**18133**	**135092**
东部地区	**2**	**678**	**656**	**5013**	**120680**
北 京					
天 津					
河 北					
上 海					
江 苏					
浙 江					
福 建	1	48	26	2013	108030
山 东					
广 东	1	630	630	3000	12650
海 南					
东北地区					
辽 宁					
吉 林					
黑 龙 江					
中部地区	**1**	**507**	**446**	**13120**	**14412**
山 西					
安 徽					
江 西					
河 南	1	507	446	13120	14412
湖 北					
湖 南					
西部地区					
内 蒙 古					
广 西					
重 庆					
四 川					
贵 州					
云 南					
西 藏					
陕 西					
甘 肃					
青 海					
宁 夏					
新 疆					

2-8 续表 69

(其他旧货市场)

地 区	市场数量(个)	总摊位数(个)	年末出租摊位数(个)	营业面积(平方米)	成交额(万元)
全 国	**18**	**7826**	**7053**	**403865**	**1225866**
东部地区	**14**	**6315**	**5586**	**275865**	**537556**
北 京	1	3344	3344	15252	35971
天 津					
河 北					
上 海					
江 苏	1	60	60	37000	18000
浙 江	8	2130	1401	140020	386655
福 建	1	75	75	16593	38700
山 东	3	706	706	67000	58230
广 东					
海 南					
东北地区	**2**	**1051**	**1007**	**104000**	**632800**
辽 宁	1	576	532	72000	620000
吉 林	1	475	475	32000	12800
黑龙江					
中部地区	**1**	**418**	**418**	**15000**	**26000**
山 西					
安 徽					
江 西	1	418	418	15000	26000
河 南					
湖 北					
湖 南					
西部地区	**1**	**42**	**42**	**9000**	**29510**
内蒙古					
广 西					
重 庆	1	42	42	9000	29510
四 川					
贵 州					
云 南					
西 藏					
陕 西					
甘 肃					
青 海					
宁 夏					
新 疆					

2-8 续表 70

(其他专业市场)

地区	市场数量(个)	总摊位数(个)	年末出租摊位数(个)	营业面积(平方米)	成交额(万元)
全国	**50**	**29797**	**24284**	**2299467**	**4878730**
东部地区	**33**	**14156**	**13117**	**1255530**	**3282490**
北京					
天津					
河北	9	8238	7619	542350	1832987
上海	5	1210	1179	54000	415523
江苏	5	1315	1195	64050	231250
浙江	6	1226	1226	138750	636973
福建					
山东	4	1471	1262	378930	112960
广东	3	659	599	68550	38197
海南	1	37	37	8900	14600
东北地区	**2**	**3600**	**3600**	**85000**	**315220**
辽宁	2	3600	3600	85000	315220
吉林					
黑龙江					
中部地区	**9**	**4691**	**4525**	**678538**	**877341**
山西					
安徽	2	1480	1382	125500	50795
江西	1	871	871	203468	33578
河南	5	2258	2190	340250	780118
湖北	1	82	82	9320	12850
湖南					
西部地区	**6**	**7350**	**3042**	**280399**	**403679**
内蒙古	3	1420	1420	189709	261700
广西					
重庆					
四川	2	930	930	48000	113270
贵州					
云南	1	5000	692	42690	28709
西藏					
陕西					
甘肃					
青海					
宁夏					
新疆					

2-9 商品交易市场情况(按营业状态分)

(常年营业)

地 区	市场数量(个)	总摊位数(个)	年末出租摊位数(个)	营业面积(平方米)	成交额(万元)
全 国	**4816**	**3493849**	**3144172**	**243445718**	**718235951**
东部地区	**2933**	**2031722**	**1843833**	**154557004**	**513552460**
北 京	133	126476	109009	6634092	24816051
天 津	81	56419	50499	5370229	26718648
河 北	265	328542	294948	24998369	40463441
上 海	179	76560	73576	7847399	64798737
江 苏	546	360390	330688	29498999	117389859
浙 江	675	436993	393942	24714984	114175551
福 建	158	62921	55353	3514941	13316901
山 东	515	359910	340082	32965281	63748751
广 东	374	219422	191647	18915265	47961501
海 南	7	4089	4089	97445	163020
东北地区	**371**	**326842**	**292020**	**14054508**	**47591470**
辽 宁	215	194089	177969	8094375	33984749
吉 林	69	71243	57120	2939063	5250051
黑龙江	87	61510	56931	3021070	8356670
中部地区	**873**	**598724**	**533939**	**38265470**	**82609744**
山 西	42	34111	30098	2498896	4802846
安 徽	131	95714	84494	7742358	17310044
江 西	90	67719	61492	3250146	11942941
河 南	165	123572	112220	10075394	15227301
湖 北	159	86535	78799	5921870	12670199
湖 南	286	191073	166836	8776806	20656413
西部地区	**639**	**536561**	**474380**	**36568736**	**74482277**
内蒙古	64	40742	38242	6412638	6124177
广 西	86	68343	61882	3267313	9390734
重 庆	119	89250	80570	5860050	24579490
四 川	105	110280	98122	5458848	11520108
贵 州	33	20835	18692	1311303	2896228
云 南	52	56221	41169	2585061	5971659
西 藏					
陕 西	40	25390	24582	978135	1794411
甘 肃	42	43686	41033	2093605	3751695
青 海	8	4984	3674	430015	272648
宁 夏	26	21555	17492	3000868	2034801
新 疆	64	55275	48922	5170900	6146326

2-9 续表 1

(季节性营业)

地　区	市场数量(个)	总摊位数(个)	年末出租摊位数(个)	营业面积(平方米)	成交额(万元)
全　国	**114**	**47064**	**42822**	**4697890**	**8015512**
东部地区	**75**	**36119**	**32708**	**3307070**	**6056420**
北　京	2	2656	1038	265000	81454
天　津					
河　北	15	9984	9940	969362	776494
上　海					
江　苏	5	1591	1207	105714	103520
浙　江	20	7624	7222	399604	1746849
福　建	1	35	35	1300	22631
山　东	28	13267	12546	1510590	3013018
广　东	4	962	720	55500	312454
海　南					
东北地区	**11**	**3102**	**2877**	**212840**	**936477**
辽　宁	7	2248	2023	117590	675097
吉　林	2	736	736	44000	90280
黑龙江	2	118	118	51250	171100
中部地区	**14**	**6063**	**5588**	**313012**	**361482**
山　西	1	460	460	18600	23522
安　徽	4	1008	1008	42487	63148
江　西	2	1100	1100	109000	48250
河　南	5	1665	1445	115960	170580
湖　北					
湖　南	2	1830	1575	26965	55982
西部地区	**14**	**1780**	**1649**	**864968**	**661133**
内蒙古	7	530	432	511928	203880
广　西	3	575	575	120700	218516
重　庆					
四　川					
贵　州					
云　南	1	24	24	107000	54772
西　藏					
陕　西					
甘　肃					
青　海					
宁　夏					
新　疆	3	651	618	125340	183965

2-9　续表 2

(其他)

地　区	市场数量（个）	总摊位数（个）	年末出租摊位数（个）	营业面积（平方米）	成交额（万元）
全　国	**10**	**6668**	**6371**	**179505**	**783840**
东部地区	**3**	**1252**	**1007**	**74800**	**61382**
北　京					
天　津					
河　北	1	402	387	21800	11646
上　海					
江　苏	2	850	620	53000	49736
浙　江					
福　建					
山　东					
广　东					
海　南					
东北地区					
辽　宁					
吉　林					
黑龙江					
中部地区	**5**	**2856**	**2824**	**84209**	**486298**
山　西	1	422	412	25680	48116
安　徽					
江　西	1	376	364	13500	387520
河　南					
湖　北	1	360	360	10500	17460
湖　南	2	1698	1688	34529	33202
西部地区	**2**	**2560**	**2540**	**20496**	**236160**
内蒙古					
广　西					
重　庆					
四　川					
贵　州					
云　南					
西　藏					
陕　西	1	230	230	5496	200000
甘　肃					
青　海	1	2330	2310	15000	36160
宁　夏					
新　疆					

2-10 商品交易市场情况(按经营方式分)

(批发为主)

地 区	市场数量 (个)	总摊位数 (个)	年末出租摊位数 (个)	营业面积 (平方米)	成交额 (万元)
全 国	**2878**	**2321722**	**2070285**	**190812692**	**609549340**
东部地区	**1773**	**1419264**	**1276939**	**125447647**	**438801614**
北 京	60	83285	68490	4316112	14570175
天 津	59	44577	39206	4688320	24244776
河 北	210	269982	240417	22910652	38678183
上 海	97	46141	44248	5877390	59754908
江 苏	282	216011	193405	21399916	100357384
浙 江	375	305738	274652	19156747	94859873
福 建	69	30653	26956	2179228	8895501
山 东	376	267426	253146	28356473	56374658
广 东	243	155004	135972	16496109	41039102
海 南	2	447	447	66700	27054
东北地区	**174**	**157748**	**137699**	**8198087**	**39939234**
辽 宁	103	88566	80975	4756494	28894644
吉 林	26	39210	28707	1679589	4218068
黑 龙 江	45	29972	28017	1762004	6826522
中部地区	**531**	**390081**	**345704**	**28718030**	**67081109**
山 西	29	28741	24934	2204768	4523151
安 徽	88	68908	61823	6333894	15378690
江 西	54	44731	40515	2524223	10671899
河 南	115	85115	75491	7349155	12535789
湖 北	96	55385	50371	3840552	10019746
湖 南	149	107201	92570	6465438	13951834
西部地区	**400**	**354629**	**309943**	**28448928**	**63727383**
内 蒙 古	46	23168	21153	6211539	5282947
广 西	44	32484	28335	2270037	7926280
重 庆	64	65034	58298	4054067	20231882
四 川	69	68207	62122	3815865	9918591
贵 州	21	16748	14879	1006262	2630365
云 南	30	43497	29634	1897778	5095870
西 藏					
陕 西	27	16329	15526	736301	1576315
甘 肃	31	33167	31422	1609609	3423808
青 海	7	6129	4834	315552	275595
宁 夏	16	10224	9439	2460237	1849496
新 疆	45	39642	34301	4071681	5516234

2-10 续表

(零售为主)

地区	市场数量(个)	总摊位数(个)	年末出租摊位数(个)	营业面积(平方米)	成交额(万元)
全国	**2062**	**1225859**	**1123080**	**57510421**	**117485963**
东部地区	**1238**	**649829**	**600609**	**32491227**	**80868648**
北京	75	45847	41557	2582980	10327330
天津	22	11842	11293	681909	2473872
河北	71	68946	64858	3078879	2573398
上海	82	30419	29328	1970009	5043829
江苏	271	146820	139110	8257797	17185731
浙江	320	138879	126512	5957841	21062527
福建	90	32303	28432	1337013	4444031
山东	167	105751	99482	6119398	10387111
广东	135	65380	56395	2474656	7234853
海南	5	3642	3642	30745	135966
东北地区	**208**	**172196**	**157198**	**6069261**	**8588713**
辽宁	119	107771	99017	3455471	5765202
吉林	45	32769	29149	1303474	1122263
黑龙江	44	31656	29032	1310316	1701248
中部地区	**361**	**217562**	**196647**	**9944661**	**16376415**
山西	15	6252	6036	338408	351333
安徽	47	27814	23679	1450951	1994502
江西	39	24464	22441	848423	1706812
河南	55	40122	38174	2842199	2862092
湖北	64	31510	28788	2091818	2667913
湖南	141	87400	77529	2372862	6793763
西部地区	**255**	**186272**	**168626**	**9005272**	**11652187**
内蒙古	25	18104	17521	713027	1045110
广西	45	36434	34122	1117976	1682970
重庆	55	24216	22272	1805983	4347608
四川	36	42073	36000	1642983	1601517
贵州	12	4087	3813	305041	265863
云南	23	12748	11559	794283	930561
西藏					
陕西	14	9291	9286	247330	418096
甘肃	11	10519	9611	483996	327887
青海	2	1185	1150	129463	33213
宁夏	10	11331	8053	540631	185305
新疆	22	16284	15239	1224559	814057

2-11 商品交易市场情况(按经营环境分)

(露天式)

地区	市场数量(个)	总摊位数(个)	年末出租摊位数(个)	营业面积(平方米)	成交额(万元)
全国	**881**	**572985**	**513672**	**62744712**	**122775507**
东部地区	**538**	**345762**	**316212**	**38916246**	**75102323**
北京	17	24141	14817	2250353	8743116
天津	15	12687	12194	1344512	1812740
河北	108	127086	120387	9510865	9350217
上海	16	4589	4484	525849	3764628
江苏	72	26921	25168	3180966	11852679
浙江	84	33795	32204	3426388	13894547
福建	10	5069	3214	102970	896252
山东	168	91509	87367	13271001	18724909
广东	47	19555	15967	5245542	6050781
海南	1	410	410	57800	12454
东北地区	**63**	**36089**	**32331**	**3381470**	**10868125**
辽宁	43	22963	21671	2142547	6984585
吉林	11	9895	7500	787496	740563
黑龙江	9	3231	3160	451427	3142977
中部地区	**136**	**85167**	**76284**	**8384640**	**16463102**
山西	13	8842	6145	790007	1289076
安徽	22	12752	11562	750320	1138835
江西	13	11760	11281	895454	2535203
河南	42	21311	19300	3340672	4089568
湖北	25	14591	13432	967931	3340578
湖南	21	15911	14564	1640256	4069842
西部地区	**144**	**105967**	**88845**	**12062356**	**20341957**
内蒙古	27	12073	10928	3922665	3519330
广西	14	4947	4175	1179126	4625250
重庆	16	9353	8329	762197	3038673
四川	13	7151	6755	522882	1587968
贵州	9	2476	2226	241600	430357
云南	14	11435	6586	711570	2194184
西藏					
陕西	9	6988	6871	272908	436208
甘肃	13	24428	21982	565940	1738609
青海	2	2335	1165	216203	118616
宁夏	12	9182	8003	2559511	1476575
新疆	15	15599	11825	1107754	1176187

2-11 续表 1

(封闭式)

地 区	市场数量 (个)	总摊位数 (个)	年末出租摊位数 (个)	营业面积 (平方米)	成交额 (万元)
全 国	**3419**	**2517352**	**2276789**	**147691325**	**482522835**
东部地区	**2075**	**1443703**	**1311727**	**93184768**	**350188703**
北 京	105	88634	80747	4064030	11915376
天 津	54	32988	29918	2588722	20614371
河 北	129	168271	148133	13763114	28333812
上 海	123	53284	51119	3239186	49450773
江 苏	392	285671	262228	21447714	80379079
浙 江	529	363236	325386	18497912	79858610
福 建	138	53285	47668	3064802	12182132
山 东	324	233608	220274	17674635	41365279
广 东	276	161084	142612	8813908	25953305
海 南	5	3642	3642	30745	135966
东北地区	**298**	**278991**	**249519**	**9252319**	**32752510**
辽 宁	169	165827	151382	5143848	24990262
吉 林	52	55293	44764	1575329	2727455
黑 龙 江	77	57871	53373	2533142	5034793
中部地区	**622**	**403807**	**366659**	**23868855**	**55353916**
山 西	26	22329	21259	1520006	3370440
安 徽	88	63350	56657	5035483	13907746
江 西	69	42573	37949	2123195	6552095
河 南	98	70408	65253	5861599	9131607
湖 北	110	61647	55389	3684949	8198711
湖 南	231	143500	130152	5643623	14193317
西部地区	**424**	**390851**	**348884**	**21385383**	**44227706**
内 蒙 古	41	28246	26851	2779301	2697637
广 西	55	54131	49092	1628045	3617005
重 庆	87	71451	64712	4362997	15807965
四 川	76	93414	82457	4094145	8165340
贵 州	18	15976	14370	918003	1651072
云 南	35	43142	32988	1792579	3715357
西 藏					
陕 西	27	15366	14845	578521	1461348
甘 肃	21	15313	15288	1170222	1749561
青 海	6	4411	4251	203812	169033
宁 夏	13	12221	9337	433357	422811
新 疆	45	37180	34693	3424401	4770577

2-11 续表 2

(其他)

地　区	市场数量（个）	总摊位数（个）	年末出租摊位数（个）	营业面积（平方米）	成交额（万元）
全　国	**640**	**457244**	**402904**	**37887076**	**121736961**
东部地区	**398**	**279628**	**249609**	**25837860**	**94379236**
北　京	13	16357	14483	584709	4239013
天　津	12	10744	8387	1436995	4291537
河　北	44	43571	36755	2715552	3567552
上　海	40	18687	17973	4082364	11583336
江　苏	89	50239	45119	5029033	25311357
浙　江	82	47586	43574	3190288	22169243
福　建	11	4602	4506	348469	261148
山　东	51	48060	44987	3530235	6671581
广　东	55	39745	33788	4911315	16269869
海　南	1	37	37	8900	14600
东北地区	**21**	**14864**	**13047**	**1633559**	**4907312**
辽　宁	10	7547	6939	925570	2684999
吉　林	8	6791	5592	620238	1872313
黑龙江	3	526	516	87751	350000
中部地区	**134**	**118669**	**99408**	**6409196**	**11640506**
山　西	5	3822	3566	233163	214968
安　徽	25	20620	17283	1999042	2326611
江　西	11	14862	13726	353997	3291413
河　南	30	33518	29112	989083	2176706
湖　北	25	10657	10338	1279490	1148370
湖　南	38	35190	25383	1554421	2482438
西部地区	**87**	**44083**	**40840**	**4006461**	**10809907**
内蒙古	3	953	895	222600	111090
广　西	20	9840	9190	580842	1366995
重　庆	16	8446	7529	734856	5732852
四　川	16	9715	8910	841821	1766800
贵　州	6	2383	2096	151700	814799
云　南	4	1668	1619	187912	116890
西　藏					
陕　西	5	3266	3096	132202	96855
甘　肃	8	3945	3763	357443	263525
青　海	1	568	568	25000	21159
宁　夏	1	152	152	8000	135415
新　疆	7	3147	3022	764085	383527

2-12 商品交易市场成交情况(按摊位分)

地区	粮油、食品、饮料、烟酒类		粮油、食品类		#粮油类	
	摊位数(个)	成交额(万元)	摊位数(个)	成交额(万元)	摊位数(个)	成交额(万元)
全　国	**1070477**	**178614291**	**982788**	**165139006**	**82877**	**23907920**
东部地区	**682146**	**121789101**	**635184**	**113403314**	**46642**	**15750513**
北　京	36255	12318628	32784	11339544	3131	1416157
天　津	23399	5041590	22257	4714033	1507	1287216
河　北	130901	10277007	123367	9639332	7179	1052607
上　海	22239	6681821	21211	6458799	2722	1607474
江　苏	97483	20708054	89347	19050101	6022	2688574
浙　江	126241	24348355	119939	22680666	8090	3114429
福　建	28459	3839668	25638	3357914	1747	357056
山　东	158190	22574734	144987	20936948	10502	2299457
广　东	56378	15918555	53451	15155052	5582	1926133
海　南	2601	80689	2203	70925	160	1410
东北地区	**58658**	**10828938**	**54385**	**10434365**	**6034**	**1410009**
辽　宁	36437	6752711	34329	6454534	2537	575867
吉　林	10786	1185499	9647	1153099	2425	448830
黑龙江	11435	2890728	10409	2826732	1072	385312
中部地区	**173914**	**26629146**	**150987**	**23299540**	**18314**	**4284798**
山　西	6632	1389170	6245	1183392	713	169500
安　徽	31922	4782410	28444	4234525	3301	918884
江　西	22567	5767766	20463	5205897	1688	1346778
河　南	31423	4645745	26361	3897632	4790	1056370
湖　北	25874	4111169	22735	3813105	2491	255062
湖　南	55496	5932886	46739	4964989	5331	538204
西部地区	**155759**	**19367106**	**142232**	**18001787**	**11887**	**2462600**
内蒙古	11543	943189	11071	899083	1735	255628
广　西	23095	2390023	21676	2231931	1519	160565
重　庆	23447	5095146	21089	4712966	2414	410200
四　川	35218	3849146	33004	3688815	1970	360599
贵　州	4990	1441015	4017	1167903	596	435319
云　南	9509	1154434	8041	1108946	593	265453
西　藏						
陕　西	8579	1102572	6927	1050487	736	219107
甘　肃	21717	1183097	20073	1050594	888	196522
青　海	1109	129240	990	120409	423	69660
宁　夏	5268	383409	5014	358441	125	6207
新　疆	11284	1695835	10330	1612212	888	83340

2-12 续表 1

地区	#肉禽蛋类		#水产品类		#蔬菜类	
	摊位数(个)	成交额(万元)	摊位数(个)	成交额(万元)	摊位数(个)	成交额(万元)
全　国	**132833**	**22472132**	**146589**	**31655439**	**414909**	**47893846**
东部地区	**81805**	**15338499**	**114413**	**24011674**	**280032**	**32192165**
北　京	4711	1276957	4028	1690260	10271	3407247
天　津	1283	379176	2838	966161	13735	1134066
河　北	8031	1029786	4984	441436	83372	4944295
上　海	2988	788911	3856	1940954	8979	1078746
江　苏	17675	4004716	16534	4644539	32447	3870538
浙　江	17460	3227195	30229	5940411	43064	4774899
福　建	6060	649568	6311	859719	7003	810804
山　东	10599	980635	35648	4833522	63593	9015373
广　东	12473	2975030	9420	2667712	16833	3141384
海　南	525	26525	565	26960	735	14813
东北地区	**8363**	**1087210**	**7678**	**1907082**	**20044**	**3889641**
辽　宁	5159	738592	5941	1578188	13393	2461132
吉　林	1086	46007	546	19285	2997	336369
黑龙江	2118	302611	1191	309609	3654	1092140
中部地区	**24154**	**3020002**	**14788**	**3702539**	**55076**	**6477709**
山　西	193	40111	201	31971	3454	587683
安　徽	6082	939601	2650	704513	11068	917293
江　西	4256	742716	1522	301693	7231	1040396
河　南	1555	108993	2863	389784	10076	1781338
湖　北	3403	462387	3168	1305954	7764	656116
湖　南	8665	726194	4384	968624	15483	1494883
西部地区	**18511**	**3026421**	**9710**	**2034144**	**59757**	**5334331**
内蒙古	815	154996	696	23145	5706	324049
广　西	5397	671709	2086	85494	7276	456815
重　庆	3202	615917	2388	1255469	6462	712053
四　川	3493	770754	1896	273689	20170	1589714
贵　州	631	81858	78	6782	1188	164057
云　南	1831	176766	507	32759	3660	437512
西　藏						
陕　西	862	78308	505	19427	3762	661413
甘　肃	696	157332	615	134424	4018	214917
青　海	1	9	3	23	453	43617
宁　夏	473	83682	156	9216	3241	171745
新　疆	1110	235090	780	193716	3821	558439

2-12　续表 2

地　区	#干鲜果品类		饮料类		烟酒类	
	摊位数（个）	成交额（万元）	摊位数（个）	成交额（万元）	摊位数（个）	成交额（万元）
全　国	**147940**	**31606842**	**45275**	**6709931**	**42414**	**6765354**
东部地区	**89496**	**21569820**	**24478**	**4427452**	**22484**	**3958335**
北　京	7420	3078603	1601	379990	1870	599094
天　津	2765	657818	375	114948	767	212609
河　北	18027	1750389	3265	227935	4269	409740
上　海	1849	1008092	621	157412	407	65610
江　苏	12554	2591118	4344	937825	3792	720128
浙　江	16044	4700555	4563	1091556	1739	576133
福　建	2495	408080	2270	341131	551	140623
山　东	20257	3135573	5334	698557	7869	939229
广　东	7867	4238375	1948	474788	979	288715
海　南	218	1217	157	3310	241	6454
东北地区	**7355**	**1491257**	**2187**	**193143**	**2086**	**201430**
辽　宁	4032	518022	1050	148262	1058	149915
吉　林	1388	254412	616	19262	523	13138
黑龙江	1935	718823	521	25619	505	38377
中部地区	**29300**	**4611745**	**11307**	**1385448**	**11620**	**1944158**
山　西	1359	284179	57	9790	330	195988
安　徽	4246	639470	1931	292611	1547	255274
江　西	4280	1253496	988	236230	1116	325639
河　南	4757	401000	2622	359558	2440	388555
湖　北	4867	1007942	2290	211571	849	86493
湖　南	9791	1025658	3419	275688	5338	692209
西部地区	**21789**	**3934020**	**7303**	**703888**	**6224**	**661431**
内蒙古	1529	63811	150	6668	322	37438
广　西	2785	495184	721	118215	698	39877
重　庆	3879	1115554	1162	203294	1196	178886
四　川	4425	659976	1169	54547	1045	105784
贵　州	900	458833	588	136590	385	136522
云　南	1211	193201	897	30144	571	15344
西　藏						
陕　西	991	63055	1356	47913	296	4172
甘　肃	2318	319671	597	38118	1047	94385
青　海	87	2100	55	4004	64	4827
宁　夏	1002	87476	149	22825	105	2143
新　疆	2662	475159	459	41570	495	42053

2-12 续表 3

地 区	服装、鞋帽、针纺织品类		服装类		鞋帽类	
	摊位数（个）	成交额（万元）	摊位数（个）	成交额（万元）	摊位数（个）	成交额（万元）
全 国	**904542**	**111837355**	**552323**	**50681361**	**141054**	**12833395**
东部地区	**466947**	**80415433**	**262201**	**30983393**	**66228**	**7055760**
北 京	27945	878701	19854	546170	3249	125943
天 津	10042	701600	7364	575288	2220	109719
河 北	48880	7019414	30283	4363183	7502	932750
上 海	12495	1201963	9549	1057217	1208	24024
江 苏	85581	26640242	40018	6869325	14999	1736972
浙 江	119369	23263963	51296	7815331	13319	1355648
福 建	12636	2297851	10667	1823935	983	94274
山 东	80839	8102867	50740	4311015	13983	1329703
广 东	68276	10274923	41756	3591025	8581	1344002
海 南	884	33909	674	30904	184	2725
东北地区	**130551**	**10639557**	**81214**	**6549543**	**21154**	**1504548**
辽 宁	76651	8388455	45604	4811969	13679	1257181
吉 林	25759	973414	18838	781248	3074	95241
黑龙江	28141	1277688	16772	956326	4401	152126
中部地区	**157550**	**9948984**	**104734**	**5845110**	**28805**	**2126333**
山 西	15644	683830	12097	394628	2442	229350
安 徽	17280	1280457	10191	781274	3620	269145
江 西	14832	2204731	8953	1171799	2911	423809
河 南	40243	2616518	23450	1427719	9555	607692
湖 北	20258	978863	15513	648883	2594	217872
湖 南	49293	2184585	34530	1420807	7683	378465
西部地区	**149494**	**10833381**	**104174**	**7303315**	**24867**	**2146754**
内蒙古	13762	699108	8921	518196	2972	146168
广 西	22499	623044	16125	427290	2978	99438
重 庆	19559	2933019	11706	1488516	4147	856339
四 川	29857	2420982	22942	1898197	4126	347870
贵 州	6727	518109	4925	377321	1214	101196
云 南	16127	1574062	12305	1060811	2342	249267
西 藏						
陕 西	10179	421393	7081	188782	1448	155961
甘 肃	8539	585073	6894	528784	689	19404
青 海	2758	52454	1436	36242	560	6800
宁 夏	5321	100205	3114	56539	1141	17164
新 疆	14166	905932	8725	722637	3250	147147

2-12 续表 4

地 区	针纺织品类		化妆品类		金银珠宝类	
	摊位数（个）	成交额（万元）	摊位数（个）	成交额（万元）	摊位数（个）	成交额（万元）
全 国	**211165**	**48322599**	**27752**	**2482560**	**13205**	**3596592**
东部地区	**138518**	**42376280**	**12334**	**1387259**	**9633**	**3300178**
北 京	4842	206588	865	57903	703	38886
天 津	458	16593	306	25281	11	2454
河 北	11095	1723481	1610	283543	711	18008
上 海	1738	120722	47	3510	7	157
江 苏	30564	18033945	1691	203199	1490	500884
浙 江	54754	14092984	2023	313253	871	614230
福 建	986	379642	114	15678	1761	1094876
山 东	16116	2462149	3503	327367	1956	559162
广 东	17939	5339896	2127	156744	2123	471521
海 南	26	280	48	781		
东北地区	**28183**	**2585466**	**4075**	**327158**	**2343**	**96610**
辽 宁	17368	2319305	2182	264054	2019	56170
吉 林	3847	96925	626	16209	27	1656
黑龙江	6968	169236	1267	46895	297	38784
中部地区	**24011**	**1977541**	**6022**	**503243**	**781**	**133213**
山 西	1105	59852	259	25798	5	134
安 徽	3469	230038	882	77622	145	20326
江 西	2968	609123	916	121923	37	4141
河 南	7238	581107	1681	90418	381	93265
湖 北	2151	112108	594	82627	16	2529
湖 南	7080	385313	1690	104855	197	12818
西部地区	**20453**	**1383312**	**5321**	**264900**	**448**	**66591**
内蒙古	1869	34744	765	26622	71	36693
广 西	3396	96316	472	22963	34	481
重 庆	3706	588164	570	50002	9	3962
四 川	2789	174915	1130	20474	77	9804
贵 州	588	39592	60	16492		
云 南	1480	263984	435	23344	12	1039
西 藏						
陕 西	1650	76650	171	4102		
甘 肃	956	36885	526	53202	28	3789
青 海	762	9412	121	4630		
宁 夏	1066	26502	274	8656	42	385
新 疆	2191	36148	797	34413	175	10438

2-12 续表 5

地　区	日用品类		#洗涤用品类		#儿童玩具类	
	摊位数(个)	成交额(万元)	摊位数(个)	成交额(万元)	摊位数(个)	成交额(万元)
全　国	**178126**	**24357792**	**42521**	**4360571**	**28203**	**2757914**
东部地区	**116088**	**18718525**	**23489**	**2995520**	**19686**	**2185981**
北　京	12544	802934	3186	400500	1220	35723
天　津	1696	176104	225	33949	57	2621
河　北	16600	2641797	5216	1206164	10040	1241432
上　海	1763	2338489	130	50170	23	6374
江　苏	22138	2902717	4096	499828	1969	250651
浙　江	25975	5039804	4242	317851	2769	347795
福　建	1870	290744	417	99025	72	9454
山　东	19376	2431779	4673	281031	2252	119814
广　东	14080	2093037	1268	105947	1279	172052
海　南	46	1120	36	1055	5	65
东北地区	**18467**	**2138153**	**4930**	**183355**	**2181**	**105745**
辽　宁	12827	1950678	2571	125447	1415	75450
吉　林	2153	78947	340	11952	146	3732
黑龙江	3487	108528	2019	45956	620	26563
中部地区	**23858**	**2169234**	**8134**	**660515**	**4242**	**335783**
山　西	2227	326464	309	7994	263	4462
安　徽	2609	204247	773	100133	455	31161
江　西	3081	371557	1145	161415	634	103151
河　南	4869	222526	1906	74055	1421	59736
湖　北	3109	350722	706	118391	353	44432
湖　南	7963	693718	3295	198527	1116	92841
西部地区	**19713**	**1331880**	**5968**	**521181**	**2094**	**130405**
内蒙古	1370	123578	502	24159	182	4564
广　西	1142	43209	303	6693	194	4019
重　庆	4622	295695	1218	135358	393	45822
四　川	3175	195038	754	29766	291	10316
贵　州	1590	197331	298	157773	33	4223
云　南	2329	101389	432	12501	149	2879
西　藏						
陕　西	382	3922	112	1912	26	325
甘　肃	1200	233599	896	70639	186	41487
青　海	205	5460			20	2110
宁　夏	919	33199	150	5812	49	886
新　疆	2779	99460	1303	76568	571	13774

2-12 续表 6

地 区	五金、电料类		体育、娱乐用品类		书报杂志类	
	摊位数（个）	成交额（万元）	摊位数（个）	成交额（万元）	摊位数（个）	成交额（万元）
全 国	**98157**	**17666094**	**11860**	**1413270**	**5076**	**687950**
东部地区	**58017**	**13214711**	**6704**	**1068022**	**2150**	**310540**
北 京	1169	75460	1100	192947	242	19294
天 津	2932	1407625	64	8907	14	172
河 北	4085	982236	1336	347036	437	63034
上 海	3214	150085	186	29998	65	17135
江 苏	14400	3227486	697	49544	459	59558
浙 江	16868	4313787	1372	195965	127	34069
福 建	746	147421	56	1915	10	89
山 东	9622	1695397	1263	167209	648	69732
广 东	4976	1215104	625	74363	148	47457
海 南	5	110	5	138		
东北地区	**7628**	**539655**	**802**	**37168**	**808**	**111227**
辽 宁	4476	358793	621	22934	700	107177
吉 林	1624	51421	82	1853	70	2815
黑龙江	1528	129441	99	12381	38	1235
中部地区	**17023**	**2379859**	**2733**	**219904**	**1649**	**243947**
山 西	689	159578	102	2221	1	10
安 徽	2027	297804	364	21639	334	100887
江 西	1105	247251	158	8925	104	7061
河 南	4845	358679	882	43367	396	57486
湖 北	2526	289308	214	28069	300	11867
湖 南	5831	1027239	1013	115683	514	66636
西部地区	**15489**	**1531869**	**1621**	**88176**	**469**	**22236**
内蒙古	712	92888	302	12814	117	4420
广 西	1070	39041	119	8650	48	335
重 庆	4796	607848	304	9418	51	1051
四 川	3986	573694	144	9260	91	1401
贵 州	560	17382	5	368	3	67
云 南	957	52254	15	116	5	28
西 藏						
陕 西	358	22611	72	2834	8	114
甘 肃	1110	46997	380	31422	39	609
青 海	122	3911	24	1503		
宁 夏	197	6736	42	1010	30	12781
新 疆	1621	68507	214	10781	77	1430

2-12 续表 7

地　区	电子出版物及音像制品类		家用电器和音像器材类		中西药品类	
	摊位数（个）	成交额（万元）	摊位数（个）	成交额（万元）	摊位数（个）	成交额（万元）
全　国	**8249**	**1594565**	**32933**	**6888358**	**23736**	**5024141**
东部地区	**3307**	**1103641**	**15131**	**2530061**	**9620**	**1924258**
北　京	83	2482	1345	191046	26	1149
天　津	13	1568	173	18399	4	59
河　北	1140	937931	786	92685	6525	1013863
上　海	86	11312	334	100091	259	93438
江　苏	539	36151	2242	461652	105	383817
浙　江	154	28154	3726	494681	744	224342
福　建	55	4249	630	80187	131	26453
山　东	671	23406	3665	752389	1011	56021
广　东	566	58388	2227	338781	807	124866
海　南			3	150	8	250
东北地区	**1491**	**234751**	**2431**	**844059**	**1620**	**674037**
辽　宁	723	110100	1771	395859	325	212340
吉　林	600	85640	228	10920	1283	456341
黑龙江	168	39011	432	437280	12	5356
中部地区	**2342**	**207967**	**10213**	**2778895**	**9248**	**1377967**
山　西	18	1132	185	15071	1	230
安　徽	135	5962	2443	785979	4656	844229
江　西	199	11894	1639	289615	463	135270
河　南	647	24502	2350	539823	2938	194281
湖　北	188	2372	693	184206	54	21138
湖　南	1155	162105	2903	964201	1136	182819
西部地区	**1109**	**48206**	**5158**	**735343**	**3248**	**1047879**
内蒙古	107	1100	381	29802	290	50249
广　西	104	1432	469	18735	881	604153
重　庆	68	5582	1071	310809	80	7914
四　川	33	4914	383	50743	15	1043
贵　州	18	98	805	88632	105	2007
云　南	123	1310	95	1242	890	184864
西　藏						
陕　西	193	4660	260	31273	378	30006
甘　肃	234	15951	395	103927	312	24275
青　海			74	780	3	60
宁　夏	28	193	20	352	166	135565
新　疆	201	12966	1205	99048	128	7743

2-12 续表 8

地区	#西药类		#中草药及中成药类		文化办公用品类	
	摊位数（个）	成交额（万元）	摊位数（个）	成交额（万元）	摊位数（个）	成交额（万元）
全　国	**1130**	**136793**	**21420**	**4334184**	**62725**	**11287430**
东部地区	**364**	**48017**	**9181**	**1494227**	**34091**	**5930276**
北　京	11	610	11	197	5495	1091527
天　津	3	50			505	44385
河　北	91	12515	6432	1001347	2474	477178
上　海	3	438	256	93000	1379	295181
江　苏	53	9939	28	1540	4029	735925
浙　江	9	460	732	223656	8884	1520471
福　建	14	575	104	23783	1008	115207
山　东	132	17340	860	33088	4870	958014
广　东	40	5840	758	117616	5136	663458
海　南	8	250			311	28930
东北地区	**73**	**7780**	**1439**	**660334**	**6694**	**1562271**
辽　宁	42	5101	277	206698	3577	1009951
吉　林	24	953	1158	452417	1291	161002
黑龙江	7	1726	4	1219	1826	391318
中部地区	**357**	**48194**	**8031**	**1169990**	**12435**	**1987359**
山　西					642	34598
安　徽	40	18005	4602	821698	719	55495
江　西	18	7330	423	122138	1120	229575
河　南	156	5222	2760	187884	3184	426773
湖　北	15	8925	13	881	3235	492543
湖　南	128	8712	233	37389	3535	748375
西部地区	**336**	**32802**	**2769**	**1009633**	**9505**	**1807524**
内蒙古	60	2973	194	46230	720	132565
广　西	13	3839	826	599777	821	243121
重　庆	52	3489	27	2802	2036	897970
四　川	9	340	6	703	1117	138522
贵　州			105	2007	615	84645
云　南	43	1525	847	183339	28	402
西　藏						
陕　西			373	30000	2132	132469
甘　肃	106	15925	206	8350	525	86732
青　海					113	2873
宁　夏	10	119	156	135427	81	1625
新　疆	43	4592	29	998	1317	86600

2-12 续表 9

地　区	家具类		通讯器材类		煤炭及制品类	
	摊位数（个）	成交额（万元）	摊位数（个）	成交额（万元）	摊位数（个）	成交额（万元）
全　国	**80748**	**14676433**	**24325**	**2255731**	**2615**	**9030457**
东部地区	**45338**	**10016670**	**18546**	**1331575**	**1178**	**7270245**
北　京	4190	619120	897	198291	1	4
天　津	946	74376	81	32665	681	5612782
河　北	11187	3509419	775	122287	265	406741
上　海	2680	261175	1097	29816	10	11725
江　苏	11383	2083145	1415	77613	60	158310
浙　江	7019	2317066	2262	254564	75	1062870
福　建	371	44274	229	15377		
山　东	6872	1017590	845	80987	86	17813
广　东	690	90505	10945	519975		
海　南						
东北地区	**9102**	**952403**	**2315**	**353879**	**142**	**3781**
辽　宁	7592	687933	1526	245884	10	1181
吉　林	648	146604	735	66113	132	2600
黑龙江	862	117866	54	41882		
中部地区	**10980**	**1777585**	**1865**	**322677**	**202**	**403501**
山　西	279	28650	7	349	11	398011
安　徽	2270	536471	61	5474	8	300
江　西	2073	208803	144	42285		
河　南	2021	221829	239	11607	68	1034
湖　北	2270	411108	492	147640	98	2300
湖　南	2067	370724	922	115322	17	1856
西部地区	**15328**	**1929775**	**1599**	**247600**	**1093**	**1352930**
内蒙古	1254	146528	298	44980	105	1145546
广　西	1525	97291	51	10140	40	1410
重　庆	2923	1124320	779	168650	5	139
四　川	4684	216957	15	444		
贵　州	204	32142	13	800		
云　南	579	80104	23	250	9	138
西　藏						
陕　西	7	113	17	158		
甘　肃	1008	74355	52	5773	11	455
青　海	233	11385	3	21		
宁　夏	20	4519	54	209	712	36685
新　疆	2891	142061	294	16175	211	168557

2-12 续表 10

地 区	木材及制品类		石油及制品类		化工材料及制品类	
	摊位数（个）	成交额（万元）	摊位数（个）	成交额（万元）	摊位数（个）	成交额（万元）
全 国	**29288**	**7796536**	**1328**	**16068338**	**35657**	**28504309**
东部地区	**19419**	**6207820**	**672**	**11634540**	**27724**	**26932087**
北 京	864	35750			163	13816
天 津	427	181623	2	286	433	1223809
河 北	1039	178551	28	6209	8308	1439571
上 海	1429	294950	506	11620000	1101	896207
江 苏	5498	1101478	7	2114	5799	9030401
浙 江	3655	1275033			5357	9626396
福 建	383	47147	2	49	379	58151
山 东	5037	2640574	110	5354	3113	761995
广 东	1087	452714	17	528	3071	3881741
海 南						
东北地区	**1994**	**161842**	**202**	**4400030**	**1710**	**151675**
辽 宁	1608	137823	202	4400030	413	77139
吉 林	342	8412			1264	55156
黑 龙 江	44	15607			33	19380
中部地区	**5244**	**871330**	**245**	**16590**	**3811**	**479029**
山 西	216	21300			5	1423
安 徽	884	432141	10	492	773	199489
江 西	411	35887			315	26699
河 南	390	34791	33	694	1417	105990
湖 北	955	179942	17	800	303	30505
湖 南	2388	167269	185	14604	998	114923
西部地区	**2631**	**555544**	**209**	**17178**	**2412**	**941518**
内 蒙 古	218	239161	33	905	76	29888
广 西	413	100820	2	44	326	290274
重 庆	507	109834	4	3304	188	42296
四 川	191	17085			424	302524
贵 州	5	4			2	183
云 南	114	7720	1	600	129	53418
西 藏						
陕 西	109	4079				
甘 肃	152	32357			45	648
青 海			3	352		
宁 夏	153	15580	10	1936	23	1036
新 疆	769	28904	156	10037	1199	221251

2-12 续表 11

地　区	#化肥类		金属材料类		建筑及装潢材料类	
	摊位数(个)	成交额(万元)	摊位数(个)	成交额(万元)	摊位数(个)	成交额(万元)
全　国	**3737**	**963620**	**91882**	**159626542**	**198648**	**36333982**
东部地区	**1091**	**552122**	**59270**	**120201840**	**111856**	**24295090**
北　京			363	75328	4867	605157
天　津	5	3467	2587	9101742	2733	622454
河　北	313	127362	11389	3933984	6226	1114198
上　海	5	686	5435	34643673	13663	3092542
江　苏	267	173158	17190	33088782	33173	7031752
浙　江	2	53	14047	20675549	23836	4509521
福　建			346	1945121	2957	1923637
山　东	498	247386	5700	11882465	19994	4659381
广　东	1	10	2213	4855196	4407	736448
海　南						
东北地区	**1117**	**62870**	**8329**	**7720990**	**11712**	**1684158**
辽　宁	12	640	6369	5070688	6411	1180485
吉　林	1075	44630	843	143178	2577	270338
黑龙江	30	17600	1117	2507124	2724	233335
中部地区	**593**	**67333**	**10597**	**12860969**	**49329**	**5912642**
山　西			233	820455	2302	498606
安　徽	67	11610	2673	5544930	7217	714715
江　西	34	1663	1018	645020	6559	960899
河　南	323	17024	1683	1952781	5366	726875
湖　北	95	10853	3161	1682893	11290	1098770
湖　南	74	26183	1829	2214890	16595	1912777
西部地区	**936**	**281295**	**13686**	**18842743**	**25751**	**4442092**
内蒙古	69	29000	787	1432055	1482	461304
广　西	77	50961	1036	4028951	4115	450446
重　庆	74	4953	3315	7129096	5883	1661142
四　川			2198	1241517	4683	968843
贵　州			721	170066	1088	170123
云　南	73	28510	842	1465921	2608	229842
西　藏						
陕　西			10	38	1105	52660
甘　肃	30	462	1806	1051496	1534	174583
青　海					752	23843
宁　夏	18	593	1578	1079255	380	43370
新　疆	595	166816	1393	1244348	2121	205936

2-12 续表 12

地区	机电产品及设备类		#农机类		汽车类	
	摊位数(个)	成交额(万元)	摊位数(个)	成交额(万元)	摊位数(个)	成交额(万元)
全国	**50399**	**12418160**	**4950**	**1475132**	**69729**	**48269578**
东部地区	**27684**	**7764217**	**3360**	**1107521**	**44379**	**32510204**
北京	458	210574			4335	7098961
天津	60	12700			1162	2012927
河北	5727	1130721	2042	777478	13828	999897
上海	563	99368			1376	2348243
江苏	9081	2344292	426	40778	3659	3192057
浙江	6568	2348770	11	2700	6041	7488975
福建	106	6007			579	732349
山东	4052	1330721	697	230863	8567	3320870
广东	1069	281064	184	55702	4832	5315925
海南						
东北地区	**1940**	**154492**	**138**	**45092**	**6831**	**3346812**
辽宁	1088	89097	26	30150	2436	1775172
吉林	813	64472	112	14942	1975	1435066
黑龙江	39	923			2420	136574
中部地区	**8588**	**1657857**	**1004**	**212660**	**11597**	**8188983**
山西	139	72526			457	361152
安徽	1930	233852	238	10809	601	926681
江西	604	335969	181	57729	1375	575993
河南	1211	156584	321	82168	1938	1443602
湖北	537	74672	79	51515	2273	2459306
湖南	4167	784254	185	10439	4953	2422249
西部地区	**12187**	**2841594**	**448**	**109859**	**6922**	**4223579**
内蒙古	196	82687	65	35426	17	24950
广西	1636	197595			203	207304
重庆	3390	1294970	8	1019	2064	2078526
四川	3892	605067	10	2722	636	485819
贵州					716	137280
云南	235	27872	120	19808	1084	520764
西藏						
陕西					648	178470
甘肃	198	29916	2	432		
青海	34	1430			145	12000
宁夏	460	93688	169	40840	521	43329
新疆	2146	508369	74	9612	888	535137

2-12 续表 13

地　区	种子饲料类		棉麻类		其他类	
	摊位数（个）	成交额（万元）	摊位数（个）	成交额（万元）	摊位数（个）	成交额（万元）
全　国	**6952**	**1088724**	**5863**	**5406068**	**159093**	**20110047**
东部地区	**3630**	**586419**	**5307**	**5334241**	**96377**	**13893309**
北　京	3	128	86	900	6048	368519
天　津	33	17387	660	306044	1535	91709
河　北	2155	90750	26	2160	28837	4163361
上　海	3	197			3639	577661
江　苏	312	87153	771	1274090	13313	2162699
浙　江	216	57841	596	1921365	25138	3993376
福　建	197	231228			2363	421854
山　东	673	100998	3166	1829680	8799	1395264
广　东	38	737	2	2	6527	701923
海　南					178	16943
东北地区	**375**	**26204**	**34**	**2043**	**14643**	**1536054**
辽　宁	34	1336	8	69	9986	1363787
吉　林	255	11233	18	1720	3725	109722
黑龙江	86	13635	8	254	932	62545
中部地区	**1208**	**119341**	**343**	**63639**	**20574**	**2203663**
山　西	2	420			914	33356
安　徽	323	20787	45	3054	5191	277749
江　西	201	15503	111	2005	3924	129939
河　南	196	11696	151	54698	5113	1362317
湖　北	121	9580			581	34730
湖　南	365	61355	36	3882	4851	365572
西部地区	**1739**	**356760**	**179**	**6145**	**27499**	**2477021**
内蒙古	144	22558	69	1533	3855	542934
广　西	462	113345			1894	116443
重　庆	441	162290	14	1495	4444	585012
四　川	163	8006	17	1850	5993	396975
贵　州	2	4	33	371	430	19109
云　南	158	11949			4886	533369
西　藏						
陕　西	5	98			199	2839
甘　肃	9	254	9	163	1204	13022
青　海					285	58866
宁　夏	46	4110	9	289	1138	26679
新　疆	309	34146	28	444	3171	181773

（三）36城市

2-13 商品交易市场总体情况

地 区	市场数量（个）	总摊位数（个）	年末出租摊位数（个）	营业面积（平方米）	成交额（万元）
36城市合计	**1981**	**1389169**	**1247418**	**95009530**	**366787210**
北 京	135	129132	110047	6899092	24897505
天 津	81	56419	50499	5370229	26718648
石家庄	58	70772	60123	4779577	11800100
太 原	16	11662	11243	862195	1210976
呼和浩特	13	7679	7501	1203060	808830
沈 阳	64	63435	57025	2578457	14785438
大 连	48	37153	35373	1644486	11664384
长 春	30	28454	26047	1664129	3196785
哈尔滨	41	33647	31212	1591957	5873986
上 海	179	76560	73576	7847399	64798737
南 京	60	35985	34462	2827854	11306248
杭 州	156	80333	74355	4061684	32025518
宁 波	125	61084	56568	4390755	18429048
合 肥	37	24940	23044	2243946	8903660
福 州	58	18358	16962	1429011	6576085
厦 门	19	6335	6114	381698	1351396
南 昌	33	26609	25708	1389428	6068017
济 南	41	24552	23622	2521419	4570352
青 岛	67	53619	50959	5024486	10336431
郑 州	53	47058	42820	2782641	5532683
武 汉	75	37202	33777	2533146	6385225
长 沙	58	50984	40972	4463378	10667836
广 州	163	88870	77583	6724277	19561692
深 圳	32	30312	25916	830874	4235945
南 宁	31	19166	18149	1398998	4445562
海 口	2	710	710	68300	41054
重 庆	119	89250	80570	5860050	24579490
成 都	34	45966	41756	3099489	7395133
贵 阳	17	12463	12221	940337	2176053
昆 明	32	43003	29329	1937190	5382783
拉 萨					
西 安	27	14910	14287	512257	1375512
兰 州	26	16741	14986	1238854	3182805
西 宁	9	7314	5984	445015	308808
银 川	15	14595	11341	874817	1543649
乌鲁木齐	27	23897	22577	2589045	4650836

2-14 商品交易市场情况(按市场类别分)

(综合市场)

地区	市场数量(个)	总摊位数(个)	年末出租摊位数(个)	营业面积(平方米)	成交额(万元)
36城市总计	**442**	**453721**	**410342**	**21107259**	**69486139**
北京	40	55833	50398	2920497	11536457
天津	17	19499	17317	1382054	2578013
石家庄	15	37216	35990	1738590	4754976
太原	3	3275	3021	286000	243655
呼和浩特	1	1450	1387	15260	57297
沈阳	6	4570	3937	60085	329008
大连	25	25173	23921	914243	8219240
长春	7	7336	6710	215583	209223
哈尔滨	12	10306	9125	406600	1175093
上海	39	23408	22619	1229564	3435286
南京	23	16170	15328	868358	2784979
杭州	43	30494	27419	1049287	5463402
宁波	41	25630	24084	863878	4119425
合肥	2	4853	4853	346480	1562797
福州	19	6541	5586	263351	565668
厦门	7	3184	2963	157598	211950
南昌	7	14238	13812	335065	3467698
济南	8	6593	6286	396000	566884
青岛	11	9897	9163	831060	1637664
郑州	3	9923	9423	50486	53401
武汉	8	4950	4865	440989	429021
长沙	9	21536	12537	1205681	2489864
广州	17	12940	11397	365187	1095963
深圳	8	9945	7313	208484	1031917
南宁	6	4287	3809	146098	772321
海口	1	410	410	57800	12454
重庆	37	52313	46250	2061511	7020986
成都	5	10626	10127	340459	1155743
贵阳	1	395	298	27000	15520
昆明	3	2115	1845	107711	87300
拉萨					
西安	1	298	298	3800	11525
兰州	4	3578	3469	279908	746545
西宁	2	852	617	237853	68310
银川	4	2762	2762	96020	201996
乌鲁木齐	7	11125	11003	1198719	1374558

2-14　续表 1

(生产资料综合市场)

地　区	市场数量（个）	总摊位数（个）	年末出租摊位数（个）	营业面积（平方米）	成交额（万元）
36城市总计	**25**	**24917**	**24066**	**2694971**	**8101015**
北　京	1	280	258	7200	12649
天　津	1	426	426	65000	119935
石家庄					
太　原					
呼和浩特					
沈　阳					
大　连	4	1439	1432	67390	4592050
长　春					
哈尔滨					
上　海	4	6891	6891	699000	612140
南　京	1	795	749	66000	93800
杭　州	1	99	57	14616	107160
宁　波	2	961	961	59854	391587
合　肥					
福　州	1	92	92	30000	12438
厦　门					
南　昌					
济　南					
青　岛	1	110	110	30000	18500
郑　州					
武　汉	1	2011	2011	321100	214158
长　沙					
广　州					
深　圳					
南　宁	1	250	250	17608	276000
海　口					
重　庆	1	1600	1600	260000	619728
成　都	3	4765	4266	254000	482100
贵　阳					
昆　明					
拉　萨					
西　安					
兰　州					
西　宁	1	335	100	116203	50526
银　川					
乌鲁木齐	2	4863	4863	687000	498244

2-14 续表 2

(工业消费品综合市场)

地 区	市场数量(个)	总摊位数(个)	年末出租摊位数(个)	营业面积(平方米)	成交额(万元)
36城市总计	**112**	**169876**	**154671**	**6125687**	**17976464**
北 京	10	13392	11978	226422	811684
天 津	3	7104	6640	162635	441139
石家庄	10	24150	22949	1312313	3871407
太 原	2	1925	1671	66000	33655
呼和浩特	1	1450	1387	15260	57297
沈 阳	2	2346	1893	22193	98179
大 连	12	11163	10108	292253	584047
长 春	3	4736	4110	171800	129554
哈尔滨	6	6095	4914	200800	209898
上 海	3	1406	1339	24900	147657
南 京	5	2274	2256	82664	310075
杭 州	6	9330	8971	290050	776696
宁 波	5	7208	6942	432333	1184512
合 肥	1	3080	3080	160000	302546
福 州	1	862	483	153400	20156
厦 门					
南 昌	3	10935	10732	218560	2352063
济 南	5	4623	4588	140000	174191
青 岛	5	6261	6003	477060	1094925
郑 州	1	1450	950	36000	13281
武 汉	1	286	286	7000	11397
长 沙	4	6791	6656	273381	1312375
广 州	8	5464	4558	169873	657413
深 圳	2	5715	3148	145534	64153
南 宁					
海 口					
重 庆	9	25383	22582	788348	2640141
成 都	1	4241	4241	12000	73643
贵 阳					
昆 明					
拉 萨					
西 安					
兰 州	2	1730	1730	204908	537405
西 宁					
银 川	1	476	476	40000	66975
乌鲁木齐					

2-14 续表 3

（农产品综合市场）

地　　区	市场数量（个）	总摊位数（个）	年末出租摊位数（个）	营业面积（平方米）	成交额（万元）
36城市总计	**228**	**171970**	**150522**	**8247655**	**30789552**
北　　京	21	23882	21748	2212381	7769169
天　　津	7	7725	6068	710788	1430894
石 家 庄	4	10456	10441	373177	855037
太　　原	1	1350	1350	220000	210000
呼和浩特					
沈　　阳	2	917	915	11960	186373
大　　连	7	4857	4857	181600	543135
长　　春	2	1804	1804	35195	57755
哈 尔 滨	4	1748	1748	169800	862611
上　　海	26	10989	10418	366206	2189144
南　　京	14	8607	8126	477146	1531595
杭　　州	29	13459	12127	327681	1933835
宁　　波	31	16090	15136	342446	2095070
合　　肥	1	1773	1773	186480	1260251
福　　州	15	5132	4569	69251	510816
厦　　门	5	2275	2159	54000	141087
南　　昌	3	2571	2348	108905	1089538
济　　南	2	1570	1542	176000	383743
青　　岛	3	2130	1808	144000	458641
郑　　州	1	643	643	10000	15002
武　　汉	4	1800	1715	51300	48270
长　　沙	3	13533	4669	893800	1086768
广　　州	8	6961	6361	191334	422428
深　　圳	4	3085	3020	39900	933195
南　　宁	4	2537	2228	98470	413438
海　　口					
重　　庆	18	17393	14459	482620	2921957
成　　都	1	1620	1620	74459	600000
贵　　阳					
昆　　明	1	766	765	11772	35000
拉　　萨					
西　　安	1	298	298	3800	11525
兰　　州	1	1000	891	10000	17140
西　　宁					
银　　川	2	1526	1526	31020	32101
乌鲁木齐	3	3473	3390	182164	744034

2-14 续表 4

(其他综合市场)

地 区	市场数量 (个)	总摊位数 (个)	年末出租摊位数 (个)	营业面积 (平方米)	成交额 (万元)
36城市总计	**77**	**86958**	**81083**	**4038946**	**12619108**
北 京	8	18279	16414	474494	2942955
天 津	6	4244	4183	443631	586045
石家庄	1	2610	2600	53100	28532
太 原					
呼和浩特					
沈 阳	2	1307	1129	25932	44456
大 连	2	7714	7524	373000	2500008
长 春	2	796	796	8588	21914
哈尔滨	2	2463	2463	36000	102584
上 海	6	4122	3971	139458	486345
南 京	3	4494	4197	242548	849509
杭 州	7	7606	6264	416940	2645711
宁 波	3	1371	1045	29245	448256
合 肥					
福 州	2	455	442	10700	22258
厦 门	2	909	804	103598	70863
南 昌	1	732	732	7600	26097
济 南	1	400	156	80000	8950
青 岛	2	1396	1242	180000	65598
郑 州	1	7830	7830	4486	25118
武 汉	2	853	853	61589	155196
长 沙	2	1212	1212	38500	90721
广 州	1	515	478	3980	16122
深 圳	2	1145	1145	23050	34569
南 宁	1	1500	1331	30020	82883
海 口	1	410	410	57800	12454
重 庆	9	7937	7609	530543	839160
成 都					
贵 阳	1	395	298	27000	15520
昆 明	2	1349	1080	95939	52300
拉 萨					
西 安					
兰 州	1	848	848	65000	192000
西 宁	1	517	517	121650	17784
银 川	1	760	760	25000	102920
乌鲁木齐	2	2789	2750	329555	132280

2-14　续表 5

(专业市场)

地　区	市场数量（个）	总摊位数（个）	年末出租摊位数（个）	营业面积（平方米）	成交额（万元）
36城市总计	**1539**	**935448**	**837076**	**73902271**	**297301071**
北　京	95	73299	59649	3978595	13361048
天　津	64	36920	33182	3988175	24140635
石家庄	43	33556	24133	3040987	7045124
太　原	13	8387	8222	576195	967321
呼和浩特	12	6229	6114	1187800	751533
沈　阳	58	58865	53088	2518372	14456430
大　连	23	11980	11452	730243	3445144
长　春	23	21118	19337	1448546	2987562
哈尔滨	29	23341	22087	1185357	4698893
上　海	140	53152	50957	6617835	61363451
南　京	37	19815	19134	1959496	8521269
杭　州	113	49839	46936	3012397	26562116
宁　波	84	35454	32484	3526877	14309623
合　肥	35	20087	18191	1897466	7340863
福　州	39	11817	11376	1165660	6010417
厦　门	12	3151	3151	224100	1139446
南　昌	26	12371	11896	1054363	2600319
济　南	33	17959	17336	2125419	4003468
青　岛	56	43722	41796	4193426	8698767
郑　州	50	37135	33397	2732155	5479282
武　汉	67	32252	28912	2092157	5956204
长　沙	49	29448	28435	3257697	8177972
广　州	146	75930	66186	6359090	18465729
深　圳	24	20367	18603	622390	3204028
南　宁	25	14879	14340	1252900	3673241
海　口	1	300	300	10500	28600
重　庆	82	36937	34320	3798539	17558504
成　都	29	35340	31629	2759030	6239390
贵　阳	16	12068	11923	913337	2160533
昆　明	29	40888	27484	1829479	5295483
拉　萨					
西　安	26	14612	13989	508457	1363987
兰　州	22	13163	11517	958946	2436260
西　宁	7	6462	5367	207162	240498
银　川	11	11833	8579	778797	1341653
乌鲁木齐	20	12772	11574	1390326	3276278

2-14 续表 6

(生产资料市场)

地　区	市场数量(个)	总摊位数(个)	年末出租摊位数(个)	营业面积(平方米)	成交额(万元)
36城市总计	**296**	**112845**	**105007**	**22157688**	**141411302**
北　京	11	3839	3445	281791	544795
天　津	24	6114	5859	1731452	16568531
石家庄	5	1903	1903	829916	516837
太　原	1	170	140	111800	566000
呼和浩特					
沈　阳	12	6067	5288	660264	4413299
大　连	3	563	521	97422	221279
长　春	6	4155	3839	524000	367550
哈尔滨	4	983	939	447000	2925470
上　海	47	13931	13549	4120778	49955511
南　京	7	4104	4001	527735	5318000
杭　州	25	8448	8005	481988	13944921
宁　波	24	8949	8563	2216378	9888180
合　肥	5	2870	2338	439233	4281702
福　州	5	760	575	236794	2643951
厦　门	1	287	287	48000	42271
南　昌	6	2793	2769	198745	1142991
济　南	5	1645	1564	244400	274900
青　岛	9	3058	2710	1533960	2227209
郑　州	1	48	48	6800	10000
武　汉	10	3103	2979	326300	1414274
长　沙	15	8348	7916	1590682	2945967
广　州	9	2840	1903	775746	2448451
深　圳	1	106	91	50000	11705
南　宁	8	2729	2729	622160	2568671
海　口					
重　庆	25	9732	8756	1562711	8785707
成　都	6	6872	6009	846658	1803219
贵　阳	3	723	715	158000	170050
昆　明	5	1023	1009	395795	1543361
拉　萨					
西　安	1	706	706	16300	33200
兰　州	5	1983	1902	182800	1111766
西　宁					
银　川	4	1988	1988	325797	1133717
乌鲁木齐	3	2005	1961	566283	1587817

2-14 续表 7

(农业生产用具市场)

地 区	市场数量 (个)	总摊位数 (个)	年末出租摊位数 (个)	营业面积 (平方米)	成交额 (万元)
36城市总计	**7**	**1485**	**997**	**257163**	**275829**
北 京					
天 津					
石家庄	1	13	13	35000	20125
太 原					
呼和浩特					
沈 阳					
大 连					
长 春					
哈尔滨					
上 海					
南 京					
杭 州					
宁 波					
合 肥	1	811	353	37163	12938
福 州					
厦 门					
南 昌	1	80	78	8000	30774
济 南					
青 岛	2	240	212	129000	96710
郑 州					
武 汉	1	163	163	26000	59306
长 沙					
广 州					
深 圳					
南 宁					
海 口					
重 庆					
成 都					
贵 阳					
昆 明					
拉 萨					
西 安					
兰 州					
西 宁					
银 川	1	178	178	22000	55976
乌鲁木齐					

2-14 续表 8

(农用生产资料市场)

地　区	市场数量（个）	总摊位数（个）	年末出租摊位数（个）	营业面积（平方米）	成交额（万元）
36城市总计	**6**	**1072**	**1072**	**117280**	**375513**
北　京					
天　津					
石家庄					
太　原					
呼和浩特					
沈　阳					
大　连					
长　春					
哈尔滨					
上　海					
南　京					
杭　州					
宁　波	2	199	199	8380	49342
合　肥					
福　州					
厦　门					
南　昌					
济　南					
青　岛					
郑　州					
武　汉					
长　沙					
广　州					
深　圳					
南　宁	3	483	483	68900	166171
海　口					
重　庆	1	390	390	40000	160000
成　都					
贵　阳					
昆　明					
拉　萨					
西　安					
兰　州					
西　宁					
银　川					
乌鲁木齐					

2-14 续表 9

(煤炭市场)

地 区	市场数量(个)	总摊位数(个)	年末出租摊位数(个)	营业面积(平方米)	成交额(万元)
36城市总计	**6**	**760**	**760**	**519853**	**6664507**
北 京					
天 津	4	681	681	113000	5612782
石家庄					
太 原					
呼和浩特					
沈 阳					
大 连					
长 春					
哈尔滨					
上 海	1	10	10	1500	11725
南 京					
杭 州					
宁 波	1	69	69	405353	1040000
合 肥					
福 州					
厦 门					
南 昌					
济 南					
青 岛					
郑 州					
武 汉					
长 沙					
广 州					
深 圳					
南 宁					
海 口					
重 庆					
成 都					
贵 阳					
昆 明					
拉 萨					
西 安					
兰 州					
西 宁					
银 川					
乌鲁木齐					

2-14 续表 10

(木材市场)

地　区	市场数量(个)	总摊位数(个)	年末出租摊位数(个)	营业面积(平方米)	成交额(万元)
36城市总计	**16**	**4901**	**4365**	**488423**	**737198**
北　京	1	600	600	40000	13366
天　津					
石家庄					
太　原					
呼和浩特					
沈　阳	1	200	200	2800	35200
大　连					
长　春					
哈尔滨					
上　海	5	331	326	117396	161933
南　京	1	864	785	8800	88740
杭　州	2	239	239	35000	60493
宁　波	1	414	275	22000	60000
合　肥					
福　州					
厦　门					
南　昌					
济　南					
青　岛	1	550	550	78000	34107
郑　州					
武　汉					
长　沙	1	680	680	24427	19998
广　州	1	667	414	70000	241156
深　圳	1	106	91	50000	11705
南　宁					
海　口					
重　庆	1	250	205	40000	10500
成　都					
贵　阳					
昆　明					
拉　萨					
西　安					
兰　州					
西　宁					
银　川					
乌鲁木齐					

2-14 续表 11

(建材市场)

地　区	市场数量(个)	总摊位数(个)	年末出租摊位数(个)	营业面积(平方米)	成交额(万元)
36城市总计	**71**	**31077**	**29495**	**6798057**	**9116200**
北　京	6	2304	2003	164000	227962
天　津	3	2267	2267	643492	698447
石家庄	1	220	220	3200	16000
太　原					
呼和浩特					
沈　阳	3	764	517	91421	428786
大　连					
长　春	3	706	706	345000	89206
哈尔滨					
上　海	12	5022	4982	3088971	2473263
南　京	4	1955	1936	304135	658060
杭　州	4	1480	1323	109151	277535
宁　波	4	1598	1570	281330	263069
合　肥	2	920	846	140429	54550
福　州	2	428	243	105158	901866
厦　门					
南　昌	3	2014	1992	137824	513472
济　南	2	938	927	95000	171000
青　岛	2	1108	1028	392960	265040
郑　州					
武　汉	1	260	260	5000	12300
长　沙	8	3844	3834	178955	510706
广　州	1	810	428	172889	180200
深　圳					
南　宁	1	300	300	30000	118500
海　口					
重　庆	5	1695	1669	233742	565875
成　都	1	1485	1485	240000	600000
贵　阳					
昆　明	1	215	215	9500	24000
拉　萨					
西　安	1	706	706	16300	33200
兰　州	1	38	38	9600	33163
西　宁					
银　川					
乌鲁木齐					

2-14 续表 12

(化工材料及制品市场)

地　　区	市场数量(个)	总摊位数(个)	年末出租摊位数(个)	营业面积(平方米)	成交额(万元)
36城市总计	**18**	**6582**	**6125**	**664577**	**8174220**
北　　京					
天　　津	3	406	401	17382	1193236
石 家 庄					
太　　原					
呼和浩特					
沈　　阳					
大　　连	1	120	120	8459	15125
长　　春					
哈 尔 滨					
上　　海	2	964	964	20000	881400
南　　京					
杭　　州					
宁　　波	4	3067	3067	479625	5550300
合　　肥					
福　　州	1	110	110	13000	38852
厦　　门					
南　　昌					
济　　南					
青　　岛					
郑　　州	1	48	48	6800	10000
武　　汉					
长　　沙	2	1152	730	60600	70763
广　　州	2	282	252	11657	55804
深　　圳					
南　　宁					
海　　口					
重　　庆					
成　　都	1	366	366	23374	300000
贵　　阳					
昆　　明	1	67	67	23680	58740
拉　　萨					
西　　安					
兰　　州					
西　　宁					
银　　川					
乌鲁木齐					

2-14 续表 13

(金属材料市场)

地　　区	市场数量(个)	总摊位数(个)	年末出租摊位数(个)	营业面积(平方米)	成交额(万元)
36城市总计	**128**	**43021**	**40353**	**10843414**	**100555508**
北　　京	2	278	267	24235	47895
天　　津	14	2760	2510	957578	9064066
石 家 庄	1	110	110	201716	53530
太　　原	1	170	140	111800	566000
呼和浩特					
沈　　阳	7	4555	4289	562500	3903065
大　　连	1	175	133	80000	186154
长　　春					
哈 尔 滨	3	833	799	327000	2863270
上　　海	20	5360	5139	756703	34681713
南　　京	2	1285	1280	214800	4571200
杭　　州	14	4236	4039	259612	13139752
宁　　波	11	3247	3028	989690	2885457
合　　肥	2	1139	1139	261641	4214214
福　　州	2	222	222	118636	1703233
厦　　门					
南　　昌	2	699	699	52921	598745
济　　南	3	707	637	149400	103900
青　　岛	3	980	740	910000	1818352
郑　　州					
武　　汉	8	2680	2556	295300	1342668
长　　沙	1	1032	1032	1080000	2048000
广　　州	4	751	605	504200	1944302
深　　圳					
南　　宁	2	746	746	460260	2103000
海　　口					
重　　庆	9	3830	3193	677969	7338344
成　　都	2	1450	1420	448284	486516
贵　　阳	3	723	715	158000	170050
昆　　明	3	741	727	362615	1460621
拉　　萨					
西　　安					
兰　　州	4	1945	1864	173200	1078603
西　　宁					
银　　川	2	1514	1514	269071	1045041
乌鲁木齐	2	853	810	436283	1137817

2-14　续表 14

(机械设备市场)

地　区	市场数量(个)	总摊位数(个)	年末出租摊位数(个)	营业面积(平方米)	成交额(万元)
36城市总计	**27**	**15258**	**14083**	**1546614**	**2868797**
北　京	1	377	300	33000	199000
天　津					
石家庄	1	800	800	190000	76994
太　原					
呼和浩特					
沈　阳					
大　连	1	268	268	8963	20000
长　春					
哈尔滨					
上　海	1	309	309	39000	13989
南　京					
杭　州	5	2493	2404	78225	467141
宁　波	1	355	355	30000	40012
合　肥					
福　州					
厦　门					
南　昌					
济　南					
青　岛	1	180	180	24000	13000
郑　州					
武　汉					
长　沙	3	1640	1640	246700	296500
广　州	1	330	204	17000	26989
深　圳					
南　宁	2	1200	1200	63000	181000
海　口					
重　庆	6	2287	2238	517000	634769
成　都	2	3571	2738	135000	416703
贵　阳					
昆　明					
拉　萨					
西　安					
兰　州					
西　宁					
银　川	1	296	296	34726	32700
乌鲁木齐	1	1152	1151	130000	450000

2-14 续表 15

（其他生产资料市场）

地　区	市场数量（个）	总摊位数（个）	年末出租摊位数（个）	营业面积（平方米）	成交额（万元）
36城市总计	**17**	**8689**	**7757**	**922307**	**12643530**
北　京	1	280	275	20556	56572
天　津					
石家庄	1	760	760	400000	350188
太　原					
呼和浩特					
沈　阳	1	548	282	3543	46248
大　连					
长　春	3	3449	3133	179000	278344
哈尔滨	1	150	140	120000	62200
上　海	6	1935	1819	97208	11731488
南　京					
杭　州					
宁　波					
合　肥					
福　州					
厦　门	1	287	287	48000	42271
南　昌					
济　南					
青　岛					
郑　州					
武　汉					
长　沙					
广　州					
深　圳					
南　宁					
海　口					
重　庆	3	1280	1061	54000	76219
成　都					
贵　阳					
昆　明					
拉　萨					
西　安					
兰　州					
西　宁					
银　川					
乌鲁木齐					

2-14 续表 16

(农产品市场)

地　区	市场数量 (个)	总摊位数 (个)	年末出租摊位数 (个)	营业面积 (平方米)	成交额 (万元)
36城市总计	**330**	**191023**	**164189**	**13554503**	**45428688**
北　京	18	21055	11118	899915	2771722
天　津	16	16731	14621	886501	3282845
石家庄	15	7224	6987	402957	955537
太　原	2	225	180	24000	79000
呼和浩特	3	787	787	980700	215407
沈　阳	14	7847	6299	387817	2525601
大　连	9	4434	4214	252980	926751
长　春	3	2417	2332	254900	289749
哈尔滨	2	104	104	15944	280928
上　海	32	11150	10491	606314	4146956
南　京	11	3603	3116	349750	1375116
杭　州	18	7201	7190	291268	2593220
宁　波	19	13102	11793	445573	1801446
合　肥	7	3905	2837	465175	624888
福　州	5	2463	2433	269628	214513
厦　门	9	2749	2749	147100	775277
南　昌	4	1313	1216	79000	306100
济　南	8	4224	4133	636370	1156528
青　岛	21	25077	24583	1717315	3522166
郑　州	12	5747	5588	615909	1548805
武　汉	11	6063	4977	223722	1876074
长　沙	5	2241	1978	290945	787050
广　州	26	6959	5750	671289	3881900
深　圳	10	4709	4291	143116	2047204
南　宁	3	3060	2851	128151	486155
海　口					
重　庆	14	7206	6435	388923	1826762
成　都	6	5802	4478	852402	1596989
贵　阳	2	782	782	97200	746911
昆　明	5	2677	2665	262493	954476
拉　萨					
西　安	5	2095	1984	145394	526768
兰　州	6	3366	1811	150271	665983
西　宁	2	2528	1488	139200	137750
银　川	1	1100	1100	35000	108588
乌鲁木齐	6	1077	828	297281	393523

2-14 续表 17

(粮油市场)

地 区	市场数量（个）	总摊位数（个）	年末出租摊位数（个）	营业面积（平方米）	成交额（万元）
36城市总计	**48**	**14557**	**12434**	**1507671**	**6639037**
北 京	3	1641	1475	160000	678978
天 津	3	487	487	119309	990225
石家庄	2	279	274	64900	170589
太 原	1	145	145	17000	64000
呼和浩特					
沈 阳	1	277	277	37000	192600
大 连					
长 春					
哈尔滨	1	77	77	8604	107437
上 海	5	2289	2027	139700	1311085
南 京	2	168	168	28000	303234
杭 州	4	682	682	24060	367156
宁 波	2	218	218	35000	201530
合 肥	3	2500	1490	343600	280705
福 州	1	268	238	30900	47500
厦 门					
南 昌					
济 南					
青 岛	3	335	307	214071	302762
郑 州	3	699	640	19700	87593
武 汉					
长 沙					
广 州	5	1626	1260	126000	492112
深 圳					
南 宁					
海 口					
重 庆	1	1000	1000	8000	66960
成 都	1	196	190	2000	10200
贵 阳	1	234	234	7200	290000
昆 明	1	22	22	4931	195739
拉 萨					
西 安	1	230	230	5496	200000
兰 州	2	475	460	63000	178972
西 宁	1	528	423	39200	69660
银 川					
乌鲁木齐	1	181	110	10000	30000

2-14 续表 18

(肉禽蛋市场)

地　区	市场数量(个)	总摊位数(个)	年末出租摊位数(个)	营业面积(平方米)	成交额(万元)
36城市总计	**55**	**17832**	**15514**	**1807553**	**4552947**
北　京	2	594	340	30901	49143
天　津	1	485	485	100000	38200
石家庄	3	475	462	28700	242700
太　原					
呼和浩特	1	110	110	10000	12150
沈　阳	2	383	290	8917	112768
大　连	1	927	927	108000	189989
长　春					
哈尔滨	1	27	27	7340	173491
上　海	6	880	813	40857	208195
南　京	2	412	412	13400	363709
杭　州	5	635	635	110080	730764
宁　波	1	243	243	12500	126593
合　肥	3	1319	1261	94228	318183
福　州	1	1161	1161	204149	47003
厦　门	1	106	106	3200	107282
南　昌	3	403	384	36000	168100
济　南					
青　岛	2	280	205	23500	27352
郑　州					
武　汉	2	351	201	90000	186731
长　沙					
广　州	6	1272	1001	103830	542107
深　圳	1	485	484	6000	8940
南　宁	1	2430	2336	60000	321137
海　口					
重　庆	5	2689	2120	37320	125172
成　都	2	1920	1266	555000	305442
贵　阳					
昆　明	1	160	160	40890	46000
拉　萨					
西　安					
兰　州					
西　宁					
银　川					
乌鲁木齐	2	85	85	82741	101796

2-14 续表 19

(水产品市场)

地 区	市场数量（个）	总摊位数（个）	年末出租摊位数（个）	营业面积（平方米）	成交额（万元）
36城市总计	**66**	**46847**	**41536**	**1948082**	**12354885**
北 京	3	2074	1898	85000	917262
天 津	4	3805	1695	103960	525627
石家庄	1	300	300	7000	33872
太 原					
呼和浩特					
沈 阳	3	929	829	99000	647434
大 连	3	775	775	38200	503572
长 春					
哈尔滨					
上 海	5	2718	2478	204200	1585515
南 京	3	2395	1932	274000	607729
杭 州	1	1072	1072	20000	297592
宁 波	9	9088	8554	208240	754731
合 肥					
福 州	2	718	718	31579	102254
厦 门	1	205	205	20000	92165
南 昌	1	910	832	43000	138000
济 南	2	1250	1200	38000	710000
青 岛	4	11047	11045	323822	1359892
郑 州	4	1391	1391	114800	313800
武 汉	3	3261	2325	76447	1444560
长 沙	1	313	300	13340	220000
广 州	8	1548	1243	59391	605701
深 圳	2	818	698	30000	128447
南 宁	1	500	420	2100	20018
海 口					
重 庆	3	1241	1137	149603	1243703
成 都					
贵 阳					
昆 明					
拉 萨					
西 安					
兰 州	1	89	89	1200	11011
西 宁					
银 川					
乌鲁木齐	1	400	400	5200	92000

2-14　续表 20

(蔬菜市场)

地　区	市场数量 (个)	总摊位数 (个)	年末出租摊位数 (个)	营业面积 (平方米)	成交额 (万元)
36城市总计	**74**	**69215**	**56579**	**4969535**	**10111548**
北　京	5	10046	2417	190400	327762
天　津	6	10810	10810	417006	582915
石家庄	4	4995	4995	252357	381229
太　原					
呼和浩特	2	677	677	970700	203257
沈　阳	3	2572	2572	109000	1389760
大　连					
长　春	1	1500	1500	165000	130000
哈尔滨					
上　海	7	2775	2707	125812	561865
南　京	4	628	604	34350	100444
杭　州	4	3677	3666	54428	488655
宁　波	4	1863	1088	109733	298064
合　肥					
福　州					
厦　门	3	1082	1082	90400	379275
南　昌					
济　南	4	1830	1800	298570	257806
青　岛	8	11502	11133	1000322	1391842
郑　州	3	2750	2650	311409	1029412
武　汉	2	1191	1191	19900	27914
长　沙	1	1000	1000	133000	500100
广　州	3	1114	959	81783	80359
深　圳					
南　宁	1	130	95	66051	145000
海　口					
重　庆	1	200	200	18000	69746
成　都	1	1300	636	160000	730000
贵　阳					
昆　明	1	1075	1063	106672	365237
拉　萨					
西　安	2	1230	1119	93642	284228
兰　州	1	1800	260	10000	100000
西　宁	1	2000	1065	100000	68090
银　川	1	1100	1100	35000	108588
乌鲁木齐	1	368	190	16000	110000

2-14　续表 21

（干鲜果品市场）

地　区	市场数量（个）	总摊位数（个）	年末出租摊位数（个）	营业面积（平方米）	成交额（万元）
36城市总计	**42**	**16942**	**14625**	**1893895**	**5504107**
北　京	2	2690	1150	255000	84900
天　津					
石家庄	3	555	406	19000	88335
太　原	1	80	35	7000	15000
呼和浩特					
沈　阳	1	500	500	40000	65187
大　连	2	560	340	38500	35821
长　春	1	317	317	25000	144480
哈尔滨					
上　海	3	557	556	43927	334033
南　京					
杭　州	4	1135	1135	82700	709053
宁　波	1	900	900	50000	136528
合　肥	1	86	86	27347	26000
福　州					
厦　门	1	101	101	15000	47961
南　昌					
济　南	1	1100	1100	100000	170000
青　岛	2	423	423	128600	141390
郑　州	2	907	907	170000	118000
武　汉	2	672	672	22375	146662
长　沙	3	928	678	144605	66950
广　州	4	1399	1287	300285	2161621
深　圳					
南　宁					
海　口					
重　庆	2	1076	1076	103500	187932
成　都	1	908	908	100000	88803
贵　阳	1	548	548	90000	456911
昆　明	1	520	520	50000	160000
拉　萨					
西　安	2	635	635	46256	42540
兰　州	1	345	345	34800	76000
西　宁					
银　川					
乌鲁木齐					

2-14 续表 22

(棉麻土畜、烟叶市场)

地　区	市场数量(个)	总摊位数(个)	年末出租摊位数(个)	营业面积(平方米)	成交额(万元)
36城市总计	**4**	**1254**	**1043**	**241800**	**464465**
北　京					
天　津	1	650	650	20000	305578
石家庄					
太　原					
呼和浩特					
沈　阳	1	400	200	12000	39200
大　连					
长　春					
哈尔滨					
上　海					
南　京					
杭　州					
宁　波	1	160	160	10000	100965
合　肥					
福　州					
厦　门					
南　昌					
济　南	1	44	33	199800	18722
青　岛					
郑　州					
武　汉					
长　沙					
广　州					
深　圳					
南　宁					
海　口					
重　庆					
成　都					
贵　阳					
昆　明					
拉　萨					
西　安					
兰　州					
西　宁					
银　川					
乌鲁木齐					

2-14 续表 23

(其他农产品市场)

地 区	市场数量(个)	总摊位数(个)	年末出租摊位数(个)	营业面积(平方米)	成交额(万元)
36城市总计	**41**	**24376**	**22458**	**1185967**	**5801699**
北 京	3	4010	3838	178614	713677
天 津	1	494	494	126226	840300
石家庄	2	620	550	31000	38812
太 原					
呼和浩特					
沈 阳	3	2786	1631	81900	78652
大 连	3	2172	2172	68280	197369
长 春	1	600	515	64900	15269
哈尔滨					
上 海	6	1931	1910	51818	146263
南 京					
杭 州					
宁 波	1	630	630	20100	183035
合 肥					
福 州	1	316	316	3000	17756
厦 门	3	1255	1255	18500	148594
南 昌					
济 南					
青 岛	2	1490	1470	27000	298928
郑 州					
武 汉	2	588	588	15000	70207
长 沙					
广 州					
深 圳	7	3406	3109	107116	1909817
南 宁					
海 口					
重 庆	2	1000	902	72500	133249
成 都	1	1478	1478	35402	462544
贵 阳					
昆 明	1	900	900	60000	187500
拉 萨					
西 安					
兰 州	1	657	657	41271	300000
西 宁					
银 川					
乌鲁木齐	1	43	43	183340	59727

2-14 续表 24

(食品、饮料及烟酒市场)

地　区	市场数量(个)	总摊位数(个)	年末出租摊位数(个)	营业面积(平方米)	成交额(万元)
36城市总计	**46**	**21690**	**19115**	**919697**	**3402779**
北　京	1	150	120	8000	20859
天　津	5	3072	2697	76800	364879
石家庄					
太　原					
呼和浩特					
沈　阳	1	1551	1380	12234	268000
大　连					
长　春	1	98	98	1300	13959
哈尔滨	1	737	737	20000	83085
上　海	2	679	670	27000	212757
南　京					
杭　州	5	1100	1064	174123	564543
宁　波	2	1805	1492	20000	201186
合　肥	1	150	110	32320	8532
福　州	1	55	55	2000	12307
厦　门					
南　昌					
济　南	2	802	802	86000	179400
青　岛	1	330	198	17000	259914
郑　州	3	3180	1780	111000	58000
武　汉	5	811	751	35799	89044
长　沙	1	255	255	8360	13780
广　州	4	1332	1331	117250	183046
深　圳	1	1570	1570	28335	28785
南　宁	2	247	247	12700	88400
海　口					
重　庆	3	1257	1249	27089	192992
成　都					
贵　阳	1	940	940	21256	486470
昆　明	1	360	360	24982	18605
拉　萨					
西　安	1	986	986	50000	36236
兰　州					
西　宁	1	223	223	6149	18000
银　川					
乌鲁木齐					

2-14 续表 25

(食品饮料市场)

地 区	市场数量（个）	总摊位数（个）	年末出租摊位数（个）	营业面积（平方米）	成交额（万元）
36城市总计	**17**	**12500**	**10278**	**330558**	**1306759**
北 京					
天 津	4	2793	2418	68800	346984
石 家 庄					
太 原					
呼和浩特					
沈 阳	1	1551	1380	12234	268000
大 连					
长 春					
哈 尔 滨	1	737	737	20000	83085
上 海					
南 京					
杭 州	1	208	208	5100	190000
宁 波	1	655	387	3000	98506
合 肥					
福 州					
厦 门					
南 昌					
济 南					
青 岛					
郑 州	2	3000	1600	108000	45000
武 汉	2	423	423	18000	40650
长 沙					
广 州	1	306	306	40000	12757
深 圳	1	1570	1570	28335	28785
南 宁					
海 口					
重 庆	3	1257	1249	27089	192992
成 都					
贵 阳					
昆 明					
拉 萨					
西 安					
兰 州					
西 宁					
银 川					
乌鲁木齐					

2-14　续表 26

(茶叶市场)

地　区	市场数量 (个)	总摊位数 (个)	年末出租摊位数 (个)	营业面积 (平方米)	成交额 (万元)
36城市总计	**16**	**4363**	**4310**	**299950**	**668712**
北　京	1	150	120	8000	20859
天　津					
石家庄					
太　原					
呼和浩特					
沈　阳					
大　连					
长　春					
哈尔滨					
上　海	1	290	281	15000	34380
南　京					
杭　州	3	492	479	36000	101641
宁　波					
合　肥					
福　州	1	55	55	2000	12307
厦　门					
南　昌					
济　南	2	802	802	86000	179400
青　岛					
郑　州	1	180	180	3000	13000
武　汉	1	135	135	10000	12200
长　沙					
广　州	3	1026	1025	77250	170289
深　圳					
南　宁	2	247	247	12700	88400
海　口					
重　庆					
成　都					
贵　阳					
昆　明					
拉　萨					
西　安	1	986	986	50000	36236
兰　州					
西　宁					
银　川					
乌鲁木齐					

2-14　续表 27

(烟酒市场)

地　　区	市场数量（个）	总摊位数（个）	年末出租摊位数（个）	营业面积（平方米）	成交额（万元）
36城市总计	**3**	**735**	**563**	**57680**	**282226**
北　　京					
天　　津					
石 家 庄					
太　　原					
呼和浩特					
沈　　阳					
大　　连					
长　　春					
哈 尔 滨					
上　　海					
南　　京					
杭　　州					
宁　　波					
合　　肥	1	150	110	32320	8532
福　　州					
厦　　门					
南　　昌					
济　　南					
青　　岛	1	330	198	17000	259914
郑　　州					
武　　汉					
长　　沙	1	255	255	8360	13780
广　　州					
深　　圳					
南　　宁					
海　　口					
重　　庆					
成　　都					
贵　　阳					
昆　　明					
拉　　萨					
西　　安					
兰　　州					
西　　宁					
银　　川					
乌鲁木齐					

2-14 续表 28

(其他食品饮料及烟酒市场)

地 区	市场数量(个)	总摊位数(个)	年末出租摊位数(个)	营业面积(平方米)	成交额(万元)
36城市总计	**10**	**4092**	**3964**	**231509**	**1145082**
北 京					
天 津	1	279	279	8000	17895
石家庄					
太 原					
呼和浩特					
沈 阳					
大 连					
长 春	1	98	98	1300	13959
哈尔滨					
上 海	1	389	389	12000	178377
南 京					
杭 州	1	400	377	133023	272902
宁 波	1	1150	1105	17000	102680
合 肥					
福 州					
厦 门					
南 昌					
济 南					
青 岛					
郑 州					
武 汉	2	253	193	7799	36194
长 沙					
广 州					
深 圳					
南 宁					
海 口					
重 庆					
成 都					
贵 阳	1	940	940	21256	486470
昆 明	1	360	360	24982	18605
拉 萨					
西 安					
兰 州					
西 宁	1	223	223	6149	18000
银 川					
乌鲁木齐					

2-14 续表 29

（纺织、服装、鞋帽市场）

地 区	市场数量（个）	总摊位数（个）	年末出租摊位数（个）	营业面积（平方米）	成交额（万元）
36城市总计	**240**	**320873**	**283700**	**9319061**	**34425224**
北 京	13	17221	16616	476306	353169
天 津	6	4204	4204	130549	450748
石家庄	4	18208	9504	833000	4452200
太 原	3	5620	5530	142395	134521
呼和浩特	3	3009	2989	44500	106056
沈 阳	12	29531	27657	668071	4572874
大 连	2	3038	3038	30800	179602
长 春	7	9983	9486	226900	501977
哈尔滨	13	17134	15988	385017	810171
上 海	14	11713	11409	305957	1191469
南 京	2	3700	3700	80537	491544
杭 州	17	14987	14263	443105	3853055
宁 波	6	4510	4212	126760	693096
合 肥	2	3824	3624	174000	314000
福 州	8	2889	2854	149388	730672
厦 门					
南 昌	2	1008	994	39734	27655
济 南	6	6536	6500	428476	634451
青 岛	7	9844	9211	247180	1540979
郑 州	9	15238	14035	336160	474199
武 汉	14	11632	11130	592600	548346
长 沙	4	3963	3963	116000	127878
广 州	45	38310	32112	1045327	5867537
深 圳					
南 宁	4	5594	5370	107310	72114
海 口					
重 庆	4	2473	2362	141470	728333
成 都	7	14283	13229	304307	1644090
贵 阳	1	6900	6807	266411	526736
昆 明	2	24500	15953	503897	1625500
拉 萨					
西 安	9	7361	6972	209133	399440
兰 州	3	5110	5110	448640	436000
西 宁	2	2998	2943	22813	51589
银 川	3	7713	4863	110000	49291
乌鲁木齐	6	7839	7072	182318	835932

2-14 续表 30

(布料及纺织品市场)

地　区	市场数量（个）	总摊位数（个）	年末出租摊位数（个）	营业面积（平方米）	成交额（万元）
36城市总计	**26**	**31414**	**25025**	**904649**	**5702902**
北　京	2	950	510	36600	23100
天　津					
石家庄	1	1750	1712	8000	310290
太　原					
呼和浩特					
沈　阳					
大　连					
长　春	1	1680	1680	16000	11090
哈尔滨	2	3104	2881	78137	40995
上　海					
南　京					
杭　州	4	2623	2107	191009	1937140
宁　波	1	1640	1640	35700	293160
合　肥	1	2300	2100	91000	43000
福　州					
厦　门					
南　昌					
济　南					
青　岛	1	354	348	20000	156165
郑　州	3	2281	1901	95900	57792
武　汉	3	1099	1099	11363	36778
长　沙					
广　州	4	12273	7687	268300	2712392
深　圳					
南　宁					
海　口					
重　庆					
成　都					
贵　阳					
昆　明					
拉　萨					
西　安	2	1100	1100	26000	70000
兰　州	1	260	260	26640	11000
西　宁					
银　川					
乌鲁木齐					

2-14　续表 31

(服装市场)

地　　区	市场数量(个)	总摊位数(个)	年末出租摊位数(个)	营业面积(平方米)	成交额(万元)
36城市总计	**165**	**222842**	**194788**	**6920941**	**20631463**
北　　京	10	15191	15026	419706	308515
天　　津	4	3338	3338	98318	428824
石 家 庄	2	15800	7134	810000	4097010
太　　原	1	4980	4890	117895	43531
呼和浩特	2	2531	2511	41500	95336
沈　　阳	8	10242	9218	291070	463260
大　　连					
长　　春	5	7773	7548	191900	476941
哈 尔 滨	10	12630	11707	286880	747376
上　　海	12	9353	9049	195957	1010015
南　　京	1	1617	1617	33537	106530
杭　　州	13	12364	12156	252096	1915915
宁　　波	4	2515	2296	87260	369598
合　　肥	1	1524	1524	83000	271000
福　　州	7	2601	2566	144359	716472
厦　　门					
南　　昌	1	508	508	17234	15365
济　　南	4	5806	5806	389500	487953
青　　岛	3	8100	7503	184660	1275776
郑　　州	5	8234	8234	145260	399079
武　　汉	6	9222	8952	529837	396318
长　　沙	4	3963	3963	116000	127878
广　　州	34	20508	19144	580125	2055240
深　　圳					
南　　宁	4	5594	5370	107310	72114
海　　口					
重　　庆	1	370	345	9000	18000
成　　都	6	7400	6346	265600	1224090
贵　　阳	1	6900	6807	266411	526736
昆　　明	2	24500	15953	503897	1625500
拉　　萨					
西　　安	6	5193	4804	154333	169440
兰　　州	2	4850	4850	422000	425000
西　　宁					
银　　川	1	4390	1540	70000	9726
乌鲁木齐	5	4845	4083	106296	752925

2-14　续表 32

(鞋帽市场)

地　　区	市场数量(个)	总摊位数(个)	年末出租摊位数(个)	营业面积(平方米)	成交额(万元)
36城市总计	**25**	**15425**	**14050**	**506988**	**2456533**
北　　京					
天　　津	1	613	613	25000	10000
石 家 庄					
太　　原	2	640	640	24500	90990
呼和浩特					
沈　　阳	2	2750	1900	16500	294700
大　　连					
长　　春					
哈 尔 滨	1	1400	1400	20000	21800
上　　海					
南　　京					
杭　　州					
宁　　波					
合　　肥					
福　　州	1	288	288	5029	14200
厦　　门					
南　　昌	1	500	486	22500	12290
济　　南	2	730	694	38976	146498
青　　岛	2	530	500	21020	76878
郑　　州					
武　　汉	5	1311	1079	51400	115250
长　　沙					
广　　州	6	5029	4816	173263	1088927
深　　圳					
南　　宁					
海　　口					
重　　庆	1	566	566	80000	425000
成　　都					
贵　　阳					
昆　　明					
拉　　萨					
西　　安	1	1068	1068	28800	160000
兰　　州					
西　　宁					
银　　川					
乌鲁木齐					

2-14　续表 33

（其他纺织服装鞋帽市场）

地　区	市场数量（个）	总摊位数（个）	年末出租摊位数（个）	营业面积（平方米）	成交额（万元）
36城市总计	**24**	**51192**	**49837**	**986483**	**5634326**
北　京	1	1080	1080	20000	21554
天　津	1	253	253	7231	11924
石家庄	1	658	658	15000	44900
太　原					
呼和浩特	1	478	478	3000	10720
沈　阳	2	16539	16539	360501	3814914
大　连	2	3038	3038	30800	179602
长　春	1	530	258	19000	13946
哈尔滨					
上　海	2	2360	2360	110000	181454
南　京	1	2083	2083	47000	385014
杭　州					
宁　波	1	355	276	3800	30338
合　肥					
福　州					
厦　门					
南　昌					
济　南					
青　岛	1	860	860	21500	32160
郑　州	1	4723	3900	95000	17328
武　汉					
长　沙					
广　州	1	500	465	23639	10978
深　圳					
南　宁					
海　口					
重　庆	2	1537	1451	52470	285333
成　都	1	6883	6883	38707	420000
贵　阳					
昆　明					
拉　萨					
西　安					
兰　州					
西　宁	2	2998	2943	22813	51589
银　川	2	3323	3323	40000	39565
乌鲁木齐	1	2994	2989	76022	83007

2-14 续表 34

(日用品及文化用品市场)

地 区	市场数量(个)	总摊位数(个)	年末出租摊位数(个)	营业面积(平方米)	成交额(万元)
36城市总计	**57**	**32248**	**30201**	**1564782**	**6833139**
北 京	5	8945	7806	200723	433199
天 津					
石家庄					
太 原					
呼和浩特	1	718	646	41000	116512
沈 阳	2	2308	2255	46900	149771
大 连	2	733	733	61900	813000
长 春					
哈尔滨	1	400	400	10000	50200
上 海	2	94	89	7500	2177775
南 京	2	800	800	20000	40713
杭 州	2	208	208	14500	30525
宁 波					
合 肥	1	129	129	6886	11000
福 州	2	247	238	16000	145578
厦 门					
南 昌					
济 南					
青 岛	1	185	185	9000	15750
郑 州	4	705	685	66158	106400
武 汉	6	1810	1810	168902	399417
长 沙	4	685	682	49500	196281
广 州	19	13141	12401	826557	2076324
深 圳					
南 宁					
海 口					
重 庆	3	1140	1134	19256	70694
成 都					
贵 阳					
昆 明					
拉 萨					
西 安					
兰 州					
西 宁					
银 川					
乌鲁木齐					

2-14 续表 35

(小商品市场)

地 区	市场数量(个)	总摊位数(个)	年末出租摊位数(个)	营业面积(平方米)	成交额(万元)
36城市总计	**17**	**14736**	**13583**	**382339**	**913319**
北 京	3	7663	6834	129223	259591
天 津					
石家庄					
太 原					
呼和浩特	1	718	646	41000	116512
沈 阳					
大 连					
长 春					
哈尔滨					
上 海					
南 京					
杭 州					
宁 波					
合 肥					
福 州	2	247	238	16000	145578
厦 门					
南 昌					
济 南					
青 岛					
郑 州					
武 汉					
长 沙					
广 州	10	5950	5713	192100	361588
深 圳					
南 宁					
海 口					
重 庆	1	158	152	4016	30050
成 都					
贵 阳					
昆 明					
拉 萨					
西 安					
兰 州					
西 宁					
银 川					
乌鲁木齐					

2-14 续表 36

(箱包市场)

地 区	市场数量(个)	总摊位数(个)	年末出租摊位数(个)	营业面积(平方米)	成交额(万元)
36城市总计	**4**	**4350**	**3975**	**558200**	**1505048**
北 京					
天 津					
石 家 庄					
太 原					
呼和浩特					
沈 阳					
大 连					
长 春					
哈 尔 滨					
上 海					
南 京					
杭 州					
宁 波					
合 肥					
福 州					
厦 门					
南 昌					
济 南					
青 岛					
郑 州	2	250	230	8200	26400
武 汉	1	500	500	50000	110000
长 沙					
广 州	1	3600	3245	500000	1368648
深 圳					
南 宁					
海 口					
重 庆					
成 都					
贵 阳					
昆 明					
拉 萨					
西 安					
兰 州					
西 宁					
银 川					
乌鲁木齐					

2-14　续表 37

(文具市场)

地　区	市场数量 (个)	总摊位数 (个)	年末出租摊位数 (个)	营业面积 (平方米)	成交额 (万元)
36城市总计	**4**	**1575**	**1155**	**92843**	**240040**
北　京	1	1070	760	64500	154797
天　津					
石家庄					
太　原					
呼和浩特					
沈　阳					
大　连					
长　春					
哈尔滨					
上　海					
南　京					
杭　州					
宁　波					
合　肥					
福　州					
厦　门					
南　昌					
济　南					
青　岛					
郑　州					
武　汉					
长　沙	1	80	80	13000	35020
广　州	2	425	315	15343	50223
深　圳					
南　宁					
海　口					
重　庆					
成　都					
贵　阳					
昆　明					
拉　萨					
西　安					
兰　州					
西　宁					
银　川					
乌鲁木齐					

2-14 续表 38

(图书、报刊杂志市场)

地 区	市场数量 (个)	总摊位数 (个)	年末出租摊位数 (个)	营业面积 (平方米)	成交额 (万元)
36城市总计	**10**	**1652**	**1647**	**86589**	**297828**
北 京	1	212	212	7000	18811
天 津					
石家庄					
太 原					
呼和浩特					
沈 阳					
大 连	1	83	83	6900	13000
长 春					
哈尔滨					
上 海	1	51	46	2500	16200
南 京	1	88	88	5000	28713
杭 州	1	91	91	10000	20360
宁 波					
合 肥					
福 州					
厦 门					
南 昌					
济 南					
青 岛	1	185	185	9000	15750
郑 州	1	152	152	16000	50000
武 汉	1	277	277	4100	11000
长 沙	1	423	423	13100	80061
广 州	1	90	90	12989	43933
深 圳					
南 宁					
海 口					
重 庆					
成 都					
贵 阳					
昆 明					
拉 萨					
西 安					
兰 州					
西 宁					
银 川					
乌鲁木齐					

2-14 续表 39

(音像制品及电子出版物市场)

地 区	市场数量(个)	总摊位数(个)	年末出租摊位数(个)	营业面积(平方米)	成交额(万元)
36城市总计	**2**	**503**	**481**	**21000**	**75200**
北 京					
天 津					
石家庄					
太 原					
呼和浩特					
沈 阳					
大 连					
长 春					
哈尔滨	1	400	400	10000	50200
上 海					
南 京					
杭 州					
宁 波					
合 肥					
福 州					
厦 门					
南 昌					
济 南					
青 岛					
郑 州					
武 汉					
长 沙					
广 州	1	103	81	11000	25000
深 圳					
南 宁					
海 口					
重 庆					
成 都					
贵 阳					
昆 明					
拉 萨					
西 安					
兰 州					
西 宁					
银 川					
乌鲁木齐					

2-14 续表 40

(体育用品市场)

地　区	市场数量(个)	总摊位数(个)	年末出租摊位数(个)	营业面积(平方米)	成交额(万元)
36城市总计	**1**	**80**	**80**	**6700**	**13000**
北　京					
天　津					
石家庄					
太　原					
呼和浩特					
沈　阳					
大　连					
长　春					
哈尔滨					
上　海					
南　京					
杭　州					
宁　波					
合　肥					
福　州					
厦　门					
南　昌					
济　南					
青　岛					
郑　州					
武　汉					
长　沙					
广　州	1	80	80	6700	13000
深　圳					
南　宁					
海　口					
重　庆					
成　都					
贵　阳					
昆　明					
拉　萨					
西　安					
兰　州					
西　宁					
银　川					
乌鲁木齐					

2-14 续表 41

(其他日用品及文化用品市场)

地 区	市场数量 (个)	总摊位数 (个)	年末出租摊位数 (个)	营业面积 (平方米)	成交额 (万元)
36城市总计	**19**	**9352**	**9280**	**417111**	**3788704**
北 京					
天 津					
石 家 庄					
太 原					
呼和浩特					
沈 阳	2	2308	2255	46900	149771
大 连	1	650	650	55000	800000
长 春					
哈 尔 滨					
上 海	1	43	43	5000	2161575
南 京	1	712	712	15000	12000
杭 州	1	117	117	4500	10165
宁 波					
合 肥	1	129	129	6886	11000
福 州					
厦 门					
南 昌					
济 南					
青 岛					
郑 州	1	303	303	41958	30000
武 汉	4	1033	1033	114802	278417
长 沙	2	182	179	23400	81200
广 州	3	2893	2877	88425	213932
深 圳					
南 宁					
海 口					
重 庆	2	982	982	15240	40644
成 都					
贵 阳					
昆 明					
拉 萨					
西 安					
兰 州					
西 宁					
银 川					
乌鲁木齐					

2-14 续表 42

(黄金、珠宝、玉器等首饰市场)

地　区	市场数量（个）	总摊位数（个）	年末出租摊位数（个）	营业面积（平方米）	成交额（万元）
36城市总计	**7**	**4034**	**3849**	**238360**	**1573121**
北　京	1	848	848	28000	49500
天　津					
石家庄					
太　原					
呼和浩特					
沈　阳					
大　连					
长　春					
哈尔滨					
上　海					
南　京					
杭　州					
宁　波					
合　肥					
福　州	3	1503	1503	24360	1065871
厦　门					
南　昌					
济　南					
青　岛	2	1577	1392	180000	447750
郑　州	1	106	106	6000	10000
武　汉					
长　沙					
广　州					
深　圳					
南　宁					
海　口					
重　庆					
成　都					
贵　阳					
昆　明					
拉　萨					
西　安					
兰　州					
西　宁					
银　川					
乌鲁木齐					

2-14 续表 43

（电器、通讯器材、电子设备市场）

地 区	市场数量（个）	总摊位数（个）	年末出租摊位数（个）	营业面积（平方米）	成交额（万元）
36城市总计	**108**	**56620**	**53338**	**1796033**	**8802805**
北 京	10	5633	4869	141130	1080985
天 津					
石 家 庄	2	359	344	54000	55411
太 原	2	440	440	18000	28000
呼和浩特	1	240	235	12000	37785
沈 阳	2	1298	1007	54000	226366
大 连					
长 春	2	1139	1139	4930	252649
哈 尔 滨	1	1000	980	50000	320000
上 海	7	2904	2904	82128	449087
南 京	1	248	248	4743	54450
杭 州	8	2650	2571	100293	407412
宁 波	3	1210	1002	44000	89338
合 肥	1	3902	3902	40000	892383
福 州	3	1364	1256	58000	166122
厦 门					
南 昌	5	1638	1599	72294	259078
济 南	2	639	637	23500	279074
青 岛	3	1179	1129	54000	275214
郑 州	1	2047	2047	260000	360542
武 汉	6	1897	1877	76000	405709
长 沙	6	1984	1905	54000	388682
广 州	10	2870	2770	96844	578821
深 圳	8	13623	12318	193739	580499
南 宁	1	595	595	20259	180000
海 口	1	300	300	10500	28600
重 庆	7	2299	2280	125013	1031810
成 都	3	1105	945	30000	109173
贵 阳	3	511	511	27350	45597
昆 明					
拉 萨					
西 安	6	2334	2328	68700	160293
兰 州	1	450	450	9500	14400
西 宁					
银 川					
乌鲁木齐	2	762	750	11110	45325

2-14 续表 44

(家电市场)

地 区	市场数量(个)	总摊位数(个)	年末出租摊位数(个)	营业面积(平方米)	成交额(万元)
36城市总计	**20**	**9790**	**9114**	**321875**	**1684689**
北 京					
天 津					
石家庄					
太 原					
呼和浩特					
沈 阳	1	728	500	24000	16366
大 连					
长 春					
哈尔滨					
上 海	1	230	230	20000	87547
南 京					
杭 州	2	339	336	38000	85799
宁 波	1	680	483	27000	62983
合 肥	1	3902	3902	40000	892383
福 州					
厦 门					
南 昌	2	1239	1229	53994	61995
济 南					
青 岛	1	145	126	9000	11800
郑 州					
武 汉	1	160	160	10000	130700
长 沙	1	76	76	4000	17800
广 州	4	819	787	38050	149145
深 圳	1	598	417	10081	20257
南 宁					
海 口					
重 庆	2	403	403	23000	100663
成 都					
贵 阳	1	315	315	20750	20000
昆 明					
拉 萨					
西 安	1	156	150	4000	27251
兰 州					
西 宁					
银 川					
乌鲁木齐					

2-14 续表 45

（通讯器材市场）

地 区	市场数量（个）	总摊位数（个）	年末出租摊位数（个）	营业面积（平方米）	成交额（万元）
36城市总计	**18**	**11740**	**11613**	**272391**	**943825**
北 京					
天 津					
石家庄	2	359	344	54000	55411
太 原					
呼和浩特	1	240	235	12000	37785
沈 阳	1	570	507	30000	210000
大 连					
长 春	1	400	400	2130	11525
哈尔滨					
上 海	1	958	958	17000	11833
南 京					
杭 州	1	300	300	6000	27271
宁 波					
合 肥					
福 州					
厦 门					
南 昌	1	31	31	4000	14888
济 南					
青 岛					
郑 州					
武 汉	1	392	392	21000	141430
长 沙	2	247	205	2000	22200
广 州					
深 圳	5	7620	7620	106248	354098
南 宁					
海 口					
重 庆	2	623	621	18013	57384
成 都					
贵 阳					
昆 明					
拉 萨					
西 安					
兰 州					
西 宁					
银 川					
乌鲁木齐					

2-14 续表 46

(照相、摄像器材市场)

地 区	市场数量 (个)	总摊位数 (个)	年末出租摊位数 (个)	营业面积 (平方米)	成交额 (万元)
36城市总计	**2**	**449**	**449**	**15600**	**43373**
北 京	1	285	285	11000	13800
天 津					
石家庄					
太 原					
呼和浩特					
沈 阳					
大 连					
长 春					
哈尔滨					
上 海	1	164	164	4600	29573
南 京					
杭 州					
宁 波					
合 肥					
福 州					
厦 门					
南 昌					
济 南					
青 岛					
郑 州					
武 汉					
长 沙					
广 州					
深 圳					
南 宁					
海 口					
重 庆					
成 都					
贵 阳					
昆 明					
拉 萨					
西 安					
兰 州					
西 宁					
银 川					
乌鲁木齐					

2-14 续表 47

(计算机及辅助设备市场)

地　区	市场数量（个）	总摊位数（个）	年末出租摊位数（个）	营业面积（平方米）	成交额（万元）
36城市总计	**60**	**26678**	**25446**	**1041871**	**5508885**
北　京	7	4543	3839	112930	931395
天　津					
石家庄					
太　原	2	440	440	18000	28000
呼和浩特					
沈　阳					
大　连					
长　春	1	739	739	2800	241124
哈尔滨	1	1000	980	50000	320000
上　海	4	1552	1552	40528	320134
南　京	1	248	248	4743	54450
杭　州	5	2011	1935	56293	294342
宁　波	2	530	519	17000	26355
合　肥					
福　州	3	1364	1256	58000	166122
厦　门					
南　昌	1	100	80	4700	10114
济　南	2	639	637	23500	279074
青　岛	2	1034	1003	45000	263414
郑　州	1	2047	2047	260000	360542
武　汉	4	1345	1325	45000	133579
长　沙	3	1661	1624	48000	348682
广　州	5	1223	1192	40208	392248
深　圳					
南　宁	1	595	595	20259	180000
海　口	1	300	300	10500	28600
重　庆	2	1066	1066	72000	817573
成　都	3	1105	945	30000	109173
贵　阳	2	196	196	6600	25597
昆　明					
拉　萨					
西　安	5	2178	2178	64700	133042
兰　州					
西　宁					
银　川					
乌鲁木齐	2	762	750	11110	45325

2-14 续表 48

(其他电器、通讯器材、电子设备市场)

地 区	市场数量(个)	总摊位数(个)	年末出租摊位数(个)	营业面积(平方米)	成交额(万元)
36城市总计	**8**	**7963**	**6716**	**144296**	**622033**
北 京	2	805	745	17200	135790
天 津					
石家庄					
太 原					
呼和浩特					
沈 阳					
大 连					
长 春					
哈尔滨					
上 海					
南 京					
杭 州					
宁 波					
合 肥					
福 州					
厦 门					
南 昌	1	268	259	9600	172081
济 南					
青 岛					
郑 州					
武 汉					
长 沙					
广 州	1	828	791	18586	37428
深 圳	2	5405	4281	77410	206144
南 宁					
海 口					
重 庆	1	207	190	12000	56190
成 都					
贵 阳					
昆 明					
拉 萨					
西 安					
兰 州	1	450	450	9500	14400
西 宁					
银 川					
乌鲁木齐					

2-14 续表 49

(医药、医疗用品及器材市场)

地 区	市场数量（个）	总摊位数（个）	年末出租摊位数（个）	营业面积（平方米）	成交额（万元）
36城市总计	**5**	**1792**	**1458**	**42677**	**221637**
北 京					
天 津					
石家庄					
太 原					
呼和浩特					
沈 阳					
大 连					
长 春					
哈尔滨					
上 海	1	317	256	7800	93000
南 京					
杭 州					
宁 波					
合 肥					
福 州					
厦 门					
南 昌					
济 南					
青 岛					
郑 州					
武 汉					
长 沙					
广 州	1	438	291	4971	17937
深 圳					
南 宁					
海 口					
重 庆					
成 都					
贵 阳					
昆 明	1	547	538	15906	80700
拉 萨					
西 安	2	490	373	14000	30000
兰 州					
西 宁					
银 川					
乌鲁木齐					

2-14 续表 50

(中药材市场)

地 区	市场数量(个)	总摊位数(个)	年末出租摊位数(个)	营业面积(平方米)	成交额(万元)
36城市总计	**5**	**1792**	**1458**	**42677**	**221637**
北 京					
天 津					
石家庄					
太 原					
呼和浩特					
沈 阳					
大 连					
长 春					
哈尔滨					
上 海	1	317	256	7800	93000
南 京					
杭 州					
宁 波					
合 肥					
福 州					
厦 门					
南 昌					
济 南					
青 岛					
郑 州					
武 汉					
长 沙					
广 州	1	438	291	4971	17937
深 圳					
南 宁					
海 口					
重 庆					
成 都					
贵 阳					
昆 明	1	547	538	15906	80700
拉 萨					
西 安	2	490	373	14000	30000
兰 州					
西 宁					
银 川					
乌鲁木齐					

2-14 续表 51

(家具、五金及装饰材料市场)

地 区	市场数量 (个)	总摊位数 (个)	年末出租摊位数 (个)	营业面积 (平方米)	成交额 (万元)
36城市总计	**244**	**119634**	**111755**	**13737657**	**16032807**
北 京	18	7364	6959	932107	954185
天 津	9	5042	4051	987873	1481485
石家庄	13	5011	4564	655114	733606
太 原	4	1506	1506	210000	142800
呼和浩特	4	1475	1457	109600	275773
沈 阳	9	7058	6514	400296	830063
大 连	5	2702	2496	157141	114512
长 春	3	1200	1200	154946	194428
哈尔滨	6	2083	2039	232396	203965
上 海	15	9125	8466	1134251	426464
南 京	9	7029	6964	864970	982039
杭 州	20	8921	8315	967952	1134660
宁 波	17	4312	3897	501830	588656
合 肥	11	2910	2857	481890	371478
福 州	7	1768	1716	351779	785904
厦 门					
南 昌	4	3507	3376	468090	289909
济 南	3	707	705	128000	85381
青 岛	7	2039	1968	327471	180474
郑 州	7	5850	5025	672840	349589
武 汉	9	5801	4517	414892	424454
长 沙	6	5240	5235	605240	1646020
广 州	8	3465	3183	219395	268253
深 圳	1	214	214	26000	11000
南 宁	5	2466	2360	268000	96682
海 口					
重 庆	18	9449	9081	992307	2181187
成 都	5	6205	6004	640905	656442
贵 阳	4	1612	1612	268120	104769
昆 明	9	2728	2649	327957	296467
拉 萨					
西 安					
兰 州	6	2157	2147	157295	182011
西 宁	1	568	568	25000	21159
银 川	1	120	110	54000	18992
乌鲁木齐					

2-14 续表 52

(家具市场)

地 区	市场数量(个)	总摊位数(个)	年末出租摊位数(个)	营业面积(平方米)	成交额(万元)
36城市总计	**70**	**29267**	**27581**	**4781548**	**3504274**
北 京	8	3923	3759	643807	506200
天 津	1	468	468	45000	15000
石家庄	1	340	340	130000	81000
太 原	2	300	300	70000	26500
呼和浩特	2	696	696	45600	78455
沈 阳	2	931	918	150343	131099
大 连	4	2217	2042	139955	84512
长 春	2	492	492	54946	132604
哈尔滨	1	236	236	80000	25967
上 海	5	1182	1181	371259	101421
南 京	3	923	898	182088	79445
杭 州	5	1090	1082	284722	134494
宁 波	6	946	934	199704	76643
合 肥	3	462	456	118000	63920
福 州	1	108	84	30000	10001
厦 门					
南 昌	2	940	878	180000	85609
济 南	2	507	507	102000	57381
青 岛	3	887	887	177471	86933
郑 州	1	1667	1667	300000	213249
武 汉	3	2388	1412	151621	251242
长 沙	1	220	220	45000	31220
广 州	1	512	512	67008	41376
深 圳					
南 宁	2	772	772	48000	22162
海 口					
重 庆	2	1619	1614	350000	926646
成 都	3	4310	4109	513905	137642
贵 阳	1	538	538	200000	34683
昆 明	2	433	429	79119	58270
拉 萨					
西 安					
兰 州	1	160	150	22000	10600
西 宁					
银 川					
乌鲁木齐					

2-14　续表 53

(装饰材料市场)

地　区	市场数量(个)	总摊位数(个)	年末出租摊位数(个)	营业面积(平方米)	成交额(万元)
36城市总计	**98**	**39988**	**37135**	**4240233**	**4236631**
北　京	7	1787	1745	113300	140134
天　津	3	1170	1170	53260	146590
石家庄	8	2480	2459	377114	459982
太　原	2	1206	1206	140000	116300
呼和浩特	2	779	761	64000	197318
沈　阳	4	2091	1726	137500	198953
大　连	1	485	454	17186	30000
长　春	1	708	708	100000	61824
哈尔滨	3	387	343	106416	54248
上　海	6	4017	3784	382646	197955
南　京	2	834	834	86424	34334
杭　州	7	2049	1741	238005	133947
宁　波	7	1856	1513	208826	307390
合　肥	4	1367	1332	238167	85620
福　州	3	964	936	95489	558863
厦　门					
南　昌	1	1829	1829	278442	15600
济　南					
青　岛	2	472	425	56000	33965
郑　州	2	1988	1436	113400	24740
武　汉	3	2378	2070	186000	67650
长　沙	4	2102	2097	137640	263200
广　州	4	2124	1901	132023	150669
深　圳	1	214	214	26000	11000
南　宁	2	1194	1088	160000	25520
海　口					
重　庆	10	2539	2447	455275	635292
成　都					
贵　阳	2	474	474	48120	56086
昆　明	2	959	917	140000	103000
拉　萨					
西　安					
兰　州	3	847	847	70000	86300
西　宁	1	568	568	25000	21159
银　川	1	120	110	54000	18992
乌鲁木齐					

2-14 续表 54

(灯具市场)

地 区	市场数量(个)	总摊位数(个)	年末出租摊位数(个)	营业面积(平方米)	成交额(万元)
36城市总计	**5**	**2186**	**2047**	**185181**	**222992**
北 京	1	240	233	25000	10492
天 津					
石家庄					
太 原					
呼和浩特					
沈 阳	1	276	160	54000	44138
大 连					
长 春					
哈尔滨					
上 海					
南 京					
杭 州	1	980	980	48000	31000
宁 波					
合 肥					
福 州					
厦 门					
南 昌					
济 南					
青 岛					
郑 州					
武 汉					
长 沙					
广 州					
深 圳					
南 宁					
海 口					
重 庆					
成 都	1	180	180	42000	103770
贵 阳					
昆 明	1	510	494	16181	33592
拉 萨					
西 安					
兰 州					
西 宁					
银 川					
乌鲁木齐					

2-14　续表 55

(厨具、盥洗设备市场)

地　区	市场数量 (个)	总摊位数 (个)	年末出租摊位数 (个)	营业面积 (平方米)	成交额 (万元)
36城市总计	**3**	**892**	**868**	**43280**	**138505**
北　京					
天　津					
石家庄					
太　原					
呼和浩特					
沈　阳					
大　连					
长　春					
哈尔滨	1	160	160	5980	20000
上　海					
南　京					
杭　州					
宁　波	1	500	500	1300	98680
合　肥					
福　州					
厦　门					
南　昌					
济　南					
青　岛	1	232	208	36000	19825
郑　州					
武　汉					
长　沙					
广　州					
深　圳					
南　宁					
海　口					
重　庆					
成　都					
贵　阳					
昆　明					
拉　萨					
西　安					
兰　州					
西　宁					
银　川					
乌鲁木齐					

2-14 续表 56

(五金材料市场)

地　区	市场数量(个)	总摊位数(个)	年末出租摊位数(个)	营业面积(平方米)	成交额(万元)
36城市总计	**38**	**27848**	**25087**	**2238320**	**4217789**
北　京					
天　津	4	3347	2356	875026	1301695
石家庄	1	1291	903	70000	103460
太　原					
呼和浩特					
沈　阳	1	1200	1150	21453	264072
大　连					
长　春					
哈尔滨	1	1300	1300	40000	103750
上　海	2	3181	2756	294170	104209
南　京	2	2268	2228	80110	233103
杭　州	3	2185	1999	88150	484027
宁　波	3	1010	950	92000	105943
合　肥	2	443	443	42723	128258
福　州	1	200	200	3900	52577
厦　门					
南　昌					
济　南	1	200	198	26000	28000
青　岛					
郑　州	4	2195	1922	259440	111600
武　汉	1	547	547	29271	60000
长　沙					
广　州	3	829	770	20364	76208
深　圳					
南　宁					
海　口					
重　庆	6	5291	5020	187032	619249
成　都	1	1715	1715	85000	415030
贵　阳	1	600	600	20000	14000
昆　明	1	46	30	3681	12608
拉　萨					
西　安					
兰　州					
西　宁					
银　川					
乌鲁木齐					

2-14 续表 57

(其他装修市场)

地　　区	市场数量 (个)	总摊位数 (个)	年末出租摊位数 (个)	营业面积 (平方米)	成交额 (万元)
36城市总计	**30**	**19453**	**19037**	**2249095**	**3712616**
北　　京	2	1414	1222	150000	297359
天　　津	1	57	57	14587	18200
石 家 庄	3	900	862	78000	89164
太　　原					
呼和浩特					
沈　　阳	1	2560	2560	37000	191801
大　　连					
长　　春					
哈 尔 滨					
上　　海	2	745	745	86176	22879
南　　京	2	3004	3004	516348	635157
杭　　州	4	2617	2513	309075	351192
宁　　波					
合　　肥	2	638	626	83000	93680
福　　州	2	496	496	222390	164463
厦　　门					
南　　昌	1	738	669	9648	188700
济　　南					
青　　岛	1	448	448	58000	39751
郑　　州					
武　　汉	2	488	488	48000	45562
长　　沙	1	2918	2918	422600	1351600
广　　州					
深　　圳					
南　　宁	1	500	500	60000	49000
海　　口					
重　　庆					
成　　都					
贵　　阳					
昆　　明	3	780	779	88976	88997
拉　　萨					
西　　安					
兰　　州	2	1150	1150	65295	85111
西　　宁					
银　　川					
乌鲁木齐					

2-14 续表 58

(汽车、摩托车及零配件市场)

地 区	市场数量(个)	总摊位数(个)	年末出租摊位数(个)	营业面积(平方米)	成交额(万元)
36城市总计	**161**	**47265**	**42655**	**7045947**	**34824655**
北 京	16	4700	4336	992371	7098963
天 津	3	1157	1150	135000	1981347
石家庄	3	581	581	241000	291207
太 原	1	426	426	70000	17000
呼和浩特					
沈 阳	4	2429	1956	211790	576036
大 连	2	510	450	130000	1190000
长 春	1	2126	1243	281570	1367250
哈尔滨	1	900	900	25000	25074
上 海	14	1649	1594	236107	2282329
南 京	5	331	305	111761	259407
杭 州	15	4864	4124	433796	3879709
宁 波	7	290	281	100875	593304
合 肥	5	1323	1320	144962	817040
福 州	1	230	230	6700	35168
厦 门	2	115	115	29000	321898
南 昌	4	1694	1524	181500	548586
济 南	6	2586	2365	278673	1354734
青 岛	5	433	420	107500	229311
郑 州	7	1542	1540	300868	1317312
武 汉	6	1135	871	253942	798886
长 沙	7	6322	6091	410904	2059814
广 州	19	3545	3511	656117	2848439
深 圳	3	145	119	181200	524835
南 宁	2	188	188	94320	181219
海 口					
重 庆	7	3339	2981	532770	2711509
成 都	1	491	484	64758	382977
贵 阳	2	600	556	75000	80000
昆 明	4	1053	953	241759	403665
拉 萨					
西 安	2	640	640	4930	178050
兰 州	1	97	97	10440	26100
西 宁	1	145	145	14000	12000
银 川	2	912	518	254000	31065
乌鲁木齐	2	767	641	233334	400421

2-14　续表 59

(汽车市场)

地　区	市场数量（个）	总摊位数（个）	年末出租摊位数（个）	营业面积（平方米）	成交额（万元）
36城市总计	**106**	**21873**	**18288**	**5206068**	**29084869**
北　京	9	1532	1302	692591	6495261
天　津	3	1157	1150	135000	1981347
石家庄	2	81	81	141000	171446
太　原					
呼和浩特					
沈　阳	2	1436	1283	117790	549554
大　连	2	510	450	130000	1190000
长　春	1	2126	1243	281570	1367250
哈尔滨	1	900	900	25000	25074
上　海	12	998	943	146918	1837134
南　京	5	331	305	111761	259407
杭　州	11	2292	1585	260650	3015114
宁　波	6	255	249	95875	578454
合　肥	2	111	108	90000	632000
福　州					
厦　门	2	115	115	29000	321898
南　昌	3	1329	1164	143000	168461
济　南	1	81	81	127000	853734
青　岛	3	133	120	58500	106111
郑　州	3	118	116	195774	487312
武　汉	5	755	491	244942	779636
长　沙	3	621	621	168104	1752000
广　州	8	368	368	440646	2385150
深　圳	3	145	119	181200	524835
南　宁	2	188	188	94320	181219
海　口					
重　庆	6	2583	2225	492770	2074609
成　都	1	491	484	64758	382977
贵　阳					
昆　明	3	753	653	231635	343350
拉　萨					
西　安	2	640	640	4930	178050
兰　州					
西　宁	1	145	145	14000	12000
银　川	2	912	518	254000	31065
乌鲁木齐	2	767	641	233334	400421

2-14 续表 60

(摩托车市场)

地　区	市场数量(个)	总摊位数(个)	年末出租摊位数(个)	营业面积(平方米)	成交额(万元)
36城市总计	**6**	**2078**	**2053**	**106402**	**853446**
北　京					
天　津					
石家庄					
太　原					
呼和浩特					
沈　阳					
大　连					
长　春					
哈尔滨					
上　海					
南　京					
杭　州					
宁　波					
合　肥	2	972	972	47162	145040
福　州					
厦　门					
南　昌					
济　南					
青　岛					
郑　州	1	126	126	6000	32000
武　汉					
长　沙	1	127	102	2800	13406
广　州					
深　圳					
南　宁					
海　口					
重　庆	1	756	756	40000	636900
成　都					
贵　阳					
昆　明					
拉　萨					
西　安					
兰　州	1	97	97	10440	26100
西　宁					
银　川					
乌鲁木齐					

2-14 续表 61

(机动车零配件市场)

地 区	市场数量(个)	总摊位数(个)	年末出租摊位数(个)	营业面积(平方米)	成交额(万元)
36城市总计	**49**	**23314**	**22314**	**1733477**	**4886340**
北 京	7	3168	3034	299780	603702
天 津					
石 家 庄	1	500	500	100000	119761
太 原	1	426	426	70000	17000
呼和浩特					
沈 阳	2	993	673	94000	26482
大 连					
长 春					
哈 尔 滨					
上 海	2	651	651	89189	445195
南 京					
杭 州	4	2572	2539	173146	864595
宁 波	1	35	32	5000	14850
合 肥	1	240	240	7800	40000
福 州	1	230	230	6700	35168
厦 门					
南 昌	1	365	360	38500	380125
济 南	5	2505	2284	151673	501000
青 岛	2	300	300	49000	123200
郑 州	3	1298	1298	99094	798000
武 汉	1	380	380	9000	19250
长 沙	3	5574	5368	240000	294408
广 州	11	3177	3143	215471	463289
深 圳					
南 宁					
海 口					
重 庆					
成 都					
贵 阳	2	600	556	75000	80000
昆 明	1	300	300	10124	60315
拉 萨					
西 安					
兰 州					
西 宁					
银 川					
乌鲁木齐					

2-14 续表 62

(花鸟鱼虫市场)

地区	市场数量(个)	总摊位数(个)	年末出租摊位数(个)	营业面积(平方米)	成交额(万元)
36城市总计	**17**	**11185**	**10406**	**2543843**	**1449478**
北京	1	200	188	3000	17700
天津	1	600	600	40000	10800
石家庄					
太原					
呼和浩特					
沈阳					
大连					
长春					
哈尔滨					
上海	1	380	350	36000	12580
南京					
杭州	3	1460	1196	105372	154071
宁波					
合肥	2	1074	1074	113000	19840
福州	2	415	415	32405	63601
厦门					
南昌					
济南					
青岛					
郑州	1	1000	1000	30000	500000
武汉					
长沙	1	410	410	132066	12500
广州	2	1742	1706	1918000	254626
深圳					
南宁					
海口					
重庆					
成都	1	582	480	20000	46500
贵阳					
昆明	1	3000	2665	14000	344000
拉萨					
西安					
兰州					
西宁					
银川					
乌鲁木齐	1	322	322	100000	13260

2-14 续表 63

(花卉市场)

地 区	市场数量(个)	总摊位数(个)	年末出租摊位数(个)	营业面积(平方米)	成交额(万元)
36城市总计	**14**	**10139**	**9360**	**2491374**	**1354943**
北 京	1	200	188	3000	17700
天 津					
石家庄					
太 原					
呼和浩特					
沈 阳					
大 连					
长 春					
哈尔滨					
上 海	1	380	350	36000	12580
南 京					
杭 州	2	1174	910	99828	122571
宁 波					
合 肥	2	1074	1074	113000	19840
福 州	1	255	255	25480	11366
厦 门					
南 昌					
济 南					
青 岛					
郑 州	1	1000	1000	30000	500000
武 汉					
长 沙	1	410	410	132066	12500
广 州	2	1742	1706	1918000	254626
深 圳					
南 宁					
海 口					
重 庆					
成 都	1	582	480	20000	46500
贵 阳					
昆 明	1	3000	2665	14000	344000
拉 萨					
西 安					
兰 州					
西 宁					
银 川					
乌鲁木齐	1	322	322	100000	13260

2-14 续表 64

(其他花鸟鱼虫市场)

地　区	市场数量(个)	总摊位数(个)	年末出租摊位数(个)	营业面积(平方米)	成交额(万元)
36城市总计	**3**	**1046**	**1046**	**52469**	**94535**
北　京					
天　津	1	600	600	40000	10800
石家庄					
太　原					
呼和浩特					
沈　阳					
大　连					
长　春					
哈尔滨					
上　海					
南　京					
杭　州	1	286	286	5544	31500
宁　波					
合　肥					
福　州	1	160	160	6925	52235
厦　门					
南　昌					
济　南					
青　岛					
郑　州					
武　汉					
长　沙					
广　州					
深　圳					
南　宁					
海　口					
重　庆					
成　都					
贵　阳					
昆　明					
拉　萨					
西　安					
兰　州					
西　宁					
银　川					
乌鲁木齐					

2-14 续表 65

(旧货市场)

地 区	市场数量(个)	总摊位数(个)	年末出租摊位数(个)	营业面积(平方米)	成交额(万元)
36城市总计	**13**	**6736**	**6577**	**216639**	**1196690**
北 京	1	3344	3344	15252	35971
天 津					
石家庄					
太 原					
呼和浩特					
沈 阳	1	576	532	72000	620000
大 连					
长 春					
哈尔滨					
上 海					
南 京					
杭 州					
宁 波	5	1096	1064	70661	311417
合 肥					
福 州	2	123	101	18606	146730
厦 门					
南 昌	1	418	418	15000	26000
济 南					
青 岛					
郑 州	1	507	446	13120	14412
武 汉					
长 沙					
广 州	1	630	630	3000	12650
深 圳					
南 宁					
海 口					
重 庆	1	42	42	9000	29510
成 都					
贵 阳					
昆 明					
拉 萨					
西 安					
兰 州					
西 宁					
银 川					
乌鲁木齐					

2-14 续表 66

(古玩、古董、字画市场)

地　区	市场数量(个)	总摊位数(个)	年末出租摊位数(个)	营业面积(平方米)	成交额(万元)
36城市总计	**3**	**1185**	**1102**	**18133**	**135092**
北　京					
天　津					
石家庄					
太　原					
呼和浩特					
沈　阳					
大　连					
长　春					
哈尔滨					
上　海					
南　京					
杭　州					
宁　波					
合　肥					
福　州	1	48	26	2013	108030
厦　门					
南　昌					
济　南					
青　岛					
郑　州	1	507	446	13120	14412
武　汉					
长　沙					
广　州	1	630	630	3000	12650
深　圳					
南　宁					
海　口					
重　庆					
成　都					
贵　阳					
昆　明					
拉　萨					
西　安					
兰　州					
西　宁					
银　川					
乌鲁木齐					

2-14　续表 67

(其他旧货市场)

地　区	市场数量 (个)	总摊位数 (个)	年末出租摊位数 (个)	营业面积 (平方米)	成交额 (万元)
36城市总计	**10**	**5551**	**5475**	**198506**	**1061598**
北　京	1	3344	3344	15252	35971
天　津					
石家庄					
太　原					
呼和浩特					
沈　阳	1	576	532	72000	620000
大　连					
长　春					
哈尔滨					
上　海					
南　京					
杭　州					
宁　波	5	1096	1064	70661	311417
合　肥					
福　州	1	75	75	16593	38700
厦　门					
南　昌	1	418	418	15000	26000
济　南					
青　岛					
郑　州					
武　汉					
长　沙					
广　州					
深　圳					
南　宁					
海　口					
重　庆	1	42	42	9000	29510
成　都					
贵　阳					
昆　明					
拉　萨					
西　安					
兰　州					
西　宁					
银　川					
乌鲁木齐					

2-14 续表 68

(其他专业市场)

地 区	市场数量(个)	总摊位数(个)	年末出租摊位数(个)	营业面积(平方米)	成交额(万元)
36城市总计	**15**	**9503**	**4826**	**765384**	**1698746**
北 京					
天 津					
石 家 庄	1	270	250	25000	40326
太 原					
呼和浩特					
沈 阳	1	200	200	5000	274420
大 连					
长 春					
哈 尔 滨					
上 海	5	1210	1179	54000	415523
南 京					
杭 州					
宁 波	1	180	180	800	143000
合 肥					
福 州					
厦 门					
南 昌					
济 南	1	820	630	300000	39000
青 岛					
郑 州	3	1165	1097	313300	730023
武 汉					
长 沙					
广 州	2	658	598	24594	27745
深 圳					
南 宁					
海 口					
重 庆					
成 都					
贵 阳					
昆 明	1	5000	692	42690	28709
拉 萨					
西 安					
兰 州					
西 宁					
银 川					
乌鲁木齐					

2-15　商品交易市场情况(按营业状态分)

(常年营业)

地　区	市场数量(个)	总摊位数(个)	年末出租摊位数(个)	营业面积(平方米)	成交额(万元)
36城市总计	**1950**	**1373122**	**1233675**	**94051597**	**365100430**
北　京	133	126476	109009	6634092	24816051
天　津	81	56419	50499	5370229	26718648
石家庄	55	66950	56316	4538787	11540325
太　原	16	11662	11243	862195	1210976
呼和浩特	12	7582	7404	1192360	788830
沈　阳	63	62910	56725	2559457	14633038
大　连	47	36788	35008	1640486	11651838
长　春	29	28244	25837	1624129	3136785
哈尔滨	41	33647	31212	1591957	5873986
上　海	179	76560	73576	7847399	64798737
南　京	59	35385	33872	2819854	11271248
杭　州	155	80168	74201	4055184	31973218
宁　波	114	57760	53389	4216355	17968189
合　肥	36	24854	22958	2216599	8877660
福　州	58	18358	16962	1429011	6576085
厦　门	19	6335	6114	381698	1351396
南　昌	33	26609	25708	1389428	6068017
济　南	40	24242	23322	2502419	4539235
青　岛	65	52619	50209	4916486	10178341
郑　州	53	47058	42820	2782641	5532683
武　汉	75	37202	33777	2533146	6385225
长　沙	58	50984	40972	4463378	10667836
广　州	162	88790	77503	6722277	19549013
深　圳	32	30312	25916	830874	4235945
南　宁	29	18919	17902	1386298	4357162
海　口	2	710	710	68300	41054
重　庆	119	89250	80570	5860050	24579490
成　都	34	45966	41756	3099489	7395133
贵　阳	17	12463	12221	940337	2176053
昆　明	32	43003	29329	1937190	5382783
拉　萨					
西　安	26	14680	14057	506761	1175512
兰　州	26	16741	14986	1238854	3182805
西　宁	8	4984	3674	430015	272648
银　川	15	14595	11341	874817	1543649
乌鲁木齐	27	23897	22577	2589045	4650836

2-15 续表 1

(季节性营业)

地　区	市场数量(个)	总摊位数(个)	年末出租摊位数(个)	营业面积(平方米)	成交额(万元)
36城市总计	**27**	**12485**	**10226**	**907637**	**1403974**
北　京	2	2656	1038	265000	81454
天　津					
石家庄	2	3420	3420	218990	248129
太　原					
呼和浩特	1	97	97	10700	20000
沈　阳	1	525	300	19000	152400
大　连	1	365	365	4000	12546
长　春	1	210	210	40000	60000
哈尔滨					
上　海					
南　京					
杭　州	1	165	154	6500	52300
宁　波	11	3324	3179	174400	460859
合　肥	1	86	86	27347	26000
福　州					
厦　门					
南　昌					
济　南	1	310	300	19000	31117
青　岛	2	1000	750	108000	158090
郑　州					
武　汉					
长　沙					
广　州	1	80	80	2000	12679
深　圳					
南　宁	2	247	247	12700	88400
海　口					
重　庆					
成　都					
贵　阳					
昆　明					
拉　萨					
西　安					
兰　州					
西　宁					
银　川					
乌鲁木齐					

2-15 续表 2

(其他)

地 区	市场数量(个)	总摊位数(个)	年末出租摊位数(个)	营业面积(平方米)	成交额(万元)
36城市总计	**4**	**3562**	**3517**	**50296**	**282806**
北 京					
天 津					
石家庄	1	402	387	21800	11646
太 原					
呼和浩特					
沈 阳					
大 连					
长 春					
哈尔滨					
上 海					
南 京	1	600	590	8000	35000
杭 州					
宁 波					
合 肥					
福 州					
厦 门					
南 昌					
济 南					
青 岛					
郑 州					
武 汉					
长 沙					
广 州					
深 圳					
南 宁					
海 口					
重 庆					
成 都					
贵 阳					
昆 明					
拉 萨					
西 安	1	230	230	5496	200000
兰 州					
西 宁	1	2330	2310	15000	36160
银 川					
乌鲁木齐					

2-16 商品交易市场情况(按经营方式分)

(批发为主)

地区	市场数量(个)	总摊位数(个)	年末出租摊位数(个)	营业面积(平方米)	成交额(万元)
36城市总计	**1167**	**946345**	**840066**	**70382219**	**306093329**
北京	60	83285	68490	4316112	14570175
天津	59	44577	39206	4688320	24244776
石家庄	40	52144	42396	3764174	11103472
太原	9	9291	8872	628195	1023876
呼和浩特	5	1694	1622	1033700	349063
沈阳	37	41214	38411	1775117	12923028
大连	22	15754	15119	962178	9958141
长春	10	13708	12509	784370	2627804
哈尔滨	19	16062	15660	940477	4862148
上海	97	46141	44248	5877390	59754908
南京	20	13746	12859	1609228	8507429
杭州	87	50842	47999	2640157	26571346
宁波	65	34433	31889	3218590	14526305
合肥	25	19881	18041	1711829	8146639
福州	21	7107	6999	641730	4008832
厦门	6	1494	1494	128600	626683
南昌	19	18351	17900	904763	5447264
济南	29	18540	17756	2026805	3043317
青岛	44	42662	40588	4090885	9072395
郑州	43	33788	29993	2246661	4107497
武汉	55	29228	26675	1926012	5405598
长沙	30	38269	28376	3787056	7580876
广州	129	77844	67313	5952566	16717484
深圳	16	15983	14669	424683	3392680
南宁	17	8664	8369	908139	3574493
海口	1	410	410	57800	12454
重庆	64	65034	58298	4054067	20231882
成都	26	38760	35068	2475826	6705905
贵阳	12	11353	11111	675737	2064773
昆明	25	41267	27637	1697505	4979886
拉萨					
西安	18	10808	10185	388827	1016659
兰州	22	14267	12522	1169446	3050071
西宁	7	6129	4834	315552	275595
银川	7	4324	4324	425797	1412200
乌鲁木齐	21	19291	18224	2133925	4197675

2-16　续表

(零售为主)

地　区	市场数量(个)	总摊位数(个)	年末出租摊位数(个)	营业面积(平方米)	成交额(万元)
36城市总计	**814**	**442824**	**407352**	**24627311**	**60693881**
北　京	75	45847	41557	2582980	10327330
天　津	22	11842	11293	681909	2473872
石家庄	18	18628	17727	1015403	696628
太　原	7	2371	2371	234000	187100
呼和浩特	8	5985	5879	169360	459767
沈　阳	27	22221	18614	803340	1862410
大　连	26	21399	20254	682308	1706243
长　春	20	14746	13538	879759	568981
哈尔滨	22	17585	15552	651480	1011838
上　海	82	30419	29328	1970009	5043829
南　京	40	22239	21603	1218626	2798819
杭　州	69	29491	26356	1421527	5454172
宁　波	60	26651	24679	1172165	3902743
合　肥	12	5059	5003	532117	757021
福　州	37	11251	9963	787281	2567253
厦　门	13	4841	4620	253098	724713
南　昌	14	8258	7808	484665	620753
济　南	12	6012	5866	494614	1527035
青　岛	23	10957	10371	933601	1264036
郑　州	10	13270	12827	535980	1425186
武　汉	20	7974	7102	607134	979627
长　沙	28	12715	12596	676322	3086960
广　州	34	11026	10270	771711	2844208
深　圳	16	14329	11247	406191	843265
南　宁	14	10502	9780	490859	871069
海　口	1	300	300	10500	28600
重　庆	55	24216	22272	1805983	4347608
成　都	8	7206	6688	623663	689228
贵　阳	5	1110	1110	264600	111280
昆　明	7	1736	1692	239685	402897
西　安					
兰　州	9	4102	4102	123430	358853
西　宁	4	2474	2464	69408	132734
银　川	2	1185	1150	129463	33213
乌鲁木齐	8	10271	7017	449020	131449

2-17 商品交易市场情况(按经营环境分)

(露天式)

地　　区	市场数量(个)	总摊位数(个)	年末出租摊位数(个)	营业面积(平方米)	成交额(万元)
36城市总计	**294**	**172954**	**147198**	**19063819**	**58125182**
北　　京	17	24141	14817	2250353	8743116
天　　津	15	12687	12194	1344512	1812740
石 家 庄	10	8399	8331	477183	515380
太　　原	2	376	346	151800	575300
呼和浩特	3	396	396	32700	49294
沈　　阳	17	9144	8292	866550	5294439
大　　连	6	2401	2371	181500	356935
长　　春	4	2444	2359	458900	122063
哈 尔 滨	2	733	723	321000	2615600
上　　海	16	4589	4484	525849	3764628
南　　京	9	2875	2686	285561	584090
杭　　州	13	2592	2574	351487	3090009
宁　　波	27	16904	16280	1509325	4725284
合　　肥	4	881	878	157550	228168
福　　州					
厦　　门	4	858	858	34600	414540
南　　昌	6	3356	3172	227418	1641377
济　　南	10	5177	4760	975138	1070234
青　　岛	13	4542	4015	1452952	1698980
郑　　州	17	9578	9497	1221096	1656956
武　　汉	18	7880	6721	461831	2299603
长　　沙	5	3037	3024	1301560	2813460
广　　州	10	4860	3541	266841	734235
深　　圳	7	4855	3722	312100	1409885
南　　宁	6	2088	1947	687280	2324739
海　　口	1	410	410	57800	12454
重　　庆	16	9353	8329	762197	3038673
成　　都	3	2724	2718	176459	699003
贵　　阳	3	723	715	158000	168050
昆　　明	7	7670	3335	577082	1962117
拉　　萨					
西　　安	6	3318	3201	199638	374215
兰　　州	7	4938	3317	283000	1446603
西　　宁	2	2335	1165	216203	118616
银　　川	4	3434	3040	533071	1174694
乌鲁木齐	4	3256	2980	245283	589702

2-17 续表 1

(封闭式)

地 区	市场数量 (个)	总摊位数 (个)	年末出租摊位数 (个)	营业面积 (平方米)	成交额 (万元)
36城市总计	**1456**	**1022268**	**934919**	**58291998**	**248919158**
北 京	105	88634	80747	4064030	11915376
天 津	54	32988	29918	2588722	20614371
石家庄	35	50107	40431	3417574	10092439
太 原	12	8786	8651	550395	511321
呼和浩特	10	7283	7105	1170360	759536
沈 阳	46	54091	48533	1706907	9216579
大 连	40	29215	27756	1182986	9137620
长 春	21	20865	19742	693659	1384892
哈尔滨	39	32914	30489	1270957	3258386
上 海	123	53284	51119	3239186	49450773
南 京	47	31518	30314	2475843	10325091
杭 州	117	62491	58398	2905254	18529865
宁 波	92	42634	38774	2707950	13104780
合 肥	27	15694	14597	1329259	6961746
福 州	51	15313	13940	1175662	6427950
厦 门	12	4277	4129	261388	850563
南 昌	25	15190	14574	1005510	2234929
济 南	29	18280	17778	1461281	3435118
青 岛	49	42860	41181	3139472	7909877
郑 州	26	19802	17981	1190539	3262008
武 汉	53	27555	25443	1941044	3822588
长 沙	43	30153	29320	1990748	6141216
广 州	144	71239	65542	3856967	13002188
深 圳	20	20764	17612	431924	2530300
南 宁	19	14568	14081	516859	1296219
海 口	1	300	300	10500	28600
重 庆	87	71451	64712	4362997	15807965
成 都	26	39330	35141	2295303	5422077
贵 阳	10	10487	10350	650137	1229572
昆 明	24	35118	25779	1350608	3396666
拉 萨					
西 安	19	10874	10368	307419	941722
兰 州	14	9971	9946	837319	1582091
西 宁	6	4411	4251	203812	169033
银 川	11	11161	8301	341746	368955
乌鲁木齐	19	18660	17616	1657681	3796746

2-17 续表 2

(其他)

地　区	市场数量 (个)	总摊位数 (个)	年末出租摊位数 (个)	营业面积 (平方米)	成交额 (万元)
36城市总计	**231**	**193947**	**165301**	**17653713**	**59742870**
北　京	13	16357	14483	584709	4239013
天　津	12	10744	8387	1436995	4291537
石家庄	13	12266	11361	884820	1192281
太　原	2	2500	2246	160000	124355
呼和浩特					
沈　阳	1	200	200	5000	274420
大　连	2	5537	5246	280000	2169829
长　春	5	5145	3946	511570	1689830
哈尔滨					
上　海	40	18687	17973	4082364	11583336
南　京	4	1592	1462	66450	397067
杭　州	26	15250	13383	804943	10405644
宁　波	6	1546	1514	173480	598984
合　肥	6	8365	7569	757137	1713746
福　州	7	3045	3022	253349	148135
厦　门	3	1200	1127	85710	86293
南　昌	2	8063	7962	156500	2191711
济　南	2	1095	1084	85000	65000
青　岛	5	6217	5763	432062	727574
郑　州	10	17678	15342	371006	613719
武　汉	4	1767	1613	130271	263034
长　沙	10	17794	8628	1171070	1713160
广　州	9	12771	8500	2600469	5825269
深　圳	5	4693	4582	86850	295760
南　宁	6	2510	2121	194859	824604
海　口					
重　庆	16	8446	7529	734856	5732852
成　都	5	3912	3897	627727	1274053
贵　阳	4	1253	1156	132200	778431
昆　明	1	215	215	9500	24000
拉　萨					
西　安	2	718	718	5200	59575
兰　州	5	1832	1723	118535	154111
西　宁	1	568	568	25000	21159
银　川					
乌鲁木齐	4	1981	1981	686081	264388

2-18 商品交易市场成交情况(按摊位分)

地区	粮油、食品、饮料、烟酒类		粮油、食品类		#粮油类	
	摊位数(个)	成交额(万元)	摊位数(个)	成交额(万元)	摊位数(个)	成交额(万元)
36城市总计	**344692**	**84363851**	**317238**	**78856180**	**29834**	**11637672**
北京	36255	12318628	32784	11339544	3131	1416157
天津	23399	5041590	22257	4714033	1507	1287216
石家庄	18932	1905212	15316	1707063	2449	256795
太原	1633	294470	1633	294470	550	126000
呼和浩特	803	217078	794	215986	30	28500
沈阳	8101	2892814	7797	2834962	482	225820
大连	9435	2322549	8787	2123739	557	195221
长春	4019	374905	3546	361717	165	19502
哈尔滨	4391	1226069	3745	1186309	737	206698
上海	22239	6681821	21211	6458799	2722	1607474
南京	10650	2919238	10101	2576830	616	626676
杭州	21041	5991415	19879	5637118	1263	921613
宁波	28051	4270739	27615	4119037	800	384673
合肥	4550	1876804	4410	1865872	1431	627911
福州	6589	728837	6417	708036	674	82685
厦门	4686	926196	4603	911027	168	15902
南昌	4793	1832495	4596	1817420	186	191378
济南	6557	1705432	5668	1517489	111	149564
青岛	25668	4215609	25048	3902047	595	390867
郑州	11309	1632922	10129	1598854	1939	88966
武汉	8136	2112494	7484	2045071	951	141209
长沙	10207	2429583	8368	1999039	815	77646
广州	12602	4457871	11311	4238062	1495	501350
深圳	7387	2901621	7088	2590766	806	242414
南宁	4314	1003364	3985	913394	372	90418
海口	287	8776	2	60		
重庆	23447	5095146	21089	4712966	2414	410200
成都	5913	2191637	5848	2188532	711	274017
贵阳	1583	1044396	861	790441	279	306301
昆明	2840	855822	2188	824616	262	225056
拉萨						
西安	3174	573436	1979	530933	258	216412
兰州	3344	853004	2972	743272	685	191213
西宁	1109	129240	990	120409	423	69660
银川	2500	195903	2382	172999	21	3297
乌鲁木齐	4748	1136735	4355	1095268	229	38861

2-18 续表 1

地区	#肉禽蛋类		#水产品类		#蔬菜类	
	摊位数(个)	成交额(万元)	摊位数(个)	成交额(万元)	摊位数(个)	成交额(万元)
36城市总计	**43662**	**11122180**	**53451**	**16505334**	**124122**	**20769432**
北京	4711	1276957	4028	1690260	10271	3407247
天津	1283	379176	2838	966161	13735	1134066
石家庄	2128	298435	631	44361	7404	677126
太原					532	95000
呼和浩特	280	54300	30	1085	327	130708
沈阳	790	179407	1211	736478	2747	1368714
大连	1352	349299	2106	661930	2612	327002
长春	383	15106	163	7654	1823	137379
哈尔滨	779	216719	712	222013	730	169909
上海	2988	788911	3856	1940954	8979	1078746
南京	2535	771226	1549	553274	4576	384141
杭州	3724	1096919	2439	828965	8861	988020
宁波	3014	589440	11125	1562255	9621	962323
合肥	1040	442245	225	348496	650	245380
福州	2180	197056	2033	305096	990	48933
厦门	856	214309	1103	166000	2054	413111
南昌	762	367831	468	103981	1554	332114
济南	297	95861	1140	653094	2802	366627
青岛	1959	264697	5817	1340769	13970	1462770
郑州	440	34714	1596	320283	3513	955872
武汉	541	205534	1697	1050617	2588	362548
长沙	1044	163316	597	280109	2957	911324
广州	2077	645881	2057	661561	3965	942196
深圳	1751	489735	1527	323735	1621	711850
南宁	913	403378	697	33211	1454	198549
海口						
重庆	3202	615917	2388	1255469	6462	712053
成都	916	468566	375	160387	1576	936746
贵阳	122	45198			116	136419
昆明	482	80102	46	6051	662	340077
拉萨						
西安	202	64373	34	3275	905	186862
兰州	449	147785	373	121652	400	101710
西宁	1	9	3	23	453	43617
银川	208	6840	91	5670	1630	115816
乌鲁木齐	253	152938	496	150465	1582	384477

2-18　续表 2

地　区	#干鲜果品类		饮料类		烟酒类	
	摊位数（个）	成交额（万元）	摊位数（个）	成交额（万元）	摊位数（个）	成交额（万元）
36城市总计	**48079**	**15475379**	**14804**	**2660795**	**12650**	**2846876**
北　京	7420	3078603	1601	379990	1870	599094
天　津	2765	657818	375	114948	767	212609
石家庄	2221	292425	1352	77602	2264	120547
太　原	498	68980				
呼和浩特	27	1393	6	20	3	1072
沈　阳	1061	127944	179	34303	125	23549
大　连	1261	228398	303	93123	345	105687
长　春	516	151725	291	5778	182	7410
哈尔滨	552	356902	332	15707	314	24053
上　海	1849	1008092	621	157412	407	65610
南　京	453	187066	311	159783	238	182625
杭　州	2937	1686194	809	209892	353	144405
宁　波	2697	486320	240	85116	196	66586
合　肥	984	194239	40	3210	100	7722
福　州	493	66102	116	16779	56	4022
厦　门	364	71164	40	8946	43	6223
南　昌	412	400400	90	9249	107	5826
济　南	1290	222178	829	181829	60	6114
青　岛	2361	382745	91	72529	529	241033
郑　州	1541	167019	711	21050	469	13018
武　汉	1038	190771	558	51459	94	15964
长　沙	2513	506606	615	38191	1224	392353
广　州	1133	1434005	1037	172075	254	47734
深　圳	1382	822978	164	181729	135	129126
南　宁	549	175238	291	89365	38	605
海　口	2	60	101	2828	184	5888
重　庆	3879	1115554	1162	203294	1196	178886
成　都	2270	348816	33	1255	32	1850
贵　阳	261	297204	446	128744	276	125211
昆　明	736	173330	490	23333	162	7873
拉　萨						
西　安	550	54179	1098	39775	97	2728
兰　州	682	158812	125	30537	247	79195
西　宁	87	2100	55	4004	64	4827
银　川	415	41262	93	22460	25	444
乌鲁木齐	880	318757	199	24480	194	16987

2-18 续表 3

地　　区	服装、鞋帽、针纺织品类		服装类		鞋帽类	
	摊位数（个）	成交额（万元）	摊位数（个）	成交额（万元）	摊位数（个）	成交额（万元）
36城市总计	**375007**	**41391622**	**260792**	**25452944**	**56432**	**5909741**
北　京	27945	878701	19854	546170	3249	125943
天　津	10042	701600	7364	575288	2220	109719
石家庄	19966	4283350	16020	3493420	2441	328295
太　原	5944	140271	5261	57601	653	82370
呼和浩特	3345	133920	2501	91564	403	26805
沈　阳	25006	3882587	14924	2220551	4886	655254
大　连	12476	1196209	7195	583108	2413	215651
长　春	11795	565101	9040	485174	1373	39772
哈尔滨	16600	863057	9236	650860	2597	108423
上　海	12495	1201963	9549	1057217	1208	24024
南　京	6550	613109	4324	390003	1146	99023
杭　州	19470	4487307	13856	2199361	1950	106188
宁　波	7025	1187764	4082	569630	1019	294186
合　肥	7456	669092	4570	468642	1405	115079
福　州	3215	687124	2688	614929	445	53134
厦　门	152	7599	93	5517	42	1586
南　昌	8098	1427453	5115	894268	1455	189914
济　南	7386	675085	5502	509363	1478	155801
青　岛	13241	1806584	8996	1103007	1938	258787
郑　州	15673	468012	9952	405918	4194	12779
武　汉	11365	555534	9057	400490	1158	117099
长　沙	4962	200063	4057	160891	453	25556
广　州	35289	6198522	21347	2154382	5233	1109815
深　圳	3276	59343	2574	39185	418	13436
南　宁	6511	90305	5632	80251	534	6265
海　口	6	170				
重　庆	19559	2933019	11706	1488516	4147	856339
成　都	14888	1649733	12799	1428397	1204	149238
贵　阳	5303	479415	4217	363924	913	89845
昆　明	14378	1547755	11180	1046050	1977	243547
拉　萨						
西　安	6558	380475	4542	159850	898	150000
兰　州	5476	501050	4587	463890	303	9384
西　宁	2758	52454	1436	36242	560	6800
银　川	4785	87761	2895	51412	973	13404
乌鲁木齐	6013	780135	4641	657873	1146	116280

2-18 续表 4

地 区	针纺织品类		化妆品类		金银珠宝类	
	摊位数（个）	成交额（万元）	摊位数（个）	成交额（万元）	摊位数（个）	成交额（万元）
36城市总计	**57783**	**10028937**	**10222**	**1001936**	**5806**	**1663159**
北 京	4842	206588	865	57903	703	38886
天 津	458	16593	306	25281	11	2454
石家庄	1505	461635	813	223832	306	1919
太 原	30	300	60	5110		
呼和浩特	441	15551	302	8705	3	2109
沈 阳	5196	1006782	508	21780		
大 连	2868	397450	470	97587	55	7671
长 春	1382	40155	227	5906	5	1298
哈尔滨	4767	103774	435	21733	274	5960
上 海	1738	120722	47	3510	7	157
南 京	1080	124083	51	18025	22	11178
杭 州	3664	2181758	202	7138	2	959
宁 波	1924	323948	208	32208		
合 肥	1481	85371	93	23236	60	2000
福 州	82	19061	46	8950	1515	1066206
厦 门	17	496	20	350		
南 昌	1528	343271	375	88606		
济 南	406	9921	148	6143	158	14060
青 岛	2307	444790	250	26233	1483	449920
郑 州	1527	49315	615	4251	165	10655
武 汉	1150	37945	29	835		
长 沙	452	13616	292	13826	1	723
广 州	8709	2934325	1382	105650	485	31527
深 圳	284	6722	100	2647	407	10384
南 宁	345	3789	186	11482	18	173
海 口	6	170				
重 庆	3706	588164	570	50002	9	3962
成 都	885	72098	268	9365		
贵 阳	173	25646	43	15876		
昆 明	1221	258158	413	23096	2	39
拉 萨						
西 安	1118	70625	23	989		
兰 州	586	27776	293	47835	3	170
西 宁	762	9412	121	4630		
银 川	917	22945	221	7491	41	383
乌鲁木齐	226	5982	240	21725	71	366

2-18 续表 5

地　区	日用品类		#洗涤用品类		#儿童玩具类	
	摊位数（个）	成交额（万元）	摊位数（个）	成交额（万元）	摊位数（个）	成交额（万元）
36城市总计	**78867**	**11891608**	**18360**	**2547541**	**8821**	**1298191**
北　京	12544	802934	3186	400500	1220	35723
天　津	1696	176104	225	33949	57	2621
石家庄	5390	1622178	2178	732754	2748	880169
太　原	630	8240	240	3500	230	1600
呼和浩特	729	88616	267	12073	70	2504
沈　阳	5942	948325	714	53020	462	41317
大　连	2221	374354	392	19101	127	2537
长　春	651	15153	86	2714	73	1585
哈尔滨	2157	62985	1237	34572	352	19309
上　海	1763	2338489	130	50170	23	6374
南　京	2384	353537	1617	265988	63	12490
杭　州	5941	599170	2400	78682	505	21203
宁　波	2307	371705	549	63618	85	7706
合　肥	655	75602	98	40353	37	5129
福　州	471	156801	260	90654	23	8099
厦　门	235	21774	11	2574	6	120
南　昌	1812	284175	401	125390	362	89900
济　南	1435	35825	154	6077	155	11243
青　岛	1597	133677	696	74702	327	26339
郑　州	1113	63363	288	3901	232	2498
武　汉	1200	163427	65	6213	18	146
长　沙	1919	328230	276	17798	24	1767
广　州	10704	1796066	86	14265	456	13606
深　圳	771	12673	40	1152	84	2684
南　宁	172	18911	8	48	24	46
海　口	30	900	30	900		
重　庆	4622	295695	1218	135358	393	45822
成　都	1673	138480	4	265	4	89
贵　阳	1276	186829	114	151253	11	3212
昆　明	1968	93259	153	5642	93	1840
拉　萨						
西　安	102	2465	90	1440		
兰　州	402	217531	191	56493	99	39585
西　宁	205	5460			20	2110
银　川	793	31724	79	5085	25	404
乌鲁木齐	1357	66951	877	57337	413	8414

2-18　续表 6

地　区	五金、电料类		体育、娱乐用品类		书报杂志类	
	摊位数（个）	成交额（万元）	摊位数（个）	成交额（万元）	摊位数（个）	成交额（万元）
36城市总计	**43190**	**7205958**	**4692**	**694752**	**3018**	**540956**
北　京	1169	75460	1100	192947	242	19294
天　津	2932	1407625	64	8907	14	172
石家庄	2634	625180	596	165301	318	56375
太　原	150	12000	67	1215		
呼和浩特	144	15882	202	10230	28	119
沈　阳	1637	206364	77	8094	502	91571
大　连	826	80403	113	6407	122	13486
长　春	668	28835	44	1276	28	1072
哈尔滨	1232	90689	70	2606	30	303
上　海	3214	150085	186	29998	65	17135
南　京	2310	370072	36	4661	97	29515
杭　州	3261	879681	414	19259	91	20360
宁　波	1777	222740	127	6287	5	11
合　肥	491	108484	156	13914	279	97599
福　州	304	81508	9	772	5	21
厦　门	33	1323				
南　昌	464	119340				
济　南	557	34741	107	5423	5	124
青　岛	1020	299249	91	41729	176	13683
郑　州	2565	109687	149	1275	185	50048
武　汉	665	81195	50	7638	277	11000
长　沙	1500	492996	109	71935	334	60689
广　州	2285	431006	287	34087	104	44194
深　圳	273	7613	39	1123	1	22
南　宁	235	4121	28	2261		
海　口			5	138		
重　庆	4796	607848	304	9418	51	1051
成　都	3369	537860	23	5315		
贵　阳	533	16536				
昆　明	898	49254	15	116	3	27
拉　萨						
西　安	195	11126	32	1350	4	95
兰　州	432	24540	51	30000	21	203
西　宁	122	3911	24	1503		
银　川	103	5266	38	827	30	12781
乌鲁木齐	396	13338	79	8740	1	6

2-18 续表 7

地　区	电子出版物及音像制品类		家用电器和音像器材类		中西药品类	
	摊位数（个）	成交额（万元）	摊位数（个）	成交额（万元）	摊位数（个）	成交额（万元）
36城市总计	**3202**	**1205728**	**14821**	**3622965**	**2259**	**296609**
北　京	83	2482	1345	191046	26	1149
天　津	13	1568	173	18399	4	59
石家庄	949	918560	200	5248	41	2376
太　原			75	1300		
呼和浩特	25	141	35	2750	22	2331
沈　阳	5	128	275	13595		
大　连	390	44934	815	212304	11	925
长　春	197	70937	120	5282	117	3170
哈尔滨	147	38390	322	417807		
上　海	86	11312	334	100091	259	93438
南　京	14	4903	150	31230	1	100
杭　州	3	290	442	104683	5	238
宁　波	27	238	677	87008		
合　肥	6	272	1136	626700	10	394
福　州	37	3854	170	44812	39	414
厦　门					10	730
南　昌	55	2214	1201	130266		
济　南	33	1123	216	3369	1	50
青　岛	4	578	298	39829	14	433
郑　州			974	85511		
武　汉	1	10	165	130716	7	8123
长　沙	198	30620	737	591429	237	38334
广　州	404	39844	1319	217459	335	19960
深　圳	26	853	591	26222		
南　宁	7	93	2	30	5	2107
海　口					8	250
重　庆	68	5582	1071	310809	80	7914
成　都	4	592	135	1812		
贵　阳			665	49200	100	2000
昆　明	22	181	18	242	547	81047
拉　萨						
西　安	187	4620	165	27693	373	30000
兰　州	53	11821	352	99889		
西　宁			74	780	3	60
银　川	26	178	12	220		
乌鲁木齐	132	9410	557	45234	4	1007

2-18 续表 8

地 区	#西药类		#中草药及中成药类		文化办公用品类	
	摊位数（个）	成交额（万元）	摊位数（个）	成交额（万元）	摊位数（个）	成交额（万元）
36城市总计	**246**	**21663**	**1861**	**266154**	**38576**	**7924968**
北 京	11	610	11	197	5495	1091527
天 津	3	50			505	44385
石 家 庄	34	2036	7	340	556	171373
太 原					592	32070
呼和浩特	22	2331			61	9554
沈 阳					623	16445
大 连	4	346	2	69	1204	921145
长 春	15	698	3	207	736	143108
哈 尔 滨					1700	372141
上 海	3	438	256	93000	1379	295181
南 京	1	100			1107	85566
杭 州	4	212			2308	346616
宁 波					868	69873
合 肥	1	128			236	10382
福 州	1	32	35	202	837	104560
厦 门			10	730		
南 昌					811	213668
济 南					1042	287972
青 岛	13	52			1232	313196
郑 州					2247	363519
武 汉	2	7818			1898	365927
长 沙	52	263	168	35900	2075	578225
广 州	3	149	330	19207	1774	451277
深 圳					1532	90124
南 宁	4	1307	1	800	604	181375
海 口	8	250			311	28930
重 庆	52	3489	27	2802	2036	897970
成 都					863	111978
贵 阳			100	2000	361	35518
昆 明	9	347	538	80700	17	335
拉 萨						
西 安			373	30000	2068	131081
兰 州					350	83600
西 宁					113	2873
银 川					72	1482
乌鲁木齐	4	1007			963	71992

2-18 续表 9

地区	家具类		通讯器材类		煤炭及制品类	
	摊位数(个)	成交额(万元)	摊位数(个)	成交额(万元)	摊位数(个)	成交额(万元)
36城市总计	**37367**	**5153325**	**17640**	**1683304**	**1058**	**6689442**
北京	4190	619120	897	198291	1	4
天津	946	74376	81	32665	681	5612782
石家庄	743	87510	461	59343	10	300
太原	241	25500				
呼和浩特	755	88180	235	37785	65	9672
沈阳	2074	223311	509	210075		
大连	2274	166534	600	14678		
长春	415	130533	512	37014	132	2600
哈尔滨	641	97594	27	656		
上海	2680	261175	1097	29816	10	11725
南京	1441	314920	2	80		
杭州	1317	140075	436	105876		
宁波	1593	227427			69	1040000
合肥	493	66024	5	429		
福州	161	29161	209	13432		
厦门	104	8939	8	1700		
南昌	813	78194	75	37407		
济南	608	67641	144	1295		
青岛	1148	233644	93	17287	9	2484
郑州	1270	128900	22	218		
武汉	1520	277003	481	146635		
长沙	811	232681	648	74441		
广州	372	39742	38	20003		
深圳	25	4000	10107	462483		
南宁	1011	44269	2	73		
海口						
重庆	2923	1124320	779	168650	5	139
成都	3514	126243	2	32		
贵阳	155	21610				
昆明	547	75483	17	219	8	136
拉萨						
西安			2	80		
兰州	779	46825	43	3610		
西宁	233	11385	3	21		
银川	10	1639	48	190		
乌鲁木齐	1560	79367	57	8820	68	9600

2-18 续表 10

地 区	木材及制品类		石油及制品类		化工材料及制品类	
	摊位数（个）	成交额（万元）	摊位数（个）	成交额（万元）	摊位数（个）	成交额（万元）
36城市总计	**9436**	**1872240**	**1078**	**16045650**	**8423**	**8834774**
北 京	864	35750			163	13816
天 津	427	181623	2	286	433	1223809
石 家 庄	248	122886	10	1601	89	79775
太 原	216	21300				
呼和浩特	62	13498	23	705	24	5188
沈 阳	486	42390			336	51738
大 连	437	63270	200	4400000	53	14584
长 春					177	4926
哈 尔 滨					30	17600
上 海	1429	294950	506	11620000	1101	896207
南 京	424	244334			56	6435
杭 州	271	68243			141	157380
宁 波	659	158384			2987	5387798
合 肥	49	3100			11	1628
福 州	110	26895			115	39518
厦 门	230	19604			3	558
南 昌	165	15450			102	9198
济 南						
青 岛	736	58639	4	2180	10	110
郑 州	108	190			232	10613
武 汉	216	28620			227	27469
长 沙	819	40526	169	6588	681	68507
广 州	552	274738	2	24	245	118546
深 圳	50	7100				
南 宁					235	277171
海 口						
重 庆	507	109834	4	3304	188	42296
成 都	6	955			366	300000
贵 阳						
昆 明			1	600	61	49840
拉 萨						
西 安						
兰 州	113	29607				
西 宁			3	352		
银 川					12	128
乌鲁木齐	252	10354	154	10010	345	29936

2-18 续表 11

地区	#化肥类		金属材料类		建筑及装潢材料类	
	摊位数（个）	成交额（万元）	摊位数（个）	成交额（万元）	摊位数（个）	成交额（万元）
36城市总计	**509**	**111074**	**42508**	**100016652**	**90992**	**17223631**
北京			363	75328	4867	605157
天津	5	3467	2587	9101742	2733	622454
石家庄	21	870	127	55395	4166	716676
太原			140	566000	899	84000
呼和浩特	24	4900	21	4042	572	155046
沈阳			4289	3903065	3081	706063
大连			150	189584	1069	117250
长春			746	119953	1836	180791
哈尔滨	30	17600	775	2453270	1058	126098
上海	5	686	5435	34643673	13663	3092542
南京			1299	4585703	6516	1305550
杭州			4050	13147242	5998	1102841
宁波			3193	3215999	4019	776774
合肥			1164	4215814	2621	223149
福州			240	1709232	1389	1549062
厦门			27	3599	283	21139
南昌			794	605931	3796	553249
济南			535	91850	927	171000
青岛	10	110	754	1819205	1955	484304
郑州	184	613	130	784	1456	25189
武汉	94	10833	2591	1343905	3862	256703
长沙			1015	1601603	6889	1092790
广州			491	1868849	1867	196133
深圳			22	2650	204	8050
南宁	28	40344	746	2103000	1655	171130
海口						
重庆	74	4953	3315	7129096	5883	1661142
成都			1870	558096	2079	616770
贵阳			715	170050	824	64623
昆明	22	26570	727	1460621	1557	177304
拉萨						
西安					706	33200
兰州			1751	1048996	1191	154633
西宁					752	23843
银川	12	128	1392	1039172	78	15940
乌鲁木齐			1054	1183203	541	133036

2-18 续表 12

地区	机电产品及设备类		#农机类		汽车类	
	摊位数（个）	成交额（万元）	摊位数（个）	成交额（万元）	摊位数（个）	成交额（万元）
36城市总计	**22436**	**4915495**	**1091**	**278029**	**38640**	**34262179**
北京	458	210574			4335	7098961
天津	60	12700			1162	2012927
石家庄	1255	101635	18	20365	583	291407
太原					426	17000
呼和浩特	28	2361				
沈阳					1956	576036
大连	874	45000			451	1190036
长春	371	37049			1510	1404941
哈尔滨					900	25074
上海	563	99368			1376	2348243
南京	134	10096			305	259407
杭州	3151	763487			4124	3879709
宁波	253	57493			278	593234
合肥	1326	158113	215	8600	348	672000
福州					230	35168
厦门					115	321898
南昌	299	93045	78	29450	1315	537786
济南	140	13661	38	1611	2365	1354734
青岛	402	111202	212	96710	420	229311
郑州	256	35658			1414	1285312
武汉	158	61944	78	51486	871	798886
长沙	2038	443202	149	7946	4156	2131559
广州	295	42444	4	57	3513	2848463
深圳					119	524835
南宁	1202	181020			188	181219
海口						
重庆	3390	1294970	8	1019	2064	2078526
成都	3575	546563			484	382977
贵阳					556	80000
昆明	186	26380	110	19500	1033	411265
拉萨						
西安					640	178050
兰州	195	29376				
西宁	34	1430			145	12000
银川	457	93681	166	40833	518	31065
乌鲁木齐	1336	443043	15	452	740	470150

2-18 续表 13

地 区	种子饲料类		棉麻类		其他类	
	摊位数（个）	成交额（万元）	摊位数（个）	成交额（万元）	摊位数（个）	成交额（万元）
36城市总计	**1155**	**341192**	**1060**	**427341**	**51273**	**7517873**
北 京	3	128	86	900	6048	368519
天 津	33	17387	660	306044	1535	91709
石家庄	15	1102	19	239	1696	301327
太 原					170	2500
呼和浩特			17	918		
沈 阳	13	946			1605	990111
大 连	5	200			1122	185274
长 春			3	1020	1738	61915
哈尔滨	80	13500			343	38454
上 海	3	197			3639	577661
南 京					913	138589
杭 州					1687	203549
宁 波	189	43237	160	100965	2096	579164
合 肥					1899	58924
福 州	7	58			1264	289700
厦 门	2	5			206	15982
南 昌			39	299	701	39241
济 南			20	15045	1238	85779
青 岛	21	427			333	36918
郑 州			42	416	2895	1256160
武 汉	48	7101			10	60
长 沙	3	85			1172	139201
广 州	14	332			3224	324955
深 圳					986	114202
南 宁	218	81000			810	92458
海 口					63	1890
重 庆	441	162290	14	1495	4444	585012
成 都					2724	216725
贵 阳					107	10000
昆 明	10	8926			4061	520836
拉 萨						
西 安					58	852
兰 州	5	15			132	100
西 宁					285	58866
银 川	26	3800			179	14018
乌鲁木齐	19	456			1890	117222

（四）三大地带

2-19 商品交易市场总体情况

地区	市场数量（个）	总摊位数（个）	年末出租摊位数（个）	营业面积（平方米）	成交额（万元）
三大地带合计	**1951**	**1242354**	**1128305**	**92289857**	**401072339**
环渤海	**458**	**383048**	**343464**	**24920456**	**95714356**
北京	135	129132	110047	6899092	24897505
天津	81	56419	50499	5370229	26718648
唐山	22	18738	15939	882287	2741598
沈阳	64	63435	57025	2578457	14785438
大连	48	37153	35373	1644486	11664384
济南	41	24552	23622	2521419	4570352
青岛	67	53619	50959	5024486	10336431
长三角	**1173**	**670455**	**620045**	**50207160**	**262449981**
上海	179	76560	73576	7847399	64798737
南京	60	35985	34462	2827854	11306248
苏州	87	75108	71785	5526865	29880796
无锡	64	47682	42203	4403527	31286650
常州	55	36770	34134	3955365	13367482
镇江	19	8072	7424	1379461	2213238
南通	90	48614	43143	2998799	11051447
扬州	63	21987	20689	2024336	5592383
泰州	23	15007	13066	1319437	2678716
杭州	156	80333	74355	4061684	32025518
宁波	125	61084	56568	4390755	18429048
嘉兴	52	40073	35700	2201052	9199594
湖州	41	22938	19569	1612070	4922813
绍兴	50	48248	47141	3691489	17499652
舟山	9	5429	5205	199518	1338244
台州	100	46565	41025	1767549	6859415
珠三角	**320**	**188851**	**164796**	**17162241**	**42908002**
广州	163	88870	77583	6724277	19561692
深圳	32	30312	25916	830874	4235945
珠海	12	6258	4947	147159	1669233
佛山	35	19730	18393	6260112	6257273
江门	11	3989	3435	174294	586276
东莞	44	26580	22498	2377346	8852774
中山	6	4181	3420	108224	84076
惠州	11	7393	7331	491343	1546548
肇庆	6	1538	1273	48612	114185

2-20 商品交易市场情况(按市场类别分)

(综合市场)

地 区	市场数量 (个)	总摊位数 (个)	年末出租摊位数 (个)	营业面积 (平方米)	成交额 (万元)
三大地带合计	**543**	**408263**	**373737**	**17346887**	**65485009**
环 渤 海	**115**	**131432**	**120714**	**6888979**	**25975180**
北 京	40	55833	50398	2920497	11536457
天 津	17	19499	17317	1382054	2578013
唐 山	8	9867	9692	385040	1107914
沈 阳	6	4570	3937	60085	329008
大 连	25	25173	23921	914243	8219240
济 南	8	6593	6286	396000	566884
青 岛	11	9897	9163	831060	1637664
长 三 角	**375**	**236771**	**218940**	**9226420**	**35176133**
上 海	39	23408	22619	1229564	3435286
南 京	23	16170	15328	868358	2784979
苏 州	25	12783	11846	558395	2444998
无 锡	16	24900	21454	896254	4237512
常 州	19	11343	10623	797765	2865318
镇 江	5	3297	3098	602570	446025
南 通	46	25404	23568	674765	2016677
扬 州	20	9221	8977	254718	1700786
泰 州	7	6270	6232	145012	456378
杭 州	43	30494	27419	1049287	5463402
宁 波	41	25630	24084	863878	4119425
嘉 兴	18	11207	9909	156807	662564
湖 州	19	10376	9122	449086	1344109
绍 兴	10	5118	4884	212369	956209
舟 山	6	4247	4023	80194	299717
台 州	38	16903	15754	387398	1942748
珠 三 角	**53**	**40060**	**34083**	**1231488**	**4333696**
广 州	17	12940	11397	365187	1095963
深 圳	8	9945	7313	208484	1031917
珠 海	4	2535	2040	18659	57618
佛 山	10	5564	4898	156415	802946
江 门	6	2667	2370	96345	159275
东 莞	2	1565	1253	264231	404462
中 山					
惠 州	4	4364	4353	114555	750737
肇 庆	2	480	459	7612	30778

2-20 续表 1

(生产资料综合市场)

地 区	市场数量（个）	总摊位数（个）	年末出租摊位数（个）	营业面积（平方米）	成交额（万元）
三大地带合计	**23**	**16923**	**16527**	**1877075**	**6708404**
环 渤 海	**7**	**2255**	**2226**	**169590**	**4743134**
北 京	1	280	258	7200	12649
天 津	1	426	426	65000	119935
唐 山					
沈 阳					
大 连	4	1439	1432	67390	4592050
济 南					
青 岛	1	110	110	30000	18500
长 三 角	**16**	**14668**	**14301**	**1707485**	**1965270**
上 海	4	6891	6891	699000	612140
南 京	1	795	749	66000	93800
苏 州	1	890	890	100000	15798
无 锡					
常 州	1	820	803	3000	85000
镇 江	2	2277	2129	554570	340185
南 通					
扬 州	1	320	240	52000	25000
泰 州					
杭 州	1	99	57	14616	107160
宁 波	2	961	961	59854	391587
嘉 兴					
湖 州	2	709	709	108251	132600
绍 兴					
舟 山	1	906	872	50194	162000
台 州					
珠 三 角					
广 州					
深 圳					
珠 海					
佛 山					
江 门					
东 莞					
中 山					
惠 州					
肇 庆					

2-20 续表 2

(工业消费品综合市场)

地　区	市场数量(个)	总摊位数(个)	年末出租摊位数(个)	营业面积(平方米)	成交额(万元)
三大地带合计	**100**	**117162**	**106497**	**3688157**	**12913825**
环渤海	**37**	**44889**	**41210**	**1320563**	**3204165**
北　京	10	13392	11978	226422	811684
天　津	3	7104	6640	162635	441139
唐　山					
沈　阳	2	2346	1893	22193	98179
大　连	12	11163	10108	292253	584047
济　南	5	4623	4588	140000	174191
青　岛	5	6261	6003	477060	1094925
长三角	**48**	**56091**	**52641**	**1917232**	**8060272**
上　海	3	1406	1339	24900	147657
南　京	5	2274	2256	82664	310075
苏　州	1	480	480	5000	81046
无　锡	5	15466	14097	347830	2232947
常　州					
镇　江					
南　通	7	5639	4807	297064	389416
扬　州	1	940	940	32000	1001735
泰　州	3	3870	3870	98212	204375
杭　州	6	9330	8971	290050	776696
宁　波	5	7208	6942	432333	1184512
嘉　兴					
湖　州	3	1810	1515	71344	357335
绍　兴	1	1247	1247	47219	388893
舟　山					
台　州	8	6421	6177	188616	985585
珠三角	**15**	**16182**	**12646**	**450362**	**1649388**
广　州	8	5464	4558	169873	657413
深　圳	2	5715	3148	145534	64153
珠　海					
佛　山	2	1612	1562	67678	599873
江　门	2	319	306	17277	46372
东　莞					
中　山					
惠　州	1	3072	3072	50000	281577
肇　庆					

2-20 续表 3

(农产品综合市场)

地　　区	市场数量(个)	总摊位数(个)	年末出租摊位数(个)	营业面积(平方米)	成交额(万元)
三大地带合计	**351**	**199308**	**181990**	**8063326**	**31195141**
环渤海	**45**	**42112**	**37930**	**3641729**	**11114445**
北　京	21	23882	21748	2212381	7769169
天　津	7	7725	6068	710788	1430894
唐　山	3	1031	992	205000	342490
沈　阳	2	917	915	11960	186373
大　连	7	4857	4857	181600	543135
济　南	2	1570	1542	176000	383743
青　岛	3	2130	1808	144000	458641
长三角	**275**	**137293**	**126423**	**3737300**	**17587495**
上　海	26	10989	10418	366206	2189144
南　京	14	8607	8126	477146	1531595
苏　州	22	10795	9880	399395	2305504
无　锡	10	8829	6752	530024	1981465
常　州	15	7033	6353	81468	345590
镇　江	2	840	814	44500	94219
南　通	33	15248	14661	297101	1487934
扬　州	18	7961	7797	170718	674051
泰　州	4	2400	2362	46800	252003
杭　州	29	13459	12127	327681	1933835
宁　波	31	16090	15136	342446	2095070
嘉　兴	18	11207	9909	156807	662564
湖　州	13	7049	6630	204491	685974
绍　兴	8	3568	3334	86190	403180
舟　山	5	3341	3151	30000	137717
台　州	27	9877	8973	176327	807650
珠三角	**31**	**19903**	**17637**	**684297**	**2493201**
广　州	8	6961	6361	191334	422428
深　圳	4	3085	3020	39900	933195
珠　海	4	2535	2040	18659	57618
佛　山	8	3952	3336	88737	203073
江　门	2	990	833	30049	49647
东　莞	2	1565	1253	264231	404462
中　山					
惠　州	1	335	335	43775	392000
肇　庆	2	480	459	7612	30778

2-20 续表 4

(其他综合市场)

地　区	市场数量(个)	总摊位数(个)	年末出租摊位数(个)	营业面积(平方米)	成交额(万元)
三大地带合计	**69**	**74870**	**68723**	**3718329**	**14667639**
环渤海	**26**	**42176**	**39348**	**1757097**	**6913436**
北　京	8	18279	16414	474494	2942955
天　津	6	4244	4183	443631	586045
唐　山	5	8836	8700	180040	765424
沈　阳	2	1307	1129	25932	44456
大　连	2	7714	7524	373000	2500008
济　南	1	400	156	80000	8950
青　岛	2	1396	1242	180000	65598
长三角	**36**	**28719**	**25575**	**1864403**	**7563096**
上　海	6	4122	3971	139458	486345
南　京	3	4494	4197	242548	849509
苏　州	1	618	596	54000	42650
无　锡	1	605	605	18400	23100
常　州	3	3490	3467	713297	2434728
镇　江	1	180	155	3500	11621
南　通	6	4517	4100	80600	139327
扬　州					
泰　州					
杭　州	7	7606	6264	416940	2645711
宁　波	3	1371	1045	29245	448256
嘉　兴					
湖　州	1	808	268	65000	168200
绍　兴	1	303	303	78960	164136
舟　山					
台　州	3	605	604	22455	149513
珠三角	**7**	**3975**	**3800**	**96829**	**191107**
广　州	1	515	478	3980	16122
深　圳	2	1145	1145	23050	34569
珠　海					
佛　山					
江　门	2	1358	1231	49019	63256
东　莞					
中　山					
惠　州	2	957	946	20780	77160
肇　庆					

2-20 续表 5

（专业市场）

地 区	市场数量（个）	总摊位数（个）	年末出租摊位数（个）	营业面积（平方米）	成交额（万元）
三大地带合计	**1408**	**834091**	**754568**	**74942970**	**335587330**
环 渤 海	**343**	**251616**	**222750**	**18031477**	**69739176**
北 京	95	73299	59649	3978595	13361048
天 津	64	36920	33182	3988175	24140635
唐 山	14	8871	6247	497247	1633684
沈 阳	58	58865	53088	2518372	14456430
大 连	23	11980	11452	730243	3445144
济 南	33	17959	17336	2125419	4003468
青 岛	56	43722	41796	4193426	8698767
长 三 角	**798**	**433684**	**401105**	**40980740**	**227273848**
上 海	140	53152	50957	6617835	61363451
南 京	37	19815	19134	1959496	8521269
苏 州	62	62325	59939	4968470	27435798
无 锡	48	22782	20749	3507273	27049138
常 州	36	25427	23511	3157600	10502164
镇 江	14	4775	4326	776891	1767213
南 通	44	23210	19575	2324034	9034770
扬 州	43	12766	11712	1769618	3891597
泰 州	16	8737	6834	1174425	2222338
杭 州	113	49839	46936	3012397	26562116
宁 波	84	35454	32484	3526877	14309623
嘉 兴	34	28866	25791	2044245	8537030
湖 州	22	12562	10447	1162984	3578704
绍 兴	40	43130	42257	3479120	16543443
舟 山	3	1182	1182	119324	1038527
台 州	62	29662	25271	1380151	4916667
珠 三 角	**267**	**148791**	**130713**	**15930753**	**38574306**
广 州	146	75930	66186	6359090	18465729
深 圳	24	20367	18603	622390	3204028
珠 海	8	3723	2907	128500	1611615
佛 山	25	14166	13495	6103697	5454327
江 门	5	1322	1065	77949	427001
东 莞	42	25015	21245	2113115	8448312
中 山	6	4181	3420	108224	84076
惠 州	7	3029	2978	376788	795811
肇 庆	4	1058	814	41000	83407

2-20 续表 6

(生产资料市场)

地　区	市场数量(个)	总摊位数(个)	年末出租摊位数(个)	营业面积(平方米)	成交额(万元)
三大地带合计	**311**	**119865**	**106174**	**21338666**	**158065109**
环 渤 海	**68**	**21753**	**19832**	**4705365**	**24737523**
北　京	11	3839	3445	281791	544795
天　津	24	6114	5859	1731452	16568531
唐　山	4	467	445	156076	487510
沈　阳	12	6067	5288	660264	4413299
大　连	3	563	521	97422	221279
济　南	5	1645	1564	244400	274900
青　岛	9	3058	2710	1533960	2227209
长 三 角	**220**	**89923**	**79938**	**14568071**	**125753364**
上　海	47	13931	13549	4120778	49955511
南　京	7	4104	4001	527735	5318000
苏　州	22	10321	9440	951968	7018910
无　锡	23	13239	11642	2312747	23457118
常　州	11	6912	5821	1102211	5642088
镇　江	2	660	411	14500	1201070
南　通	9	3409	1646	393030	344585
扬　州	12	3226	3097	474836	709333
泰　州	6	4927	3907	549460	569294
杭　州	25	8448	8005	481988	13944921
宁　波	24	8949	8563	2216378	9888180
嘉　兴	4	1298	1225	174911	955141
湖　州	7	4468	3093	458826	1301123
绍　兴	8	3228	2863	533068	4311948
舟　山	1	1	1	1669	489418
台　州	12	2802	2674	253966	646724
珠 三 角	**23**	**8189**	**6404**	**2065230**	**7574222**
广　州	9	2840	1903	775746	2448451
深　圳	1	106	91	50000	11705
珠　海					
佛　山	5	1208	809	436482	897206
江　门					
东　莞	8	4035	3601	803002	4216860
中　山					
惠　州					
肇　庆					

2-20 续表 7

(农业生产用具市场)

地　区	市场数量(个)	总摊位数(个)	年末出租摊位数(个)	营业面积(平方米)	成交额(万元)
三大地带合计	**4**	**970**	**860**	**289872**	**207481**
环 渤 海	**2**	**240**	**212**	**129000**	**96710**
北　京					
天　津					
唐　山					
沈　阳					
大　连					
济　南					
青　岛	2	240	212	129000	96710
长 三 角	**1**	**550**	**468**	**45857**	**55126**
上　海					
南　京					
苏　州					
无　锡					
常　州	1	550	468	45857	55126
镇　江					
南　通					
扬　州					
泰　州					
杭　州					
宁　波					
嘉　兴					
湖　州					
绍　兴					
舟　山					
台　州					
珠 三 角	**1**	**180**	**180**	**115015**	**55645**
广　州					
深　圳					
珠　海					
佛　山	1	180	180	115015	55645
江　门					
东　莞					
中　山					
惠　州					
肇　庆					

2-20 续表 8

(农用生产资料市场)

地　区	市场数量 (个)	总摊位数 (个)	年末出租摊位数 (个)	营业面积 (平方米)	成交额 (万元)
三大地带合计	**2**	**199**	**199**	**8380**	**49342**
环 渤 海					
北　京					
天　津					
唐　山					
沈　阳					
大　连					
济　南					
青　岛					
长 三 角	**2**	**199**	**199**	**8380**	**49342**
上　海					
南　京					
苏　州					
无　锡					
常　州					
镇　江					
南　通					
扬　州					
泰　州					
杭　州					
宁　波	2	199	199	8380	49342
嘉　兴					
湖　州					
绍　兴					
舟　山					
台　州					
珠 三 角					
广　州					
深　圳					
珠　海					
佛　山					
江　门					
东　莞					
中　山					
惠　州					
肇　庆					

2-20 续表 9

(煤炭市场)

地 区	市场数量(个)	总摊位数(个)	年末出租摊位数(个)	营业面积(平方米)	成交额(万元)
三大地带合计	**6**	**760**	**760**	**519853**	**6664507**
环 渤 海	**4**	**681**	**681**	**113000**	**5612782**
北 京					
天 津	4	681	681	113000	5612782
唐 山					
沈 阳					
大 连					
济 南					
青 岛					
长 三 角	**2**	**79**	**79**	**406853**	**1051725**
上 海	1	10	10	1500	11725
南 京					
苏 州					
无 锡					
常 州					
镇 江					
南 通					
扬 州					
泰 州					
杭 州					
宁 波	1	69	69	405353	1040000
嘉 兴					
湖 州					
绍 兴					
舟 山					
台 州					
珠 三 角					
广 州					
深 圳					
珠 海					
佛 山					
江 门					
东 莞					
中 山					
惠 州					
肇 庆					

2-20 续表 10

(木材市场)

地 区	市场数量 (个)	总摊位数 (个)	年末出租摊位数 (个)	营业面积 (平方米)	成交额 (万元)
三大地带合计	**26**	**11937**	**10239**	**1256778**	**2465001**
环渤海	**3**	**1350**	**1350**	**120800**	**82673**
北 京	1	600	600	40000	13366
天 津					
唐 山					
沈 阳	1	200	200	2800	35200
大 连					
济 南					
青 岛	1	550	550	78000	34107
长三角	**20**	**9394**	**8024**	**935978**	**1979467**
上 海	5	331	326	117396	161933
南 京	1	864	785	8800	88740
苏 州					
无 锡					
常 州	3	3421	3320	323550	455450
镇 江					
南 通	1	120	120	6660	12500
扬 州	1	128	128	30000	41052
泰 州					
杭 州	2	239	239	35000	60493
宁 波	1	414	275	22000	60000
嘉 兴					
湖 州	4	3490	2444	350965	950637
绍 兴	1	70	70	11607	133632
舟 山					
台 州	1	317	317	30000	15030
珠三角	**3**	**1193**	**865**	**200000**	**402861**
广 州	1	667	414	70000	241156
深 圳	1	106	91	50000	11705
珠 海					
佛 山					
江 门					
东 莞	1	420	360	80000	150000
中 山					
惠 州					
肇 庆					

2-20 续表 11

（建材市场）

地　区	市场数量（个）	总摊位数（个）	年末出租摊位数（个）	营业面积（平方米）	成交额（万元）
三大地带合计	**76**	**31809**	**29406**	**7659754**	**8316065**
环渤海	**17**	**7398**	**6759**	**1406883**	**1803235**
北　京	6	2304	2003	164000	227962
天　津	3	2267	2267	643492	698447
唐　山	1	17	17	20010	12000
沈　阳	3	764	517	91421	428786
大　连					
济　南	2	938	927	95000	171000
青　岛	2	1108	1028	392960	265040
长三角	**56**	**23425**	**22043**	**6016997**	**6239630**
上　海	12	5022	4982	3088971	2473263
南　京	4	1955	1936	304135	658060
苏　州	6	2936	2872	274923	352440
无　锡	3	5199	4546	1030800	1288641
常　州	2	386	385	293304	249250
镇　江	1	260	253	4500	17520
南　通	3	190	186	74000	69220
扬　州	7	2003	1924	315296	280624
泰　州	3	627	607	46500	74901
杭　州	4	1480	1323	109151	277535
宁　波	4	1598	1570	281330	263069
嘉　兴	1	354	290	74897	48780
湖　州	2	683	449	44000	32568
绍　兴	2	560	548	53550	116571
舟　山					
台　州	2	172	172	21640	37188
珠三角	**3**	**986**	**604**	**235874**	**273200**
广　州	1	810	428	172889	180200
深　圳					
珠　海					
佛　山					
江　门					
东　莞	2	176	176	62985	93000
中　山					
惠　州					
肇　庆					

2-20 续表 12

(化工材料及制品市场)

地　区	市场数量（个）	总摊位数（个）	年末出租摊位数（个）	营业面积（平方米）	成交额（万元）
三大地带合计	**25**	**16557**	**14939**	**1902543**	**24358040**
环渤海	**4**	**526**	**521**	**25841**	**1208361**
北　京					
天　津	3	406	401	17382	1193236
唐　山					
沈　阳					
大　连	1	120	120	8459	15125
济　南					
青　岛					
长三角	**16**	**12965**	**11382**	**1268045**	**19345815**
上　海	2	964	964	20000	881400
南　京					
苏　州	3	4270	4014	51500	4711847
无　锡	2	555	551	42000	1753176
常　州	2	1712	809	221000	2419192
镇　江					
南　通					
扬　州					
泰　州					
杭　州					
宁　波	4	3067	3067	479625	5550300
嘉　兴					
湖　州					
绍　兴	2	2090	1777	398920	3915900
舟　山					
台　州	1	307	200	55000	114000
珠三角	**5**	**3066**	**3036**	**608657**	**3803864**
广　州	2	282	252	11657	55804
深　圳					
珠　海					
佛　山					
江　门					
东　莞	3	2784	2784	597000	3748060
中　山					
惠　州					
肇　庆					

2-20　续表 13

(金属材料市场)

地　　区	市场数量 (个)	总摊位数 (个)	年末出租摊位数 (个)	营业面积 (平方米)	成交额 (万元)
三大地带合计	**139**	**44292**	**39492**	**8793081**	**101829372**
环 渤 海	**33**	**9905**	**9004**	**2819779**	**15598942**
北　　京	2	278	267	24235	47895
天　　津	14	2760	2510	957578	9064066
唐　　山	3	450	428	136066	475510
沈　　阳	7	4555	4289	562500	3903065
大　　连	1	175	133	80000	186154
济　　南	3	707	637	149400	103900
青　　岛	3	980	740	910000	1818352
长 三 角	**97**	**32553**	**29203**	**5124618**	**83433767**
上　　海	20	5360	5139	756703	34681713
南　　京	2	1285	1280	214800	4571200
苏　　州	11	2173	1814	550155	1919900
无　　锡	17	6985	6205	1221947	20113801
常　　州	3	843	839	218500	2463070
镇　　江	1	400	158	10000	1183550
南　　通	2	287	148	52410	54365
扬　　州	4	1095	1045	129540	387657
泰　　州	2	3800	2810	437960	461112
杭　　州	14	4236	4039	259612	13139752
宁　　波	11	3247	3028	989690	2885457
嘉　　兴	2	421	412	56680	723311
湖　　州	1	295	200	63861	317918
绍　　兴	2	326	286	48600	108735
舟　　山					
台　　州	5	1800	1800	114160	422226
珠 三 角	**9**	**1834**	**1285**	**848684**	**2796663**
广　　州	4	751	605	504200	1944302
深　　圳					
珠　　海					
佛　　山	4	1028	629	321467	841561
江　　门					
东　　莞	1	55	51	23017	10800
中　　山					
惠　　州					
肇　　庆					

2-20 续表 14

(机械设备市场)

地　区	市场数量(个)	总摊位数(个)	年末出租摊位数(个)	营业面积(平方米)	成交额(万元)
三大地带合计	**20**	**6255**	**5580**	**418764**	**1781162**
环渤海	**3**	**825**	**748**	**65963**	**232000**
北　京	1	377	300	33000	199000
天　津					
唐　山					
沈　阳					
大　连	1	268	268	8963	20000
济　南					
青　岛	1	180	180	24000	13000
长三角	**16**	**5100**	**4628**	**335801**	**1522173**
上　海	1	309	309	39000	13989
南　京					
苏　州	2	942	740	75390	34723
无　锡	1	500	340	18000	301500
常　州					
镇　江					
南　通	1	112	112	39960	80000
扬　州					
泰　州					
杭　州	5	2493	2404	78225	467141
宁　波	1	355	355	30000	40012
嘉　兴					
湖　州					
绍　兴	1	182	182	20391	37110
舟　山	1	1	1	1669	489418
台　州	3	206	185	33166	58280
珠三角	**1**	**330**	**204**	**17000**	**26989**
广　州	1	330	204	17000	26989
深　圳					
珠　海					
佛　山					
江　门					
东　莞					
中　山					
惠　州					
肇　庆					

2-20　续表 15

(其他生产资料市场)

地　区	市场数量（个）	总摊位数（个）	年末出租摊位数（个）	营业面积（平方米）	成交额（万元）
三大地带合计	**13**	**7086**	**4699**	**489641**	**12394139**
环 渤 海	**2**	**828**	**557**	**24099**	**102820**
北　京	1	280	275	20556	56572
天　津					
唐　山					
沈　阳	1	548	282	3543	46248
大　连					
济　南					
青　岛					
长 三 角	**10**	**5658**	**3912**	**425542**	**12076319**
上　海	6	1935	1819	97208	11731488
南　京					
苏　州					
无　锡					
常　州					
镇　江					
南　通	2	2700	1080	220000	128500
扬　州					
泰　州	1	500	490	65000	33281
杭　州					
宁　波					
嘉　兴	1	523	523	43334	183050
湖　州					
绍　兴					
舟　山					
台　州					
珠 三 角	**1**	**600**	**230**	**40000**	**215000**
广　州					
深　圳					
珠　海					
佛　山					
江　门					
东　莞	1	600	230	40000	215000
中　山					
惠　州					
肇　庆					

2-20 续表 16

(农产品市场)

地 区	市场数量(个)	总摊位数(个)	年末出租摊位数(个)	营业面积(平方米)	成交额(万元)
三大地带合计	**327**	**177053**	**149219**	**10981885**	**45667874**
环渤海	**89**	**83169**	**66249**	**4959216**	**14590547**
北 京	18	21055	11118	899915	2771722
天 津	16	16731	14621	886501	3282845
唐 山	3	3801	1281	178318	404934
沈 阳	14	7847	6299	387817	2525601
大 连	9	4434	4214	252980	926751
济 南	8	4224	4133	636370	1156528
青 岛	21	25077	24583	1717315	3522166
长三角	**169**	**65766**	**58634**	**3798359**	**20403268**
上 海	32	11150	10491	606314	4146956
南 京	11	3603	3116	349750	1375116
苏 州	16	4809	4317	367642	1488685
无 锡	5	1193	1056	143266	480281
常 州	1	100	100	6780	43200
镇 江	2	880	836	42000	138797
南 通	10	2428	2357	128472	443108
扬 州	9	1497	1107	185784	1433977
泰 州	5	780	612	296700	588832
杭 州	18	7201	7190	291268	2593220
宁 波	19	13102	11793	445573	1801446
嘉 兴	10	3541	3356	374204	2941137
湖 州	5	2320	1922	76296	387762
绍 兴	8	3409	3378	215493	904863
舟 山	1	1180	1180	105000	514710
台 州	17	8573	5823	163817	1121178
珠三角	**69**	**28118**	**24336**	**2224310**	**10674059**
广 州	26	6959	5750	671289	3881900
深 圳	10	4709	4291	143116	2047204
珠 海	4	973	908	79500	1064141
佛 山	4	3735	3616	465537	775564
江 门	2	560	501	35000	248288
东 莞	14	7761	6254	725460	2477436
中 山	3	2012	1670	34120	44802
惠 州	3	701	657	34788	71236
肇 庆	3	708	689	35500	63488

2-20 续表 17

(粮油市场)

地　区	市场数量（个）	总摊位数（个）	年末出租摊位数（个）	营业面积（平方米）	成交额（万元）
三大地带合计	**41**	**10375**	**9044**	**1375462**	**6395122**
环 渤 海	**10**	**2740**	**2546**	**530380**	**2164565**
北　京	3	1641	1475	160000	678978
天　津	3	487	487	119309	990225
唐　山					
沈　阳	1	277	277	37000	192600
大　连					
济　南					
青　岛	3	335	307	214071	302762
长 三 角	**21**	**4823**	**4430**	**608222**	**3055625**
上　海	5	2289	2027	139700	1311085
南　京	2	168	168	28000	303234
苏　州	2	218	172	4550	103942
无　锡	1	542	457	101000	201842
常　州					
镇　江					
南　通					
扬　州					
泰　州	1	89	89	176400	330010
杭　州	4	682	682	24060	367156
宁　波	2	218	218	35000	201530
嘉　兴	2	449	449	70200	69197
湖　州					
绍　兴	2	168	168	29312	167629
舟　山					
台　州					
珠 三 角	**10**	**2812**	**2068**	**236860**	**1174932**
广　州	5	1626	1260	126000	492112
深　圳					
珠　海					
佛　山					
江　门					
东　莞	5	1186	808	110860	682820
中　山					
惠　州					
肇　庆					

2-20 续表 18

(肉禽蛋市场)

地　区	市场数量(个)	总摊位数(个)	年末出租摊位数(个)	营业面积(平方米)	成交额(万元)
三大地带合计	**51**	**13496**	**12217**	**1188492**	**4120815**
环 渤 海	**9**	**3050**	**2628**	**277118**	**435452**
北　京	2	594	340	30901	49143
天　津	1	485	485	100000	38200
唐　山	1	381	381	5800	18000
沈　阳	2	383	290	8917	112768
大　连	1	927	927	108000	189989
济　南					
青　岛	2	280	205	23500	27352
长 三 角	**28**	**4691**	**4227**	**303707**	**2321568**
上　海	6	880	813	40857	208195
南　京	2	412	412	13400	363709
苏　州	3	627	543	75900	535360
无　锡					
常　州					
镇　江					
南　通	4	636	597	28610	127700
扬　州	3	230	230	7740	164601
泰　州	2	498	365	8300	36822
杭　州	5	635	635	110080	730764
宁　波	1	243	243	12500	126593
嘉　兴					
湖　州					
绍　兴					
舟　山					
台　州	2	530	389	6320	27824
珠 三 角	**14**	**5755**	**5362**	**607667**	**1363795**
广　州	6	1272	1001	103830	542107
深　圳	1	485	484	6000	8940
珠　海					
佛　山	3	3625	3506	429537	712160
江　门					
东　莞	2	77	77	57800	66956
中　山					
惠　州					
肇　庆	2	296	294	10500	33632

2-20 续表 19

(水产品市场)

地　区	市场数量（个）	总摊位数（个）	年末出租摊位数（个）	营业面积（平方米）	成交额（万元）
三大地带合计	**82**	**50824**	**43554**	**2210360**	**12149046**
环渤海	**20**	**20300**	**17862**	**710500**	**4823787**
北　京	3	2074	1898	85000	917262
天　津	4	3805	1695	103960	525627
唐　山	1	420	420	22518	160000
沈　阳	3	929	829	99000	647434
大　连	3	775	775	38200	503572
济　南	2	1250	1200	38000	710000
青　岛	4	11047	11045	323822	1359892
长三角	**49**	**27578**	**23230**	**1346469**	**6256419**
上　海	5	2718	2478	204200	1585515
南　京	3	2395	1932	274000	607729
苏　州	5	1631	1540	104124	349570
无　锡	2	200	200	31666	240242
常　州	1	100	100	6780	43200
镇　江	1	512	468	25000	104387
南　通	3	1210	1180	74862	215300
扬　州	3	364	152	51354	179000
泰　州	2	193	158	112000	222000
杭　州	1	1072	1072	20000	297592
宁　波	9	9088	8554	208240	754731
嘉　兴	1	180	79	20825	20149
湖　州	1	360	360	8000	27775
绍　兴	1	137	137	7200	174438
舟　山	1	1180	1180	105000	514710
台　州	10	6238	3640	93218	920081
珠三角	**13**	**2946**	**2462**	**153391**	**1068840**
广　州	8	1548	1243	59391	605701
深　圳	2	818	698	30000	128447
珠　海	1	120	120	23000	250000
佛　山	1	110	110	36000	63404
江　门	1	350	291	5000	21288
东　莞					
中　山					
惠　州					
肇　庆					

2-20 续表 20

(蔬菜市场)

地　区	市场数量(个)	总摊位数(个)	年末出租摊位数(个)	营业面积(平方米)	成交额(万元)
三大地带合计	**60**	**53370**	**41446**	**2924708**	**7127928**
环渤海	**27**	**39760**	**29212**	**2165298**	**4177019**
北　京	5	10046	2417	190400	327762
天　津	6	10810	10810	417006	582915
唐　山	1	3000	480	150000	226934
沈　阳	3	2572	2572	109000	1389760
大　连					
济　南	4	1830	1800	298570	257806
青　岛	8	11502	11133	1000322	1391842
长三角	**28**	**11970**	**10851**	**634627**	**2521116**
上　海	7	2775	2707	125812	561865
南　京	4	628	604	34350	100444
苏　州	2	1100	894	88004	91588
无　锡					
常　州					
镇　江					
南　通	2	422	422	18000	63833
扬　州	1	155	155	50000	562376
泰　州					
杭　州	4	3677	3666	54428	488655
宁　波	4	1863	1088	109733	298064
嘉　兴	2	483	468	68300	200732
湖　州					
绍　兴	1	765	745	66000	116006
舟　山					
台　州	1	102	102	20000	37553
珠三角	**5**	**1640**	**1383**	**124783**	**429793**
广　州	3	1114	959	81783	80359
深　圳					
珠　海					
佛　山					
江　门					
东　莞	2	526	424	43000	349434
中　山					
惠　州					
肇　庆					

2-20　续表 21

（干鲜果品市场）

地　区	市场数量（个）	总摊位数（个）	年末出租摊位数（个）	营业面积（平方米）	成交额（万元）
三大地带合计	**40**	**19587**	**16523**	**1964733**	**7869082**
环渤海	**8**	**5273**	**3513**	**562100**	**497298**
北　京	2	2690	1150	255000	84900
天　津					
唐　山					
沈　阳	1	500	500	40000	65187
大　连	2	560	340	38500	35821
济　南	1	1100	1100	100000	170000
青　岛	2	423	423	128600	141390
长三角	**21**	**7503**	**7171**	**476348**	**2782166**
上　海	3	557	556	43927	334033
南　京					
苏　州	1	150	95	5000	18705
无　锡	1	31	26	5600	15640
常　州					
镇　江					
南　通	1	160	158	7000	36275
扬　州	2	748	570	76690	528000
泰　州					
杭　州	4	1135	1135	82700	709053
宁　波	1	900	900	50000	136528
嘉　兴	3	1913	1844	138179	813132
湖　州					
绍　兴	2	209	198	29633	80720
舟　山					
台　州	3	1700	1689	37619	110080
珠三角	**11**	**6811**	**5839**	**926285**	**4589618**
广　州	4	1399	1287	300285	2161621
深　圳					
珠　海	2	606	563	53000	803641
佛　山					
江　门	1	210	210	30000	227000
东　莞	2	4030	3230	492000	1340000
中　山					
惠　州	1	154	154	26000	27500
肇　庆	1	412	395	25000	29856

2-20　续表 22

(棉麻土畜、烟叶市场)

地　区	市场数量(个)	总摊位数(个)	年末出租摊位数(个)	营业面积(平方米)	成交额(万元)
三大地带合计	**7**	**1773**	**1562**	**325160**	**2328032**
环渤海	**3**	**1094**	**883**	**231800**	**363500**
北　京					
天　津	1	650	650	20000	305578
唐　山					
沈　阳	1	400	200	12000	39200
大　连					
济　南	1	44	33	199800	18722
青　岛					
长三角	**4**	**679**	**679**	**93360**	**1964532**
上　海					
南　京					
苏　州					
无　锡					
常　州					
镇　江					
南　通					
扬　州					
泰　州					
杭　州					
宁　波	1	160	160	10000	100965
嘉　兴	2	516	516	76700	1837927
湖　州					
绍　兴					
舟　山					
台　州	1	3	3	6660	25640
珠三角					
广　州					
深　圳					
珠　海					
佛　山					
江　门					
东　莞					
中　山					
惠　州					
肇　庆					

2-20 续表 23

(其他农产品市场)

地 区	市场数量(个)	总摊位数(个)	年末出租摊位数(个)	营业面积(平方米)	成交额(万元)
三大地带合计	**46**	**27628**	**24873**	**992970**	**5677849**
环渤海	**12**	**10952**	**9605**	**482020**	**2128926**
北 京	3	4010	3838	178614	713677
天 津	1	494	494	126226	840300
唐 山					
沈 阳	3	2786	1631	81900	78652
大 连	3	2172	2172	68280	197369
济 南					
青 岛	2	1490	1470	27000	298928
长三角	**18**	**8522**	**8046**	**335626**	**1501842**
上 海	6	1931	1910	51818	146263
南 京					
苏 州	3	1083	1073	90064	389520
无 锡	1	420	373	5000	22557
常 州					
镇 江	1	368	368	17000	34410
南 通					
扬 州					
泰 州					
杭 州					
宁 波	1	630	630	20100	183035
嘉 兴					
湖 州	4	1960	1562	68296	359987
绍 兴	2	2130	2130	83348	366070
舟 山					
台 州					
珠三角	**16**	**8154**	**7222**	**175324**	**2047081**
广 州					
深 圳	7	3406	3109	107116	1909817
珠 海	1	247	225	3500	10500
佛 山					
江 门					
东 莞	3	1942	1715	21800	38226
中 山	3	2012	1670	34120	44802
惠 州	2	547	503	8788	43736
肇 庆					

2-20 续表 24

(食品、饮料及烟酒市场)

地　区	市场数量(个)	总摊位数(个)	年末出租摊位数(个)	营业面积(平方米)	成交额(万元)
三大地带合计	**53**	**26242**	**22544**	**1829068**	**6748453**
环渤海	**10**	**5905**	**5197**	**200034**	**1093052**
北　京	1	150	120	8000	20859
天　津	5	3072	2697	76800	364879
唐　山					
沈　阳	1	1551	1380	12234	268000
大　连					
济　南	2	802	802	86000	179400
青　岛	1	330	198	17000	259914
长三角	**29**	**12911**	**10982**	**1372396**	**4697406**
上　海	2	679	670	27000	212757
南　京					
苏　州	3	1058	1058	10400	615682
无　锡	4	1321	1272	45080	516384
常　州	5	3714	3125	884820	2005098
镇　江	1	200	180	3200	20334
南　通	2	1100	432	46403	47832
扬　州	1	300	226	62000	260680
泰　州					
杭　州	5	1100	1064	174123	564543
宁　波	2	1805	1492	20000	201186
嘉　兴	1	550	385	36570	35347
湖　州					
绍　兴	2	967	967	57300	192163
舟　山					
台　州	1	117	111	5500	25400
珠三角	**14**	**7426**	**6365**	**256638**	**957995**
广　州	4	1332	1331	117250	183046
深　圳	1	1570	1570	28335	28785
珠　海	3	2530	1779	18000	527062
佛　山	1	456	357	15078	10231
江　门	1	302	288	38000	150000
东　莞	3	935	744	31225	50572
中　山	1	301	296	8750	8299
惠　州					
肇　庆					

2-20 续表 25

(食品饮料市场)

地 区	市场数量 (个)	总摊位数 (个)	年末出租摊位数 (个)	营业面积 (平方米)	成交额 (万元)
三大地带合计	**24**	**14496**	**11683**	**719222**	**2228308**
环渤海	**5**	**4344**	**3798**	**81034**	**614984**
北 京					
天 津	4	2793	2418	68800	346984
唐 山					
沈 阳	1	1551	1380	12234	268000
大 连					
济 南					
青 岛					
长三角	**10**	**4502**	**3281**	**499000**	**995103**
上 海					
南 京					
苏 州	1	588	588	1400	132703
无 锡	2	780	754	11500	137534
常 州	2	729	544	365000	125022
镇 江					
南 通	1	960	292	42000	26342
扬 州	1	300	226	62000	260680
泰 州					
杭 州	1	208	208	5100	190000
宁 波	1	655	387	3000	98506
嘉 兴					
湖 州					
绍 兴	1	282	282	9000	24316
舟 山					
台 州					
珠三角	**9**	**5650**	**4604**	**139188**	**618221**
广 州	1	306	306	40000	12757
深 圳	1	1570	1570	28335	28785
珠 海	2	2082	1331	15800	507577
佛 山	1	456	357	15078	10231
江 门					
东 莞	3	935	744	31225	50572
中 山	1	301	296	8750	8299
惠 州					
肇 庆					

2-20 续表 26

(茶叶市场)

地　区	市场数量(个)	总摊位数(个)	年末出租摊位数(个)	营业面积(平方米)	成交额(万元)
三大地带合计	**12**	**3865**	**3812**	**310510**	**692516**
环 渤 海	**3**	**952**	**922**	**94000**	**200259**
北　京	1	150	120	8000	20859
天　津					
唐　山					
沈　阳					
大　连					
济　南	2	802	802	86000	179400
青　岛					
长 三 角	**6**	**1887**	**1865**	**139260**	**321968**
上　海	1	290	281	15000	34380
南　京					
苏　州					
无　锡					
常　州	1	420	420	39960	18100
镇　江					
南　通					
扬　州					
泰　州					
杭　州	3	492	479	36000	101641
宁　波					
嘉　兴					
湖　州					
绍　兴	1	685	685	48300	167847
舟　山					
台　州					
珠 三 角	**3**	**1026**	**1025**	**77250**	**170289**
广　州	3	1026	1025	77250	170289
深　圳					
珠　海					
佛　山					
江　门					
东　莞					
中　山					
惠　州					
肇　庆					

2-20　续表 27

(烟酒市场)

地　区	市场数量 (个)	总摊位数 (个)	年末出租摊位数 (个)	营业面积 (平方米)	成交额 (万元)
三大地带合计	**2**	**530**	**378**	**20200**	**280248**
环 渤 海	**1**	**330**	**198**	**17000**	**259914**
北　京					
天　津					
唐　山					
沈　阳					
大　连					
济　南					
青　岛	1	330	198	17000	259914
长 三 角	**1**	**200**	**180**	**3200**	**20334**
上　海					
南　京					
苏　州					
无　锡					
常　州					
镇　江	1	200	180	3200	20334
南　通					
扬　州					
泰　州					
杭　州					
宁　波					
嘉　兴					
湖　州					
绍　兴					
舟　山					
台　州					
珠 三 角					
广　州					
深　圳					
珠　海					
佛　山					
江　门					
东　莞					
中　山					
惠　州					
肇　庆					

2-20 续表 28

(其他食品饮料及烟酒市场)

地区	市场数量(个)	总摊位数(个)	年末出租摊位数(个)	营业面积(平方米)	成交额(万元)
三大地带合计	**15**	**7351**	**6671**	**779136**	**3547381**
环渤海	**1**	**279**	**279**	**8000**	**17895**
北京					
天津	1	279	279	8000	17895
唐山					
沈阳					
大连					
济南					
青岛					
长三角	**12**	**6322**	**5656**	**730936**	**3360001**
上海	1	389	389	12000	178377
南京					
苏州	2	470	470	9000	482979
无锡	2	541	518	33580	378850
常州	2	2565	2161	479860	1861976
镇江					
南通	1	140	140	4403	21490
扬州					
泰州					
杭州	1	400	377	133023	272902
宁波	1	1150	1105	17000	102680
嘉兴	1	550	385	36570	35347
湖州					
绍兴					
舟山					
台州	1	117	111	5500	25400
珠三角	**2**	**750**	**736**	**40200**	**169485**
广州					
深圳					
珠海	1	448	448	2200	19485
佛山					
江门	1	302	288	38000	150000
东莞					
中山					
惠州					
肇庆					

2-20 续表 29

（纺织、服装、鞋帽市场）

地区	市场数量（个）	总摊位数（个）	年末出租摊位数（个）	营业面积（平方米）	成交额（万元）
三大地带合计	**203**	**276773**	**261068**	**11706938**	**61795289**
环渤海	**51**	**73652**	**70504**	**2048485**	**8395703**
北京	13	17221	16616	476306	353169
天津	6	4204	4204	130549	450748
唐山	5	3278	3278	67103	663880
沈阳	12	29531	27657	668071	4572874
大连	2	3038	3038	30800	179602
济南	6	6536	6500	428476	634451
青岛	7	9844	9211	247180	1540979
长三角	**89**	**145975**	**141309**	**7592061**	**44340058**
上海	14	11713	11409	305957	1191469
南京	2	3700	3700	80537	491544
苏州	4	31785	31718	1730800	15533906
无锡	2	2596	2596	157996	356909
常州	3	5116	5116	108000	399036
镇江	5	2110	1985	620919	180853
南通	4	10260	10175	621150	7276830
扬州	3	3116	3097	361000	404040
泰州	1	150	126	3500	11995
杭州	17	14987	14263	443105	3853055
宁波	6	4510	4212	126760	693096
嘉兴	10	18960	16709	1131125	3633473
湖州	3	4054	4028	318382	1487496
绍兴	9	28055	27644	1489800	7900026
舟山					
台州	6	4863	4531	93030	926330
珠三角	**63**	**57146**	**49255**	**2066392**	**9059528**
广州	45	38310	32112	1045327	5867537
深圳					
珠海	1	220	220	31000	20412
佛山	3	5542	5494	535537	2042194
江门	1	390	226	1800	14500
东莞	10	9121	7893	320728	909990
中山	1	1300	1047	40000	18719
惠州	2	2263	2263	92000	186176
肇庆					

2-20　续表 30

(布料及纺织品市场)

地　区	市场数量 (个)	总摊位数 (个)	年末出租摊位数 (个)	营业面积 (平方米)	成交额 (万元)
三大地带合计	**34**	**74740**	**68384**	**4462079**	**33217476**
环 渤 海	**3**	**1304**	**858**	**56600**	**179265**
北　京	2	950	510	36600	23100
天　津					
唐　山					
沈　阳					
大　连					
济　南					
青　岛	1	354	348	20000	156165
长 三 角	**21**	**54343**	**53097**	**3532642**	**28071503**
上　海					
南　京					
苏　州	2	7100	7033	722800	8992366
无　锡	1	1300	1300	100000	203800
常　州					
镇　江					
南　通	2	9700	9620	610000	7251510
扬　州	2	1216	1197	181000	164020
泰　州					
杭　州	4	2623	2107	191009	1937140
宁　波	1	1640	1640	35700	293160
嘉　兴	3	4682	4501	258620	1377961
湖　州	1	276	256	24513	156016
绍　兴	5	25806	25443	1409000	7695530
舟　山					
台　州					
珠 三 角	**10**	**19093**	**14429**	**872837**	**4966708**
广　州	4	12273	7687	268300	2712392
深　圳					
珠　海	1	220	220	31000	20412
佛　山	3	5542	5494	535537	2042194
江　门					
东　莞	2	1058	1028	38000	191710
中　山					
惠　州					
肇　庆					

2-20 续表 31

(服装市场)

地 区	市场数量(个)	总摊位数(个)	年末出租摊位数(个)	营业面积(平方米)	成交额(万元)
三大地带合计	**126**	**150695**	**143043**	**5278318**	**20495289**
环渤海	**32**	**44625**	**42839**	**1406357**	**3060628**
北 京	10	15191	15026	419706	308515
天 津	4	3338	3338	98318	428824
唐 山	3	1948	1948	23103	96300
沈 阳	8	10242	9218	291070	463260
大 连					
济 南	4	5806	5806	389500	487953
青 岛	3	8100	7503	184660	1275776
长三角	**51**	**75600**	**72307**	**2987308**	**14637507**
上 海	12	9353	9049	195957	1010015
南 京	1	1617	1617	33537	106530
苏 州	2	24685	24685	1008000	6541540
无 锡	1	1296	1296	57996	153109
常 州					
镇 江	2	1190	1065	59078	60177
南 通	1	300	295	3500	13320
扬 州					
泰 州	1	150	126	3500	11995
杭 州	13	12364	12156	252096	1915915
宁 波	4	2515	2296	87260	369598
嘉 兴	7	14278	12208	872505	2255512
湖 州	2	3778	3772	293869	1331480
绍 兴	2	1051	1051	44000	27353
舟 山					
台 州	3	3023	2691	76010	840963
珠三角	**43**	**30470**	**27897**	**884653**	**2797154**
广 州	34	20508	19144	580125	2055240
深 圳					
珠 海					
佛 山					
江 门	1	390	226	1800	14500
东 莞	6	6975	6183	250728	680080
中 山	1	1300	1047	40000	18719
惠 州	1	1297	1297	12000	28615
肇 庆					

2-20 续表 32

(鞋帽市场)

地　区	市场数量 (个)	总摊位数 (个)	年末出租摊位数 (个)	营业面积 (平方米)	成交额 (万元)
三大地带合计	**19**	**14315**	**13186**	**1043728**	**2316099**
环 渤 海	**8**	**5223**	**4307**	**125496**	**848076**
北　京					
天　津	1	613	613	25000	10000
唐　山	1	600	600	24000	320000
沈　阳	2	2750	1900	16500	294700
大　连					
济　南	2	730	694	38976	146498
青　岛	2	530	500	21020	76878
长 三 角	**4**	**3683**	**3683**	**732969**	**362096**
上　海					
南　京					
苏　州					
无　锡					
常　州					
镇　江	2	583	583	546969	65626
南　通					
扬　州	1	1900	1900	180000	240020
泰　州					
杭　州					
宁　波					
嘉　兴					
湖　州					
绍　兴					
舟　山					
台　州	1	1200	1200	6000	56450
珠 三 角	**7**	**5409**	**5196**	**185263**	**1105927**
广　州	6	5029	4816	173263	1088927
深　圳					
珠　海					
佛　山					
江　门					
东　莞	1	380	380	12000	17000
中　山					
惠　州					
肇　庆					

2-20 续表 33

(其他纺织服装鞋帽市场)

地　区	市场数量（个）	总摊位数（个）	年末出租摊位数（个）	营业面积（平方米）	成交额（万元）
三大地带合计	**24**	**37023**	**36455**	**922813**	**5766425**
环渤海	**8**	**22500**	**22500**	**460032**	**4307734**
北　京	1	1080	1080	20000	21554
天　津	1	253	253	7231	11924
唐　山	1	730	730	20000	247580
沈　阳	2	16539	16539	360501	3814914
大　连	2	3038	3038	30800	179602
济　南					
青　岛	1	860	860	21500	32160
长三角	**13**	**12349**	**12222**	**339142**	**1268952**
上　海	2	2360	2360	110000	181454
南　京	1	2083	2083	47000	385014
苏　州					
无　锡					
常　州	3	5116	5116	108000	399036
镇　江	1	337	337	14872	55050
南　通	1	260	260	7650	12000
扬　州					
泰　州					
杭　州					
宁　波	1	355	276	3800	30338
嘉　兴					
湖　州					
绍　兴	2	1198	1150	36800	177143
舟　山					
台　州	2	640	640	11020	28917
珠三角	**3**	**2174**	**1733**	**123639**	**189739**
广　州	1	500	465	23639	10978
深　圳					
珠　海					
佛　山					
江　门					
东　莞	1	708	302	20000	21200
中　山					
惠　州	1	966	966	80000	157561
肇　庆					

2-20 续表 34

(日用品及文化用品市场)

地　区	市场数量(个)	总摊位数(个)	年末出租摊位数(个)	营业面积(平方米)	成交额(万元)
三大地带合计	**47**	**34068**	**31797**	**1318078**	**6114868**
环渤海	**10**	**12171**	**10979**	**318523**	**1411720**
北　京	5	8945	7806	200723	433199
天　津					
唐　山					
沈　阳	2	2308	2255	46900	149771
大　连	2	733	733	61900	813000
济　南					
青　岛	1	185	185	9000	15750
长三角	**16**	**8108**	**7939**	**142644**	**2601568**
上　海	2	94	89	7500	2177775
南　京	2	800	800	20000	40713
苏　州	2	1803	1756	30400	46493
无　锡					
常　州	3	2558	2538	24448	144275
镇　江	1	142	131	5720	15700
南　通					
扬　州	1	82	76	8976	23200
泰　州					
杭　州	2	208	208	14500	30525
宁　波					
嘉　兴					
湖　州					
绍　兴					
舟　山					
台　州	3	2421	2341	31100	122887
珠三角	**21**	**13789**	**12879**	**856911**	**2101580**
广　州	19	13141	12401	826557	2076324
深　圳					
珠　海					
佛　山					
江　门					
东　莞	1	80	71	5000	13000
中　山	1	568	407	25354	12256
惠　州					
肇　庆					

2-20 续表 35

(小商品市场)

地 区	市场数量（个）	总摊位数（个）	年末出租摊位数（个）	营业面积（平方米）	成交额（万元）
三大地带合计	**19**	**18564**	**17306**	**396345**	**825410**
环 渤 海	**3**	**7663**	**6834**	**129223**	**259591**
北 京	3	7663	6834	129223	259591
天 津					
唐 山					
沈 阳					
大 连					
济 南					
青 岛					
长 三 角	**5**	**4383**	**4352**	**49668**	**191975**
上 海					
南 京					
苏 州	1	1683	1683	19500	32000
无 锡					
常 州	3	2558	2538	24448	144275
镇 江	1	142	131	5720	15700
南 通					
扬 州					
泰 州					
杭 州					
宁 波					
嘉 兴					
湖 州					
绍 兴					
舟 山					
台 州					
珠 三 角	**11**	**6518**	**6120**	**217454**	**373844**
广 州	10	5950	5713	192100	361588
深 圳					
珠 海					
佛 山					
江 门					
东 莞					
中 山	1	568	407	25354	12256
惠 州					
肇 庆					

2-20 续表 36

(箱包市场)

地 区	市场数量(个)	总摊位数(个)	年末出租摊位数(个)	营业面积(平方米)	成交额(万元)
三大地带合计	**1**	**3600**	**3245**	**500000**	**1368648**
环渤海					
北京					
天津					
唐山					
沈阳					
大连					
济南					
青岛					
长三角					
上海					
南京					
苏州					
无锡					
常州					
镇江					
南通					
扬州					
泰州					
杭州					
宁波					
嘉兴					
湖州					
绍兴					
舟山					
台州					
珠三角	**1**	**3600**	**3245**	**500000**	**1368648**
广州	1	3600	3245	500000	1368648
深圳					
珠海					
佛山					
江门					
东莞					
中山					
惠州					
肇庆					

2-20 续表 37

(文具市场)

地　区	市场数量(个)	总摊位数(个)	年末出租摊位数(个)	营业面积(平方米)	成交额(万元)
三大地带合计	**3**	**1495**	**1075**	**79843**	**205020**
环渤海	**1**	**1070**	**760**	**64500**	**154797**
北　京	1	1070	760	64500	154797
天　津					
唐　山					
沈　阳					
大　连					
济　南					
青　岛					
长三角					
上　海					
南　京					
苏　州					
无　锡					
常　州					
镇　江					
南　通					
扬　州					
泰　州					
杭　州					
宁　波					
嘉　兴					
湖　州					
绍　兴					
舟　山					
台　州					
珠三角	**2**	**425**	**315**	**15343**	**50223**
广　州	2	425	315	15343	50223
深　圳					
珠　海					
佛　山					
江　门					
东　莞					
中　山					
惠　州					
肇　庆					

2-20 续表 38

(图书、报刊杂志市场)

地 区	市场数量(个)	总摊位数(个)	年末出租摊位数(个)	营业面积(平方米)	成交额(万元)
三大地带合计	**8**	**920**	**868**	**64289**	**171260**
环 渤 海	**3**	**480**	**480**	**22900**	**47561**
北 京	1	212	212	7000	18811
天 津					
唐 山					
沈 阳					
大 连	1	83	83	6900	13000
济 南					
青 岛	1	185	185	9000	15750
长 三 角	**4**	**350**	**298**	**28400**	**79766**
上 海	1	51	46	2500	16200
南 京	1	88	88	5000	28713
苏 州	1	120	73	10900	14493
无 锡					
常 州					
镇 江					
南 通					
扬 州					
泰 州					
杭 州	1	91	91	10000	20360
宁 波					
嘉 兴					
湖 州					
绍 兴					
舟 山					
台 州					
珠 三 角	**1**	**90**	**90**	**12989**	**43933**
广 州	1	90	90	12989	43933
深 圳					
珠 海					
佛 山					
江 门					
东 莞					
中 山					
惠 州					
肇 庆					

2-20　续表 39

(音像制品及电子出版物市场)

地　区	市场数量(个)	总摊位数(个)	年末出租摊位数(个)	营业面积(平方米)	成交额(万元)
三大地带合计	**1**	**103**	**81**	**11000**	**25000**
环渤海					
北　京					
天　津					
唐　山					
沈　阳					
大　连					
济　南					
青　岛					
长三角					
上　海					
南　京					
苏　州					
无　锡					
常　州					
镇　江					
南　通					
扬　州					
泰　州					
杭　州					
宁　波					
嘉　兴					
湖　州					
绍　兴					
舟　山					
台　州					
珠三角	**1**	**103**	**81**	**11000**	**25000**
广　州	1	103	81	11000	25000
深　圳					
珠　海					
佛　山					
江　门					
东　莞					
中　山					
惠　州					
肇　庆					

2-20 续表 40

(体育用品市场)

地　区	市场数量(个)	总摊位数(个)	年末出租摊位数(个)	营业面积(平方米)	成交额(万元)
三大地带合计	**1**	**80**	**80**	**6700**	**13000**
环渤海					
北　京					
天　津					
唐　山					
沈　阳					
大　连					
济　南					
青　岛					
长三角					
上　海					
南　京					
苏　州					
无　锡					
常　州					
镇　江					
南　通					
扬　州					
泰　州					
杭　州					
宁　波					
嘉　兴					
湖　州					
绍　兴					
舟　山					
台　州					
珠三角	**1**	**80**	**80**	**6700**	**13000**
广　州	1	80	80	6700	13000
深　圳					
珠　海					
佛　山					
江　门					
东　莞					
中　山					
惠　州					
肇　庆					

2-20 续表 41

(其他日用品及文化用品市场)

地 区	市场数量（个）	总摊位数（个）	年末出租摊位数（个）	营业面积（平方米）	成交额（万元）
三大地带合计	**14**	**9306**	**9142**	**259901**	**3506530**
环 渤 海	**3**	**2958**	**2905**	**101900**	**949771**
北 京					
天 津					
唐 山					
沈 阳	2	2308	2255	46900	149771
大 连	1	650	650	55000	800000
济 南					
青 岛					
长 三 角	**7**	**3375**	**3289**	**64576**	**2329827**
上 海	1	43	43	5000	2161575
南 京	1	712	712	15000	12000
苏 州					
无 锡					
常 州					
镇 江					
南 通					
扬 州	1	82	76	8976	23200
泰 州					
杭 州	1	117	117	4500	10165
宁 波					
嘉 兴					
湖 州					
绍 兴					
舟 山					
台 州	3	2421	2341	31100	122887
珠 三 角	**4**	**2973**	**2948**	**93425**	**226932**
广 州	3	2893	2877	88425	213932
深 圳					
珠 海					
佛 山					
江 门					
东 莞	1	80	71	5000	13000
中 山					
惠 州					
肇 庆					

2-20 续表 42

(黄金、珠宝、玉器等首饰市场)

地 区	市场数量(个)	总摊位数(个)	年末出租摊位数(个)	营业面积(平方米)	成交额(万元)
三大地带合计	**6**	**3800**	**3390**	**357473**	**1255307**
环 渤 海	**3**	**2425**	**2240**	**208000**	**497250**
北 京	1	848	848	28000	49500
天 津					
唐 山					
沈 阳					
大 连					
济 南					
青 岛	2	1577	1392	180000	447750
长 三 角	**2**	**1025**	**1025**	**143973**	**738138**
上 海					
南 京					
苏 州	1	186	186	37000	138000
无 锡					
常 州					
镇 江					
南 通					
扬 州					
泰 州					
杭 州					
宁 波					
嘉 兴					
湖 州					
绍 兴	1	839	839	106973	600138
舟 山					
台 州					
珠 三 角	**1**	**350**	**125**	**5500**	**19919**
广 州					
深 圳					
珠 海					
佛 山					
江 门					
东 莞					
中 山					
惠 州					
肇 庆	1	350	125	5500	19919

2-20 续表 43

（电器、通讯器材、电子设备市场）

地 区	市场数量（个）	总摊位数（个）	年末出租摊位数（个）	营业面积（平方米）	成交额（万元）
三大地带合计	**66**	**39065**	**36028**	**951828**	**4788084**
环 渤 海	**17**	**8749**	**7642**	**272630**	**1861639**
北 京	10	5633	4869	141130	1080985
天 津					
唐 山					
沈 阳	2	1298	1007	54000	226366
大 连					
济 南	2	639	637	23500	279074
青 岛	3	1179	1129	54000	275214
长 三 角	**29**	**12461**	**11936**	**380927**	**1725419**
上 海	7	2904	2904	82128	449087
南 京	1	248	248	4743	54450
苏 州	1	1732	1732	44283	52568
无 锡	2	426	413	14300	191750
常 州					
镇 江					
南 通					
扬 州	1	248	248	9000	90932
泰 州	1	200	200	11000	41500
杭 州	8	2650	2571	100293	407412
宁 波	3	1210	1002	44000	89338
嘉 兴	1	111	111	5000	19078
湖 州	1	300	300	11000	10000
绍 兴	1	185	185	5680	102000
舟 山					
台 州	2	2247	2022	49500	217304
珠 三 角	**20**	**17855**	**16450**	**298271**	**1201026**
广 州	10	2870	2770	96844	578821
深 圳	8	13623	12318	193739	580499
珠 海					
佛 山	1	862	862	6188	31682
江 门					
东 莞	1	500	500	1500	10024
中 山					
惠 州					
肇 庆					

2-20 续表 44

(家电市场)

地区	市场数量(个)	总摊位数(个)	年末出租摊位数(个)	营业面积(平方米)	成交额(万元)
三大地带合计	**12**	**3739**	**3079**	**177131**	**475397**
环渤海	**2**	**873**	**626**	**33000**	**28166**
北京					
天津					
唐山					
沈阳	1	728	500	24000	16366
大连					
济南					
青岛	1	145	126	9000	11800
长三角	**5**	**1449**	**1249**	**96000**	**277829**
上海	1	230	230	20000	87547
南京					
苏州					
无锡					
常州					
镇江					
南通					
扬州					
泰州	1	200	200	11000	41500
杭州	2	339	336	38000	85799
宁波	1	680	483	27000	62983
嘉兴					
湖州					
绍兴					
舟山					
台州					
珠三角	**5**	**1417**	**1204**	**48131**	**169402**
广州	4	819	787	38050	149145
深圳	1	598	417	10081	20257
珠海					
佛山					
江门					
东莞					
中山					
惠州					
肇庆					

2-20 续表 45

(通讯器材市场)

地 区	市场数量(个)	总摊位数(个)	年末出租摊位数(个)	营业面积(平方米)	成交额(万元)
三大地带合计	**10**	**11340**	**11277**	**208031**	**670707**
环渤海	**1**	**570**	**507**	**30000**	**210000**
北京					
天津					
唐山					
沈阳	1	570	507	30000	210000
大连					
济南					
青岛					
长三角	**4**	**3150**	**3150**	**71783**	**106609**
上海	1	958	958	17000	11833
南京					
苏州	1	1732	1732	44283	52568
无锡					
常州					
镇江					
南通					
扬州					
泰州					
杭州	1	300	300	6000	27271
宁波					
嘉兴					
湖州					
绍兴					
舟山					
台州	1	160	160	4500	14937
珠三角	**5**	**7620**	**7620**	**106248**	**354098**
广州					
深圳	5	7620	7620	106248	354098
珠海					
佛山					
江门					
东莞					
中山					
惠州					
肇庆					

2-20 续表 46

(照相、摄像器材市场)

地　区	市场数量（个）	总摊位数（个）	年末出租摊位数（个）	营业面积（平方米）	成交额（万元）
三大地带合计	**2**	**449**	**449**	**15600**	**43373**
环渤海	**1**	**285**	**285**	**11000**	**13800**
北　京	1	285	285	11000	13800
天　津					
唐　山					
沈　阳					
大　连					
济　南					
青　岛					
长三角	**1**	**164**	**164**	**4600**	**29573**
上　海	1	164	164	4600	29573
南　京					
苏　州					
无　锡					
常　州					
镇　江					
南　通					
扬　州					
泰　州					
杭　州					
宁　波					
嘉　兴					
湖　州					
绍　兴					
舟　山					
台　州					
珠三角					
广　州					
深　圳					
珠　海					
佛　山					
江　门					
东　莞					
中　山					
惠　州					
肇　庆					

2-20 续表 47

(计算机及辅助设备市场)

地 区	市场数量 (个)	总摊位数 (个)	年末出租摊位数 (个)	营业面积 (平方米)	成交额 (万元)
三大地带合计	**34**	**13612**	**12744**	**380370**	**2996854**
环 渤 海	**11**	**6216**	**5479**	**181430**	**1473883**
北 京	7	4543	3839	112930	931395
天 津					
唐 山					
沈 阳					
大 连					
济 南	2	639	637	23500	279074
青 岛	2	1034	1003	45000	263414
长 三 角	**17**	**5311**	**5211**	**152544**	**1099041**
上 海	4	1552	1552	40528	320134
南 京	1	248	248	4743	54450
苏 州					
无 锡	2	426	413	14300	191750
常 州					
镇 江					
南 通					
扬 州	1	248	248	9000	90932
泰 州					
杭 州	5	2011	1935	56293	294342
宁 波	2	530	519	17000	26355
嘉 兴	1	111	111	5000	19078
湖 州					
绍 兴	1	185	185	5680	102000
舟 山					
台 州					
珠 三 角	**6**	**2085**	**2054**	**46396**	**423930**
广 州	5	1223	1192	40208	392248
深 圳					
珠 海					
佛 山	1	862	862	6188	31682
江 门					
东 莞					
中 山					
惠 州					
肇 庆					

2-20 续表 48

(其他电器、通讯器材、电子设备市场)

地 区	市场数量 (个)	总摊位数 (个)	年末出租摊位数 (个)	营业面积 (平方米)	成交额 (万元)
三大地带合计	**8**	**9925**	**8479**	**170696**	**601753**
环 渤 海	**2**	**805**	**745**	**17200**	**135790**
北 京	2	805	745	17200	135790
天 津					
唐 山					
沈 阳					
大 连					
济 南					
青 岛					
长 三 角	**2**	**2387**	**2162**	**56000**	**212367**
上 海					
南 京					
苏 州					
无 锡					
常 州					
镇 江					
南 通					
扬 州					
泰 州					
杭 州					
宁 波					
嘉 兴					
湖 州	1	300	300	11000	10000
绍 兴					
舟 山					
台 州	1	2087	1862	45000	202367
珠 三 角	**4**	**6733**	**5572**	**97496**	**253596**
广 州	1	828	791	18586	37428
深 圳	2	5405	4281	77410	206144
珠 海					
佛 山					
江 门					
东 莞	1	500	500	1500	10024
中 山					
惠 州					
肇 庆					

2-20 续表 49

(医药、医疗用品及器材市场)

地　区	市场数量（个）	总摊位数（个）	年末出租摊位数（个）	营业面积（平方米）	成交额（万元）
三大地带合计	**3**	**1055**	**847**	**48771**	**567342**
环渤海					
北　京					
天　津					
唐　山					
沈　阳					
大　连					
济　南					
青　岛					
长三角	**2**	**617**	**556**	**43800**	**549405**
上　海	1	317	256	7800	93000
南　京					
苏　州					
无　锡					
常　州	1	300	300	36000	456405
镇　江					
南　通					
扬　州					
泰　州					
杭　州					
宁　波					
嘉　兴					
湖　州					
绍　兴					
舟　山					
台　州					
珠三角	**1**	**438**	**291**	**4971**	**17937**
广　州	1	438	291	4971	17937
深　圳					
珠　海					
佛　山					
江　门					
东　莞					
中　山					
惠　州					
肇　庆					

2-20 续表 50

(中药材市场)

地　区	市场数量（个）	总摊位数（个）	年末出租摊位数（个）	营业面积（平方米）	成交额（万元）
三大地带合计	**2**	**755**	**547**	**12771**	**110937**
环 渤 海					
北　京					
天　津					
唐　山					
沈　阳					
大　连					
济　南					
青　岛					
长 三 角	**1**	**317**	**256**	**7800**	**93000**
上　海	1	317	256	7800	93000
南　京					
苏　州					
无　锡					
常　州					
镇　江					
南　通					
扬　州					
泰　州					
杭　州					
宁　波					
嘉　兴					
湖　州					
绍　兴					
舟　山					
台　州					
珠 三 角	**1**	**438**	**291**	**4971**	**17937**
广　州	1	438	291	4971	17937
深　圳					
珠　海					
佛　山					
江　门					
东　莞					
中　山					
惠　州					
肇　庆					

2-20　续表 51

(其他医药、医疗用品及器材市场)

地　区	市场数量 (个)	总摊位数 (个)	年末出租摊位数 (个)	营业面积 (平方米)	成交额 (万元)
三大地带合计	**1**	**300**	**300**	**36000**	**456405**
环渤海					
北　京					
天　津					
唐　山					
沈　阳					
大　连					
济　南					
青　岛					
长三角	**1**	**300**	**300**	**36000**	**456405**
上　海					
南　京					
苏　州					
无　锡					
常　州	1	300	300	36000	456405
镇　江					
南　通					
扬　州					
泰　州					
杭　州					
宁　波					
嘉　兴					
湖　州					
绍　兴					
舟　山					
台　州					
珠三角					
广　州					
深　圳					
珠　海					
佛　山					
江　门					
东　莞					
中　山					
惠　州					
肇　庆					

2-20 续表 52

(家具、五金及装饰材料市场)

地 区	市场数量(个)	总摊位数(个)	年末出租摊位数(个)	营业面积(平方米)	成交额(万元)
三大地带合计	**212**	**107608**	**99487**	**13957414**	**17266244**
环 渤 海	**51**	**24912**	**22693**	**2932888**	**3646100**
北 京	18	7364	6959	932107	954185
天 津	9	5042	4051	987873	1481485
唐 山					
沈 阳	9	7058	6514	400296	830063
大 连	5	2702	2496	157141	114512
济 南	3	707	705	128000	85381
青 岛	7	2039	1968	327471	180474
长 三 角	**141**	**75386**	**70193**	**9728165**	**12358058**
上 海	15	9125	8466	1134251	426464
南 京	9	7029	6964	864970	982039
苏 州	9	9831	9007	1296377	1858057
无 锡	5	2794	2772	461717	626633
常 州	9	5057	5042	710341	1137791
镇 江	2	473	473	77202	37459
南 通	16	4392	3547	885379	643315
扬 州	8	2613	2474	489222	728235
泰 州	3	2680	1989	313765	1010717
杭 州	20	8921	8315	967952	1134660
宁 波	17	4312	3897	501830	588656
嘉 兴	5	3565	3505	244277	278949
湖 州	4	1067	751	133480	276197
绍 兴	7	5910	5844	1025078	2038145
舟 山					
台 州	12	7617	7147	622324	590741
珠 三 角	**20**	**7310**	**6601**	**1296361**	**1262086**
广 州	8	3465	3183	219395	268253
深 圳	1	214	214	26000	11000
珠 海					
佛 山	6	1678	1672	891617	366190
江 门	1	70	50	3149	14213
东 莞	4	1883	1482	156200	602430
中 山					
惠 州					
肇 庆					

2-20 续表 53

(家具市场)

地 区	市场数量(个)	总摊位数(个)	年末出租摊位数(个)	营业面积(平方米)	成交额(万元)
三大地带合计	**64**	**23811**	**22488**	**4270815**	**2996872**
环 渤 海	**20**	**8933**	**8581**	**1258576**	**881125**
北 京	8	3923	3759	643807	506200
天 津	1	468	468	45000	15000
唐 山					
沈 阳	2	931	918	150343	131099
大 连	4	2217	2042	139955	84512
济 南	2	507	507	102000	57381
青 岛	3	887	887	177471	86933
长 三 角	**42**	**14142**	**13177**	**2907231**	**2050871**
上 海	5	1182	1181	371259	101421
南 京	3	923	898	182088	79445
苏 州	4	4750	4716	791413	912757
无 锡	1	580	565	146517	40000
常 州	2	888	888	200000	177481
镇 江					
南 通	5	1475	914	240261	108084
扬 州	1	600	580	131327	115651
泰 州					
杭 州	5	1090	1082	284722	134494
宁 波	6	946	934	199704	76643
嘉 兴	1	73	73	78296	10066
湖 州	2	820	531	28866	133785
绍 兴	4	462	462	152778	104972
舟 山					
台 州	3	353	353	100000	56072
珠 三 角	**2**	**736**	**730**	**105008**	**64876**
广 州	1	512	512	67008	41376
深 圳					
珠 海					
佛 山	1	224	218	38000	23500
江 门					
东 莞					
中 山					
惠 州					
肇 庆					

2-20 续表 54

(装饰材料市场)

地　区	市场数量(个)	总摊位数(个)	年末出租摊位数(个)	营业面积(平方米)	成交额(万元)
三大地带合计	**79**	**30290**	**28170**	**4003042**	**3428665**
环 渤 海	**17**	**6005**	**5520**	**377246**	**549642**
北　京	7	1787	1745	113300	140134
天　津	3	1170	1170	53260	146590
唐　山					
沈　阳	4	2091	1726	137500	198953
大　连	1	485	454	17186	30000
济　南					
青　岛	2	472	425	56000	33965
长 三 角	**51**	**20423**	**19031**	**2611007**	**2360451**
上　海	6	4017	3784	382646	197955
南　京	2	834	834	86424	34334
苏　州					
无　锡	2	633	630	133800	76800
常　州	2	461	446	116200	139441
镇　江	2	473	473	77202	37459
南　通	9	2633	2349	597668	496493
扬　州	4	963	844	113435	340300
泰　州	1	256	256	40000	53560
杭　州	7	2049	1741	238005	133947
宁　波	7	1856	1513	208826	307390
嘉　兴	4	3492	3432	165981	268883
湖　州	2	247	220	104614	142412
绍　兴					
舟　山					
台　州	3	2509	2509	346206	131477
珠 三 角	**11**	**3862**	**3619**	**1014789**	**518572**
广　州	4	2124	1901	132023	150669
深　圳	1	214	214	26000	11000
珠　海					
佛　山	5	1454	1454	853617	342690
江　门	1	70	50	3149	14213
东　莞					
中　山					
惠　州					
肇　庆					

2-20　续表 55

(灯具市场)

地　区	市场数量(个)	总摊位数(个)	年末出租摊位数(个)	营业面积(平方米)	成交额(万元)
三大地带合计	**7**	**4322**	**4199**	**429450**	**736381**
环渤海	**2**	**516**	**393**	**79000**	**54630**
北　京	1	240	233	25000	10492
天　津					
唐　山					
沈　阳	1	276	160	54000	44138
大　连					
济　南					
青　岛					
长三角	**5**	**3806**	**3806**	**350450**	**681751**
上　海					
南　京					
苏　州					
无　锡					
常　州	3	2738	2738	295000	640013
镇　江					
南　通	1	88	88	7450	10738
扬　州					
泰　州					
杭　州	1	980	980	48000	31000
宁　波					
嘉　兴					
湖　州					
绍　兴					
舟　山					
台　州					
珠三角					
广　州					
深　圳					
珠　海					
佛　山					
江　门					
东　莞					
中　山					
惠　州					
肇　庆					

2-20 续表 56

(厨具、盥洗设备市场)

地 区	市场数量(个)	总摊位数(个)	年末出租摊位数(个)	营业面积(平方米)	成交额(万元)
三大地带合计	**2**	**732**	**708**	**37300**	**118505**
环 渤 海	**1**	**232**	**208**	**36000**	**19825**
北 京					
天 津					
唐 山					
沈 阳					
大 连					
济 南					
青 岛	1	232	208	36000	19825
长 三 角	**1**	**500**	**500**	**1300**	**98680**
上 海					
南 京					
苏 州					
无 锡					
常 州					
镇 江					
南 通					
扬 州					
泰 州					
杭 州					
宁 波	1	500	500	1300	98680
嘉 兴					
湖 州					
绍 兴					
舟 山					
台 州					
珠 三 角					
广 州					
深 圳					
珠 海					
佛 山					
江 门					
东 莞					
中 山					
惠 州					
肇 庆					

2-20　续表 57

(五金材料市场)

地　区	市场数量(个)	总摊位数(个)	年末出租摊位数(个)	营业面积(平方米)	成交额(万元)
三大地带合计	**39**	**31076**	**26907**	**2846657**	**6896376**
环渤海	**6**	**4747**	**3704**	**922479**	**1593767**
北　京					
天　津	4	3347	2356	875026	1301695
唐　山					
沈　阳	1	1200	1150	21453	264072
大　连					
济　南	1	200	198	26000	28000
青　岛					
长三角	**26**	**23617**	**20951**	**1747614**	**4623971**
上　海	2	3181	2756	294170	104209
南　京	2	2268	2228	80110	233103
苏　州	2	3230	2440	206000	372800
无　锡	1	1090	1087	61400	243086
常　州	2	970	970	99141	180856
镇　江					
南　通					
扬　州	2	520	520	64460	238267
泰　州	1	2080	1389	193765	935876
杭　州	3	2185	1999	88150	484027
宁　波	3	1010	950	92000	105943
嘉　兴					
湖　州					
绍　兴	2	2328	2327	392300	1322612
舟　山					
台　州	6	4755	4285	176118	403192
珠三角	**7**	**2712**	**2252**	**176564**	**678638**
广　州	3	829	770	20364	76208
深　圳					
珠　海					
佛　山					
江　门					
东　莞	4	1883	1482	156200	602430
中　山					
惠　州					
肇　庆					

2-20 续表 58

(其他装修市场)

地　区	市场数量(个)	总摊位数(个)	年末出租摊位数(个)	营业面积(平方米)	成交额(万元)
三大地带合计	**21**	**17377**	**17015**	**2370150**	**3089445**
环渤海	**5**	**4479**	**4287**	**259587**	**547111**
北　京	2	1414	1222	150000	297359
天　津	1	57	57	14587	18200
唐　山					
沈　阳	1	2560	2560	37000	191801
大　连					
济　南					
青　岛	1	448	448	58000	39751
长三角	**16**	**12898**	**12728**	**2110563**	**2542334**
上　海	2	745	745	86176	22879
南　京	2	3004	3004	516348	635157
苏　州	3	1851	1851	298964	572500
无　锡	1	491	490	120000	266747
常　州					
镇　江					
南　通	1	196	196	40000	28000
扬　州	1	530	530	180000	34017
泰　州	1	344	344	80000	21281
杭　州	4	2617	2513	309075	351192
宁　波					
嘉　兴					
湖　州					
绍　兴	1	3120	3055	480000	610561
舟　山					
台　州					
珠三角					
广　州					
深　圳					
珠　海					
佛　山					
江　门					
东　莞					
中　山					
惠　州					
肇　庆					

2-20 续表 59

（汽车、摩托车及零配件市场）

地 区	市场数量（个）	总摊位数（个）	年末出租摊位数（个）	营业面积（平方米）	成交额（万元）
三大地带合计	**135**	**28014**	**25188**	**5710377**	**29244936**
环 渤 海	**37**	**12140**	**10920**	**1917734**	**12487751**
北 京	16	4700	4336	992371	7098963
天 津	3	1157	1150	135000	1981347
唐 山	1	325	243	62400	57360
沈 阳	4	2429	1956	211790	576036
大 连	2	510	450	130000	1190000
济 南	6	2586	2365	278673	1354734
青 岛	5	433	420	107500	229311
长 三 角	**70**	**11165**	**9626**	**2259374**	**11485872**
上 海	14	1649	1594	236107	2282329
南 京	5	331	305	111761	259407
苏 州	2	445	370	491900	649447
无 锡	7	1213	998	372167	1420063
常 州	2	470	289	50000	71071
镇 江					
南 通	2	541	424	114600	187800
扬 州	4	374	297	85800	99000
泰 州					
杭 州	15	4864	4124	433796	3879709
宁 波	7	290	281	100875	593304
嘉 兴	2	245	202	41299	650596
湖 州	1	150	150	65000	100626
绍 兴	1	8	8	15000	43947
舟 山	1	1	1	12655	34399
台 州	7	584	583	128414	1214174
珠 三 角	**28**	**4709**	**4642**	**1533269**	**5271313**
广 州	19	3545	3511	656117	2848439
深 圳	3	145	119	181200	524835
珠 海					
佛 山	3	254	254	375952	1191640
江 门					
东 莞	1	700	700	70000	168000
中 山					
惠 州	2	65	58	250000	538399
肇 庆					

2-20 续表 60

(汽车市场)

地　区	市场数量(个)	总摊位数(个)	年末出租摊位数(个)	营业面积(平方米)	成交额(万元)
三大地带合计	**95**	**13128**	**11335**	**4441092**	**25870960**
环渤海	**21**	**5174**	**4629**	**1323281**	**11233367**
北　京	9	1532	1302	692591	6495261
天　津	3	1157	1150	135000	1981347
唐　山	1	325	243	62400	57360
沈　阳	2	1436	1283	117790	549554
大　连	2	510	450	130000	1190000
济　南	1	81	81	127000	853734
青　岛	3	133	120	58500	106111
长三角	**57**	**6422**	**5207**	**1800013**	**9829569**
上　海	12	998	943	146918	1837134
南　京	5	331	305	111761	259407
苏　州	2	445	370	491900	649447
无　锡	5	658	474	298167	1192983
常　州	1	60	59	15000	56498
镇　江					
南　通	2	541	424	114600	187800
扬　州	2	74	74	18000	40100
泰　州					
杭　州	11	2292	1585	260650	3015114
宁　波	6	255	249	95875	578454
嘉　兴	2	245	202	41299	650596
湖　州	1	150	150	65000	100626
绍　兴	1	8	8	15000	43947
舟　山	1	1	1	12655	34399
台　州	6	364	363	113188	1183064
珠三角	**17**	**1532**	**1499**	**1317798**	**4808024**
广　州	8	368	368	440646	2385150
深　圳	3	145	119	181200	524835
珠　海					
佛　山	3	254	254	375952	1191640
江　门					
东　莞	1	700	700	70000	168000
中　山					
惠　州	2	65	58	250000	538399
肇　庆					

2–20　续表 61

(摩托车市场)

地　区	市场数量(个)	总摊位数(个)	年末出租摊位数(个)	营业面积(平方米)	成交额(万元)
三大地带合计	**1**	**220**	**220**	**15226**	**31110**
环渤海					
北　京					
天　津					
唐　山					
沈　阳					
大　连					
济　南					
青　岛					
长三角	**1**	**220**	**220**	**15226**	**31110**
上　海					
南　京					
苏　州					
无　锡					
常　州					
镇　江					
南　通					
扬　州					
泰　州					
杭　州					
宁　波					
嘉　兴					
湖　州					
绍　兴					
舟　山					
台　州	1	220	220	15226	31110
珠三角					
广　州					
深　圳					
珠　海					
佛　山					
江　门					
东　莞					
中　山					
惠　州					
肇　庆					

2-20 续表 62

(机动车零配件市场)

地 区	市场数量 (个)	总摊位数 (个)	年末出租摊位数 (个)	营业面积 (平方米)	成交额 (万元)
三大地带合计	**39**	**14666**	**13633**	**1254059**	**3342866**
环 渤 海	**16**	**6966**	**6291**	**594453**	**1254384**
北 京	7	3168	3034	299780	603702
天 津					
唐 山					
沈 阳	2	993	673	94000	26482
大 连					
济 南	5	2505	2284	151673	501000
青 岛	2	300	300	49000	123200
长 三 角	**12**	**4523**	**4199**	**444135**	**1625193**
上 海	2	651	651	89189	445195
南 京					
苏 州					
无 锡	2	555	524	74000	227080
常 州	1	410	230	35000	14573
镇 江					
南 通					
扬 州	2	300	223	67800	58900
泰 州					
杭 州	4	2572	2539	173146	864595
宁 波	1	35	32	5000	14850
嘉 兴					
湖 州					
绍 兴					
舟 山					
台 州					
珠 三 角	**11**	**3177**	**3143**	**215471**	**463289**
广 州	11	3177	3143	215471	463289
深 圳					
珠 海					
佛 山					
江 门					
东 莞					
中 山					
惠 州					
肇 庆					

2-20　续表 63

(花鸟鱼虫市场)

地　区	市场数量(个)	总摊位数(个)	年末出租摊位数(个)	营业面积(平方米)	成交额(万元)
三大地带合计	**12**	**7692**	**7144**	**5818722**	**1373445**
环渤海	**2**	**800**	**788**	**43000**	**28500**
北　京	1	200	188	3000	17700
天　津	1	600	600	40000	10800
唐　山					
沈　阳					
大　连					
济　南					
青　岛					
长三角	**7**	**4720**	**4220**	**524372**	**961151**
上　海	1	380	350	36000	12580
南　京					
苏　州					
无　锡					
常　州	1	1200	1180	235000	603200
镇　江					
南　通	1	1080	994	135000	91300
扬　州	1	600	500	13000	100000
泰　州					
杭　州	3	1460	1196	105372	154071
宁　波					
嘉　兴					
湖　州					
绍　兴					
舟　山					
台　州					
珠三角	**3**	**2172**	**2136**	**5251350**	**383794**
广　州	2	1742	1706	1918000	254626
深　圳					
珠　海					
佛　山	1	430	430	3333350	129168
江　门					
东　莞					
中　山					
惠　州					
肇　庆					

2-20 续表 64

(花卉市场)

地 区	市场数量(个)	总摊位数(个)	年末出租摊位数(个)	营业面积(平方米)	成交额(万元)
三大地带合计	**10**	**6806**	**6258**	**5773178**	**1331145**
环渤海	**1**	**200**	**188**	**3000**	**17700**
北京	1	200	188	3000	17700
天津					
唐山					
沈阳					
大连					
济南					
青岛					
长三角	**6**	**4434**	**3934**	**518828**	**929651**
上海	1	380	350	36000	12580
南京					
苏州					
无锡					
常州	1	1200	1180	235000	603200
镇江					
南通	1	1080	994	135000	91300
扬州	1	600	500	13000	100000
泰州					
杭州	2	1174	910	99828	122571
宁波					
嘉兴					
湖州					
绍兴					
舟山					
台州					
珠三角	**3**	**2172**	**2136**	**5251350**	**383794**
广州	2	1742	1706	1918000	254626
深圳					
珠海					
佛山	1	430	430	3333350	129168
江门					
东莞					
中山					
惠州					
肇庆					

2-20 续表 65

（其他花鸟鱼虫市场）

地　区	市场数量（个）	总摊位数（个）	年末出租摊位数（个）	营业面积（平方米）	成交额（万元）
三大地带合计	**2**	**886**	**886**	**45544**	**42300**
环 渤 海	**1**	**600**	**600**	**40000**	**10800**
北　京					
天　津	1	600	600	40000	10800
唐　山					
沈　阳					
大　连					
济　南					
青　岛					
长 三 角	**1**	**286**	**286**	**5544**	**31500**
上　海					
南　京					
苏　州					
无　锡					
常　州					
镇　江					
南　通					
扬　州					
泰　州					
杭　州	1	286	286	5544	31500
宁　波					
嘉　兴					
湖　州					
绍　兴					
舟　山					
台　州					
珠 三 角					
广　州					
深　圳					
珠　海					
佛　山					
江　门					
东　莞					
中　山					
惠　州					
肇　庆					

2-20 续表 66

(旧货市场)

地 区	市场数量(个)	总摊位数(个)	年末出租摊位数(个)	营业面积(平方米)	成交额(万元)
三大地带合计	**12**	**6740**	**5967**	**267272**	**1073276**
环渤海	**2**	**3920**	**3876**	**87252**	**655971**
北 京	1	3344	3344	15252	35971
天 津					
唐 山					
沈 阳	1	576	532	72000	620000
大 连					
济 南					
青 岛					
长三角	**9**	**2190**	**1461**	**177020**	**404655**
上 海					
南 京					
苏 州					
无 锡					
常 州					
镇 江					
南 通					
扬 州	1	60	60	37000	18000
泰 州					
杭 州					
宁 波	5	1096	1064	70661	311417
嘉 兴	1	596	298	36859	23309
湖 州					
绍 兴					
舟 山					
台 州	2	438	39	32500	51929
珠三角	**1**	**630**	**630**	**3000**	**12650**
广 州	1	630	630	3000	12650
深 圳					
珠 海					
佛 山					
江 门					
东 莞					
中 山					
惠 州					
肇 庆					

2-20 续表 67

（古玩、古董、字画市场）

地 区	市场数量（个）	总摊位数（个）	年末出租摊位数（个）	营业面积（平方米）	成交额（万元）
三大地带合计	**1**	**630**	**630**	**3000**	**12650**
环 渤 海					
北 京					
天 津					
唐 山					
沈 阳					
大 连					
济 南					
青 岛					
长 三 角					
上 海					
南 京					
苏 州					
无 锡					
常 州					
镇 江					
南 通					
扬 州					
泰 州					
杭 州					
宁 波					
嘉 兴					
湖 州					
绍 兴					
舟 山					
台 州					
珠 三 角	**1**	**630**	**630**	**3000**	**12650**
广 州	1	630	630	3000	12650
深 圳					
珠 海					
佛 山					
江 门					
东 莞					
中 山					
惠 州					
肇 庆					

2-20 续表 68

(其他旧货市场)

地　区	市场数量(个)	总摊位数(个)	年末出租摊位数(个)	营业面积(平方米)	成交额(万元)
三大地带合计	**11**	**6110**	**5337**	**264272**	**1060626**
环渤海	**2**	**3920**	**3876**	**87252**	**655971**
北　京	1	3344	3344	15252	35971
天　津					
唐　山					
沈　阳	1	576	532	72000	620000
大　连					
济　南					
青　岛					
长三角	**9**	**2190**	**1461**	**177020**	**404655**
上　海					
南　京					
苏　州					
无　锡					
常　州					
镇　江					
南　通					
扬　州	1	60	60	37000	18000
泰　州					
杭　州					
宁　波	5	1096	1064	70661	311417
嘉　兴	1	596	298	36859	23309
湖　州					
绍　兴					
舟　山					
台　州	2	438	39	32500	51929
珠三角					
广　州					
深　圳					
珠　海					
佛　山					
江　门					
东　莞					
中　山					
惠　州					
肇　庆					

2-20　续表 69

（其他专业市场）

地　　区	市场数量（个）	总摊位数（个）	年末出租摊位数（个）	营业面积（平方米）	成交额（万元）
三大地带合计	**21**	**6116**	**5715**	**656478**	**1627103**
环 渤 海	**3**	**2020**	**1830**	**338350**	**333420**
北　　京					
天　　津					
唐　　山	1	1000	1000	33350	20000
沈　　阳	1	200	200	5000	274420
大　　连					
济　　南	1	820	630	300000	39000
青　　岛					
长 三 角	**15**	**3437**	**3286**	**249578**	**1255486**
上　　海	5	1210	1179	54000	415523
南　　京					
苏　　州	2	355	355	7700	34050
无　　锡					
常　　州					
镇　　江	1	310	310	13350	173000
南　　通					
扬　　州	2	650	530	43000	24200
泰　　州					
杭　　州					
宁　　波	1	180	180	800	143000
嘉　　兴					
湖　　州	1	203	203	100000	15500
绍　　兴	3	529	529	30728	450213
舟　　山					
台　　州					
珠 三 角	**3**	**659**	**599**	**68550**	**38197**
广　　州	2	658	598	24594	27745
深　　圳					
珠　　海					
佛　　山	1	1	1	43956	10452
江　　门					
东　　莞					
中　　山					
惠　　州					
肇　　庆					

2-21 商品交易市场情况(按营业状态分)

(常年营业)

地　区	市场数量(个)	总摊位数(个)	年末出租摊位数(个)	营业面积(平方米)	成交额(万元)
三大地带合计	**1918**	**1227582**	**1116505**	**91356303**	**398578888**
环渤海	**451**	**378192**	**340711**	**24505456**	**95278749**
北　京	133	126476	109009	6634092	24816051
天　津	81	56419	50499	5370229	26718648
唐　山	22	18738	15939	882287	2741598
沈　阳	63	62910	56725	2559457	14633038
大　连	47	36788	35008	1640486	11651838
济　南	40	24242	23322	2502419	4539235
青　岛	65	52619	50209	4916486	10178341
长三角	**1151**	**661501**	**611718**	**49744106**	**260704591**
上　海	179	76560	73576	7847399	64798737
南　京	59	35385	33872	2819854	11271248
苏　州	85	74713	71446	5501421	29848296
无　锡	64	47682	42203	4403527	31286650
常　州	55	36770	34134	3955365	13367482
镇　江	19	8072	7424	1379461	2213238
南　通	89	48014	42543	2958799	11024947
扬　州	62	21647	20561	1987336	5561383
泰　州	23	15007	13066	1319437	2678716
杭　州	155	80168	74201	4055184	31973218
宁　波	114	57760	53389	4216355	17968189
嘉　兴	49	36983	32791	2069892	8136633
湖　州	41	22938	19569	1612070	4922813
绍　兴	48	47808	46713	3650939	17455382
舟　山	9	5429	5205	199518	1338244
台　州	100	46565	41025	1767549	6859415
珠三角	**316**	**187889**	**164076**	**17106741**	**42595548**
广　州	162	88790	77503	6722277	19549013
深　圳	32	30312	25916	830874	4235945
珠　海	11	6138	4827	124159	1419233
佛　山	35	19730	18393	6260112	6257273
江　门	11	3989	3435	174294	586276
东　莞	44	26580	22498	2377346	8852774
中　山	6	4181	3420	108224	84076
惠　州	11	7393	7331	491343	1546548
肇　庆	4	776	753	18112	64410

2-21 续表 1

(季节性营业)

地区	市场数量(个)	总摊位数(个)	年末出租摊位数(个)	营业面积(平方米)	成交额(万元)
三大地带合计	**32**	**14172**	**11210**	**925554**	**2458451**
环渤海	**7**	**4856**	**2753**	**415000**	**435607**
北京	2	2656	1038	265000	81454
天津					
唐山					
沈阳	1	525	300	19000	152400
大连	1	365	365	4000	12546
济南	1	310	300	19000	31117
青岛	2	1000	750	108000	158090
长三角	**21**	**8354**	**7737**	**455054**	**1710390**
上海					
南京					
苏州	2	395	339	25444	32500
无锡					
常州					
镇江					
南通	1	600	600	40000	26500
扬州	1	340	128	37000	31000
泰州					
杭州	1	165	154	6500	52300
宁波	11	3324	3179	174400	460859
嘉兴	3	3090	2909	131160	1062961
湖州					
绍兴	2	440	428	40550	44270
舟山					
台州					
珠三角	**4**	**962**	**720**	**55500**	**312454**
广州	1	80	80	2000	12679
深圳					
珠海	1	120	120	23000	250000
佛山					
江门					
东莞					
中山					
惠州					
肇庆	2	762	520	30500	49775

2-21 续表 2

(其他)

地区	市场数量（个）	总摊位数（个）	年末出租摊位数（个）	营业面积（平方米）	成交额（万元）
三大地带合计	**1**	**600**	**590**	**8000**	**35000**
环渤海					
北京					
天津					
唐山					
沈阳					
大连					
济南					
青岛					
长三角	**1**	**600**	**590**	**8000**	**35000**
上海					
南京	1	600	590	8000	35000
苏州					
无锡					
常州					
镇江					
南通					
扬州					
泰州					
杭州					
宁波					
嘉兴					
湖州					
绍兴					
舟山					
台州					
珠三角					
广州					
深圳					
珠海					
佛山					
江门					
东莞					
中山					
惠州					
肇庆					

2-22 商品交易市场情况(按经营方式分)

(批发为主)

地　　区	市场数量(个)	总摊位数(个)	年末出租摊位数(个)	营业面积(平方米)	成交额(万元)
三大地带合计	**1081**	**803908**	**724945**	**69654635**	**338381017**
环 渤 海	**264**	**257828**	**228649**	**18524651**	**76295956**
北　京	60	83285	68490	4316112	14570175
天　津	59	44577	39206	4688320	24244776
唐　山	13	11796	9079	665234	2484124
沈　阳	37	41214	38411	1775117	12923028
大　连	22	15754	15119	962178	9958141
济　南	29	18540	17756	2026805	3043317
青　岛	44	42662	40588	4090885	9072395
长 三 角	**600**	**405480**	**373380**	**36199713**	**225627921**
上　海	97	46141	44248	5877390	59754908
南　京	20	13746	12859	1609228	8507429
苏　州	47	58966	56528	4062635	27655036
无　锡	38	21061	17808	2762317	25720360
常　州	29	21877	19980	3391602	12201351
镇　江	8	3971	3685	1120539	1847925
南　通	32	22604	18555	1844175	8978201
扬　州	35	10918	9983	1249460	4393913
泰　州	14	10668	8902	1184625	2300383
杭　州	87	50842	47999	2640157	26571346
宁　波	65	34433	31889	3218590	14526305
嘉　兴	25	27197	24540	1788672	7833771
湖　州	18	12043	10090	1267647	3909699
绍　兴	34	39565	38711	2935672	16094529
舟　山	3	2087	2053	156863	1166128
台　州	48	29361	25550	1090141	4166637
珠 三 角	**217**	**140600**	**122916**	**14930271**	**36457140**
广　州	129	77844	67313	5952566	16717484
深　圳	16	15983	14669	424683	3392680
珠　海	6	2876	2092	115000	1581115
佛　山	23	15001	14167	5764837	4813619
江　门	5	1593	1395	117479	440272
东　莞	27	18187	15025	2087077	8065664
中　山	3	2490	1872	76354	50884
惠　州	6	5864	5863	361775	1345647
肇　庆	2	762	520	30500	49775

2-22 续表

(零售为主)

地区	市场数量(个)	总摊位数(个)	年末出租摊位数(个)	营业面积(平方米)	成交额(万元)
三大地带合计	**870**	**438446**	**403360**	**22635222**	**62691322**
环渤海	**194**	**125220**	**114815**	**6395805**	**19418400**
北京	75	45847	41557	2582980	10327330
天津	22	11842	11293	681909	2473872
唐山	9	6942	6860	217053	257474
沈阳	27	22221	18614	803340	1862410
大连	26	21399	20254	682308	1706243
济南	12	6012	5866	494614	1527035
青岛	23	10957	10371	933601	1264036
长三角	**573**	**264975**	**246665**	**14007447**	**36822060**
上海	82	30419	29328	1970009	5043829
南京	40	22239	21603	1218626	2798819
苏州	40	16142	15257	1464230	2225760
无锡	26	26621	24395	1641210	5566290
常州	26	14893	14154	563763	1166131
镇江	11	4101	3739	258922	365313
南通	58	26010	24588	1154624	2073246
扬州	28	11069	10706	774876	1198470
泰州	9	4339	4164	134812	378333
杭州	69	29491	26356	1421527	5454172
宁波	60	26651	24679	1172165	3902743
嘉兴	27	12876	11160	412380	1365823
湖州	23	10895	9479	344423	1013114
绍兴	16	8683	8430	755817	1405123
舟山	6	3342	3152	42655	172116
台州	52	17204	15475	677408	2692778
珠三角	**103**	**48251**	**41880**	**2231970**	**6450862**
广州	34	11026	10270	771711	2844208
深圳	16	14329	11247	406191	843265
珠海	6	3382	2855	32159	88118
佛山	12	4729	4226	495275	1443654
江门	6	2396	2040	56815	146004
东莞	17	8393	7473	290269	787110
中山	3	1691	1548	31870	33192
惠州	5	1529	1468	129568	200901
肇庆	4	776	753	18112	64410

2-23　商品交易市场情况(按经营环境分)

(露天式)

地　区	市场数量(个)	总摊位数(个)	年末出租摊位数(个)	营业面积(平方米)	成交额(万元)
三大地带合计	**248**	**118894**	**101911**	**17778319**	**49948818**
环渤海	**84**	**59184**	**47437**	**7409481**	**19773684**
北　京	17	24141	14817	2250353	8743116
天　津	15	12687	12194	1344512	1812740
唐　山	6	1092	988	338476	797240
沈　阳	17	9144	8292	866550	5294439
大　连	6	2401	2371	181500	356935
济　南	10	5177	4760	975138	1070234
青　岛	13	4542	4015	1452952	1698980
长三角	**130**	**45168**	**42868**	**5351006**	**25387762**
上　海	16	4589	4484	525849	3764628
南　京	9	2875	2686	285561	584090
苏　州	6	2185	2072	210700	448857
无　锡	11	2936	2525	724631	5383412
常　州	5	1822	1800	362680	763483
镇　江	1	400	158	10000	1183550
南　通	9	1250	1065	110580	326160
扬　州	8	1894	1875	176478	506835
泰　州	2	193	158	112000	222000
杭　州	13	2592	2574	351487	3090009
宁　波	27	16904	16280	1509325	4725284
嘉　兴	3	3090	2909	131160	1062961
湖　州	3	828	733	363861	365792
绍　兴	8	2962	2922	381208	2669528
舟　山					
台　州	9	648	627	95486	291173
珠三角	**34**	**14542**	**11606**	**5017832**	**4787372**
广　州	10	4860	3541	266841	734235
深　圳	7	4855	3722	312100	1409885
珠　海					
佛　山	6	886	866	3780318	414832
江　门					
东　莞	7	2942	2540	474785	1696434
中　山					
惠　州	3	587	542	158788	502130
肇　庆	1	412	395	25000	29856

2-23 续表 1

(封闭式)

地　区	市场数量 (个)	总摊位数 (个)	年末出租摊位数 (个)	营业面积 (平方米)	成交额 (万元)
三大地带合计	**1440**	**946326**	**871501**	**56724736**	**273112899**
环 渤 海	**337**	**279984**	**259654**	**14499769**	**63933738**
北　京	105	88634	80747	4064030	11915376
天　津	54	32988	29918	2588722	20614371
唐　山	14	13916	13741	356371	1704797
沈　阳	46	54091	48533	1706907	9216579
大　连	40	29215	27756	1182986	9137620
济　南	29	18280	17778	1461281	3435118
青　岛	49	42860	41181	3139472	7909877
长 三 角	**862**	**526094**	**486768**	**34510439**	**184774227**
上　海	123	53284	51119	3239186	49450773
南　京	47	31518	30314	2475843	10325091
苏　州	67	65170	62436	4948690	23719742
无　锡	38	32119	29150	2074121	12057099
常　州	37	27396	25835	2746864	9675357
镇　江	16	5688	5282	822492	679078
南　通	66	41614	36601	2570209	10086803
扬　州	45	15428	14229	1446998	4582736
泰　州	17	11852	10056	1106737	2086131
杭　州	117	62491	58398	2905254	18529865
宁　波	92	42634	38774	2707950	13104780
嘉　兴	47	36410	32218	1993558	7923440
湖　州	29	12576	11062	693367	1754317
绍　兴	38	42801	41754	3158674	14150905
舟　山	8	4249	4025	94518	823534
台　州	75	40864	35515	1525978	5824576
珠 三 角	**241**	**140248**	**125079**	**7714528**	**24404934**
广　州	144	71239	65542	3856967	13002188
深　圳	20	20764	17612	431924	2530300
珠　海	9	4998	3832	115959	1377557
佛　山	21	10628	9512	1249227	1955027
江　门	7	2786	2350	113188	371732
东　莞	27	19723	16763	1643726	4113569
中　山	4	2991	2595	71870	51911
惠　州	6	6289	6289	218555	951953
肇　庆	3	830	584	13112	50697

2-23 续表 2

(其他)

地 区	市场数量(个)	总摊位数(个)	年末出租摊位数(个)	营业面积(平方米)	成交额(万元)
三大地带合计	**263**	**177134**	**154893**	**17786802**	**78010622**
环 渤 海	**37**	**43880**	**36373**	**3011206**	**12006934**
北 京	13	16357	14483	584709	4239013
天 津	12	10744	8387	1436995	4291537
唐 山	2	3730	1210	187440	239561
沈 阳	1	200	200	5000	274420
大 连	2	5537	5246	280000	2169829
济 南	2	1095	1084	85000	65000
青 岛	5	6217	5763	432062	727574
长 三 角	**181**	**99193**	**90409**	**10345715**	**52287992**
上 海	40	18687	17973	4082364	11583336
南 京	4	1592	1462	66450	397067
苏 州	14	7753	7277	367475	5712197
无 锡	15	12627	10528	1604775	13846139
常 州	13	7552	6499	845821	2928642
镇 江	2	1984	1984	546969	350610
南 通	15	5750	5477	318010	638484
扬 州	10	4665	4585	400860	502812
泰 州	4	2962	2852	100700	370585
杭 州	26	15250	13383	804943	10405644
宁 波	6	1546	1514	173480	598984
嘉 兴	2	573	573	76334	213193
湖 州	9	9534	7774	554842	2802704
绍 兴	4	2485	2465	151607	679219
舟 山	1	1180	1180	105000	514710
台 州	16	5053	4883	146085	743666
珠 三 角	**45**	**34061**	**28111**	**4429881**	**13715696**
广 州	9	12771	8500	2600469	5825269
深 圳	5	4693	4582	86850	295760
珠 海	3	1260	1115	31200	291676
佛 山	8	8216	8015	1230567	3887414
江 门	4	1203	1085	61106	214544
东 莞	10	3915	3195	258835	3042771
中 山	2	1190	825	36354	32165
惠 州	2	517	500	114000	92465
肇 庆	2	296	294	10500	33632

2-24 商品交易市场成交情况(按摊位分)

地区	粮油、食品、饮料、烟酒类		粮油、食品类		#粮油类	
	摊位数(个)	成交额(万元)	摊位数(个)	成交额(万元)	摊位数(个)	成交额(万元)
三大地带合计	**353780**	**86282944**	**332520**	**80652750**	**24680**	**11668035**
环渤海	**114020**	**29496024**	**106457**	**27374206**	**6639**	**3822824**
北京	36255	12318628	32784	11339544	3131	1416157
天津	23399	5041590	22257	4714033	1507	1287216
唐山	4605	999402	4116	942392	256	157979
沈阳	8101	2892814	7797	2834962	482	225820
大连	9435	2322549	8787	2123739	557	195221
济南	6557	1705432	5668	1517489	111	149564
青岛	25668	4215609	25048	3902047	595	390867
长三角	**195793**	**42696009**	**184259**	**39848701**	**13551**	**6014861**
上海	22239	6681821	21211	6458799	2722	1607474
南京	10650	2919238	10101	2576830	616	626676
苏州	14091	4208482	13203	3964360	689	207702
无锡	8824	2891586	8227	2729534	1424	697688
常州	9041	2690175	7482	2362984	568	366946
镇江	2173	264698	1976	237561	164	18327
南通	18535	2086976	16463	1918599	725	54518
扬州	8955	2366995	8388	2110470	427	108266
泰州	3471	885289	3156	859856	222	341258
杭州	21041	5991415	19879	5637118	1263	921613
宁波	28051	4270739	27615	4119037	800	384673
嘉兴	12751	1772222	12636	1712012	1944	229859
湖州	9019	1334972	8464	1178279	562	125036
绍兴	7364	1666023	6520	1394187	434	211648
舟山	4319	652030	4319	652030	148	4723
台州	15269	2013348	14619	1937045	843	108454
珠三角	**43967**	**14090911**	**41804**	**13429843**	**4490**	**1830350**
广州	12602	4457871	11311	4238062	1495	501350
深圳	7387	2901621	7088	2590766	806	242414
珠海	3910	1635295	3852	1631916	97	4067
佛山	6380	1058270	6177	991196	280	44454
江门	2161	482650	2027	455452	191	55692
东莞	7868	2917425	7763	2889428	1335	864264
中山	1288	42830	1250	42427	62	1518
惠州	1458	504974	1423	500621	179	114291
肇庆	913	89975	913	89975	45	2300

2-24 续表 1

地区	#肉禽蛋类		#水产品类		#蔬菜类	
	摊位数（个）	成交额（万元）	摊位数（个）	成交额（万元）	摊位数（个）	成交额（万元）
三大地带合计	**52344**	**12397942**	**67222**	**18930611**	**128492**	**18597922**
环渤海	**11473**	**2607961**	**17867**	**6194081**	**47625**	**8460068**
北京	4711	1276957	4028	1690260	10271	3407247
天津	1283	379176	2838	966161	13735	1134066
唐山	1081	62564	727	145389	1488	393642
沈阳	790	179407	1211	736478	2747	1368714
大连	1352	349299	2106	661930	2612	327002
济南	297	95861	1140	653094	2802	366627
青岛	1959	264697	5817	1340769	13970	1462770
长三角	**31542**	**7053815**	**43251**	**11197592**	**67361**	**7221297**
上海	2988	788911	3856	1940954	8979	1078746
南京	2535	771226	1549	553274	4576	384141
苏州	3014	1167683	3420	1170015	3265	454899
无锡	895	459462	1125	679131	3185	341831
常州	1475	280133	1269	753830	2786	647970
镇江	412	44693	263	72639	422	42255
南通	3855	551069	3694	515842	6109	416552
扬州	1694	385718	1453	328844	3146	675102
泰州	683	108018	579	283233	1507	100963
杭州	3724	1096919	2439	828965	8861	988020
宁波	3014	589440	11125	1562255	9621	962323
嘉兴	2602	162071	1752	132231	3444	406792
湖州	1715	260261	1318	276138	3558	187439
绍兴	740	115107	720	318583	3233	310241
舟山	415	45277	2457	571411	1259	28517
台州	1781	227827	6232	1210247	3410	195506
珠三角	**9329**	**2736166**	**6104**	**1538938**	**13506**	**2916557**
广州	2077	645881	2057	661561	3965	942196
深圳	1751	489735	1527	323735	1621	711850
珠海	657	257790	843	284020	1746	527930
佛山	2189	589093	579	130364	2823	164148
江门	432	77843	251	61136	390	7790
东莞	1273	428229	429	45661	1827	395735
中山	393	15526	255	12457	398	8804
惠州	331	191821	113	13484	584	149934
肇庆	226	40248	50	6520	152	8170

2-24 续表 2

地 区	#干鲜果品类		饮料类		烟酒类	
	摊位数(个)	成交额(万元)	摊位数(个)	成交额(万元)	摊位数(个)	成交额(万元)
三大地带合计	**45848**	**15802362**	**11997**	**3037241**	**9263**	**2592953**
环渤海	**16692**	**4879904**	**3679**	**902782**	**3884**	**1219036**
北 京	7420	3078603	1601	379990	1870	599094
天 津	2765	657818	375	114948	767	212609
唐 山	534	182218	301	26060	188	30950
沈 阳	1061	127944	179	34303	125	23549
大 连	1261	228398	303	93123	345	105687
济 南	1290	222178	829	181829	60	6114
青 岛	2361	382745	91	72529	529	241033
长三角	**21861**	**6716900**	**6777**	**1705743**	**4757**	**1141565**
上 海	1849	1008092	621	157412	407	65610
南 京	453	187066	311	159783	238	182625
苏 州	1676	279587	432	123826	456	120296
无 锡	1237	406130	381	98415	216	63637
常 州	719	200995	1157	292326	402	34865
镇 江	502	46793	33	979	164	26158
南 通	1366	189419	938	56464	1134	111913
扬 州	1393	612539	273	150847	294	105678
泰 州	114	22241	191	14843	124	10590
杭 州	2937	1686194	809	209892	353	144405
宁 波	2697	486320	240	85116	196	66586
嘉 兴	2509	764135	61	16061	54	44149
湖 州	1067	301138	227	75978	328	80715
绍 兴	1010	335856	778	222448	66	49388
舟 山	40	2102				
台 州	2292	188293	325	41353	325	34950
珠三角	**7295**	**4205558**	**1541**	**428716**	**622**	**232352**
广 州	1133	1434005	1037	172075	254	47734
深 圳	1382	822978	164	181729	135	129126
珠 海	462	553871	28	1369	30	2010
佛 山	306	63136	129	36119	74	30955
江 门	326	230901	84	16381	50	10817
东 莞	2899	1033729	58	19910	47	8087
中 山	142	4122	27	116	11	287
惠 州	216	31091	14	1017	21	3336
肇 庆	429	31725				

2-24 续表 3

地区	服装、鞋帽、针纺织品类		服装类		鞋帽类	
	摊位数（个）	成交额（万元）	摊位数（个）	成交额（万元）	摊位数（个）	成交额（万元）
三大地带合计	**328996**	**66602349**	**181196**	**22713884**	**44274**	**5593438**
环渤海	**101568**	**9958577**	**67704**	**5755046**	**17162**	**1927415**
北京	27945	878701	19854	546170	3249	125943
天津	10042	701600	7364	575288	2220	109719
唐山	5472	817811	3869	217559	978	406260
沈阳	25006	3882587	14924	2220551	4886	655254
大连	12476	1196209	7195	583108	2413	215651
济南	7386	675085	5502	509363	1478	155801
青岛	13241	1806584	8996	1103007	1938	258787
长三角	**167127**	**46873435**	**77521**	**13747279**	**19338**	**2369646**
上海	12495	1201963	9549	1057217	1208	24024
南京	6550	613109	4324	390003	1146	99023
苏州	28893	14695806	16832	4884649	3462	597185
无锡	7683	1169966	2510	271924	1714	359256
常州	5017	483737	2582	158001	931	65722
镇江	2110	186351	979	80403	889	84281
南通	14675	7403323	2503	84299	1570	33362
扬州	2372	653874	559	226518	829	262452
泰州	2062	80081	1093	41421	511	20838
杭州	19470	4487307	13856	2199361	1950	106188
宁波	7025	1187764	4082	569630	1019	294186
嘉兴	16364	3552484	9575	1818575	198	6463
湖州	4738	1646822	2437	952076	251	43763
绍兴	29318	8128492	2427	175020	772	47499
舟山	12	397	12	397		
台州	8343	1381959	4201	837785	2888	325404
珠三角	**60301**	**9770337**	**35971**	**3211559**	**7774**	**1296377**
广州	35289	6198522	21347	2154382	5233	1109815
深圳	3276	59343	2574	39185	418	13436
珠海	741	27731	462	5571	52	1123
佛山	6504	2129227	719	55080	186	18921
江门	719	44952	667	40119	42	2103
东莞	8095	914840	6111	688639	748	30354
中山	1646	30584	1543	29389	89	1044
惠州	3894	362526	2423	196807	1006	119581
肇庆	137	2612	125	2387		

2-24 续表 4

地　　区	针纺织品类		化妆品类		金银珠宝类	
	摊位数(个)	成交额(万元)	摊位数(个)	成交额(万元)	摊位数(个)	成交额(万元)
三大地带合计	**103526**	**38295027**	**6376**	**675349**	**4764**	**1354469**
环 渤 海	**16702**	**2276116**	**2756**	**254408**	**2421**	**518391**
北　　京	4842	206588	865	57903	703	38886
天　　津	458	16593	306	25281	11	2454
唐　　山	625	193992	209	19481	11	5400
沈　　阳	5196	1006782	508	21780		
大　　连	2868	397450	470	97587	55	7671
济　　南	406	9921	148	6143	158	14060
青　　岛	2307	444790	250	26233	1483	449920
长 三 角	**70268**	**30756510**	**1643**	**272380**	**1220**	**764557**
上　　海	1738	120722	47	3510	7	157
南　　京	1080	124083	51	18025	22	11178
苏　　州	8599	9213972	72	2016	188	138665
无　　锡	3459	538786	228	35810	116	1178
常　　州	1504	260014	45	2732	21	1490
镇　　江	242	21667	35	1305	7	900
南　　通	10602	7285662	218	27191	15	1414
扬　　州	984	164904	30	56172		
泰　　州	458	17822	285	24138		
杭　　州	3664	2181758	202	7138	2	959
宁　　波	1924	323948	208	32208		
嘉　　兴	6591	1727446	32	1892	2	123
湖　　州	2050	650983	53	39367		
绍　　兴	26119	7905973			839	600138
舟　　山						
台　　州	1254	218770	137	20876	1	8355
珠 三 角	**16556**	**5262401**	**1977**	**148561**	**1123**	**71521**
广　　州	8709	2934325	1382	105650	485	31527
深　　圳	284	6722	100	2647	407	10384
珠　　海	227	21037	13	221		
佛　　山	5599	2055226	25	12655		
江　　门	10	2730	20	7565		
东　　莞	1236	195847	5	109		
中　　山	14	151	123	3748		
惠　　州	465	46138	309	15966	106	9691
肇　　庆	12	225			125	19919

2-24 续表 5

地区	日用品类		#洗涤用品类		#儿童玩具类	
	摊位数（个）	成交额（万元）	摊位数（个）	成交额（万元）	摊位数（个）	成交额（万元）
三大地带合计	**73829**	**11111261**	**13009**	**1419001**	**6086**	**546031**
环 渤 海	**25930**	**2516709**	**5593**	**603549**	**2580**	**147705**
北 京	12544	802934	3186	400500	1220	35723
天 津	1696	176104	225	33949	57	2621
唐 山	495	45490	226	16200	232	27925
沈 阳	5942	948325	714	53020	462	41317
大 连	2221	374354	392	19101	127	2537
济 南	1435	35825	154	6077	155	11243
青 岛	1597	133677	696	74702	327	26339
长 三 角	**34682**	**6626736**	**6569**	**735094**	**2465**	**307505**
上 海	1763	2338489	130	50170	23	6374
南 京	2384	353537	1617	265988	63	12490
苏 州	3088	237434	230	35628	77	1014
无 锡	5187	795963	210	12214	467	131379
常 州	6094	853862	85	5224	70	5310
镇 江	308	25587	99	2090	11	990
南 通	1436	109364	346	47747	203	8094
扬 州	940	307552	141	88032	531	59940
泰 州	486	16022	307	10396	121	4605
杭 州	5941	599170	2400	78682	505	21203
宁 波	2307	371705	549	63618	85	7706
嘉 兴	667	107007	37	627	6	127
湖 州	156	47722	110	27148	30	19684
绍 兴	675	125310	128	8505	121	9573
舟 山						
台 州	3250	338012	180	39025	152	19016
珠 三 角	**13217**	**1967816**	**847**	**80358**	**1041**	**90821**
广 州	10704	1796066	86	14265	456	13606
深 圳	771	12673	40	1152	84	2684
珠 海	84	2095	5	135	8	220
佛 山	495	112153	150	48714	262	63190
江 门	340	11902	269	8518	49	1514
东 莞	73	1215	12	574	11	151
中 山	166	4108	3	33	1	2
惠 州	582	27524	282	6967	170	9454
肇 庆	2	80				

2-24 续表 6

地区	五金、电料类		体育、娱乐用品类		书报杂志类	
	摊位数(个)	成交额(万元)	摊位数(个)	成交额(万元)	摊位数(个)	成交额(万元)
三大地带合计	**40220**	**9344041**	**3481**	**496337**	**1755**	**272459**
环渤海	**8532**	**2142659**	**1720**	**295678**	**1071**	**142330**
北京	1169	75460	1100	192947	242	19294
天津	2932	1407625	64	8907	14	172
唐山	391	38817	168	32171	10	4000
沈阳	1637	206364	77	8094	502	91571
大连	826	80403	113	6407	122	13486
济南	557	34741	107	5423	5	124
青岛	1020	299249	91	41729	176	13683
长三角	**27146**	**6063897**	**1248**	**134042**	**567**	**85652**
上海	3214	150085	186	29998	65	17135
南京	2310	370072	36	4661	97	29515
苏州	3177	440774	99	3609	54	9333
无锡	3261	700283	77	10526	212	5745
常州	1207	318415	9	370	1	20
镇江	68	1255	3	240	5	120
南通	393	40278	120	9775	33	3046
扬州	673	410869			2	350
泰州	1573	745449	18	145		
杭州	3261	879681	414	19259	91	20360
宁波	1777	222740	127	6287	5	11
嘉兴			3	135		
湖州	203	28941	1	200	1	7
绍兴	2668	1419007	5	4497	1	10
舟山						
台州	3361	336048	150	44340		
珠三角	**4542**	**1137485**	**513**	**66617**	**117**	**44477**
广州	2285	431006	287	34087	104	44194
深圳	273	7613	39	1123	1	22
珠海	13	590	8	250	3	65
佛山	245	76662	57	21022	2	56
江门			10	403		
东莞	1647	615320	4	1	4	14
中山	9	63			1	7
惠州	70	6231	108	9731	2	119
肇庆						

2-24 续表 7

地区	电子出版物及音像制品类		家用电器和音像器材类		中西药品类	
	摊位数（个）	成交额（万元）	摊位数（个）	成交额（万元）	摊位数（个）	成交额（万元）
三大地带合计	**1470**	**156638**	**8802**	**1554700**	**863**	**521662**
环渤海	**583**	**65846**	**3236**	**506791**	**76**	**10616**
北京	83	2482	1345	191046	26	1149
天津	13	1568	173	18399	4	59
唐山	55	15033	114	28249	20	8000
沈阳	5	128	275	13595		
大连	390	44934	815	212304	11	925
济南	33	1123	216	3369	1	50
青岛	4	578	298	39829	14	433
长三角	**372**	**37113**	**3501**	**722563**	**382**	**487560**
上海	86	11312	334	100091	259	93438
南京	14	4903	150	31230	1	100
苏州	10	1457	396	50446	5	490
无锡	109	4518	291	53550	16	28021
常州	13	910	64	68057	4	349989
镇江	6	158	18	884	22	1306
南通	47	497	146	17799	27	2247
扬州	2	3300	92	29100	4	153
泰州	5	110	220	36105	1	29
杭州	3	290	442	104683	5	238
宁波	27	238	677	87008		
嘉兴			5	207		
湖州	14	925	139	21739	2	200
绍兴	3	2334	113	2163		
舟山						
台州	33	6161	414	119501	36	11349
珠三角	**515**	**53679**	**2065**	**325346**	**405**	**23486**
广州	404	39844	1319	217459	335	19960
深圳	26	853	591	26222		
珠海	8	73	10	330	5	256
佛山	50	11161	72	66660	11	129
江门			8	6156	5	620
东莞	5	40	50	1500	11	344
中山	1	5			19	870
惠州	21	1703	15	7019	19	1307
肇庆						

2-24 续表 8

地区	#西药类		#中草药及中成药类		文化办公用品类	
	摊位数（个）	成交额（万元）	摊位数（个）	成交额（万元）	摊位数（个）	成交额（万元）
三大地带合计	**110**	**19339**	**706**	**127057**	**23768**	**4868357**
环渤海	**51**	**9058**	**13**	**266**	**10382**	**2708319**
北京	11	610	11	197	5495	1091527
天津	3	50			505	44385
唐山	20	8000			281	33649
沈阳					623	16445
大连	4	346	2	69	1204	921145
济南					1042	287972
青岛	13	52			1232	313196
长三角	**46**	**9343**	**310**	**105653**	**8295**	**1502347**
上海	3	438	256	93000	1379	295181
南京	1	100			1107	85566
苏州	3	90			406	32191
无锡	9	1632	2	230	662	218305
常州	1	5162			92	9271
镇江	12	850	10	456	12	847
南通	9	749	5	546	310	70330
扬州	3	81	1	72	281	186886
泰州	1	29			91	542
杭州	4	212			2308	346616
宁波					868	69873
嘉兴					128	19554
湖州					138	9497
绍兴					251	106283
舟山						
台州			36	11349	262	51405
珠三角	**13**	**938**	**383**	**21138**	**5091**	**657691**
广州	3	149	330	19207	1774	451277
深圳					1532	90124
珠海	1	40	3	90	7	220
佛山			11	129	920	44666
江门					28	4845
东莞	2	185	8	99	281	17600
中山	3	119	16	751	1	8
惠州	4	445	15	862	548	48951
肇庆						

2-24　续表 9

地　区	家具类		通讯器材类		煤炭及制品类	
	摊位数（个）	成交额（万元）	摊位数（个）	成交额（万元）	摊位数（个）	成交额（万元）
三大地带合计	**30055**	**4690524**	**16678**	**1310630**	**823**	**6710319**
环 渤 海	**11554**	**1394998**	**2339**	**483291**	**711**	**5627270**
北　京	4190	619120	897	198291	1	4
天　津	946	74376	81	32665	681	5612782
唐　山	314	10372	15	9000	20	12000
沈　阳	2074	223311	509	210075		
大　连	2274	166534	600	14678		
济　南	608	67641	144	1295		
青　岛	1148	233644	93	17287	9	2484
长 三 角	**17812**	**3205720**	**4049**	**318061**	**112**	**1083049**
上　海	2680	261175	1097	29816	10	11725
南　京	1441	314920	2	80		
苏　州	4768	983948	1131	44848	9	2760
无　锡	615	57220	180	27144	7	4044
常　州	598	139735	2	60		
镇　江	35	3148	18	1207	7	249
南　通	888	108721	30	1122		
扬　州	1034	240719			4	1401
泰　州	161	25607				
杭　州	1317	140075	436	105876		
宁　波	1593	227427			69	1040000
嘉　兴	73	10066				
湖　州	966	308104	202	6055		
绍　兴	1204	280100			6	22870
舟　山						
台　州	439	104755	951	101853		
珠 三 角	**689**	**89806**	**10290**	**509278**		
广　州	372	39742	38	20003		
深　圳	25	4000	10107	462483		
珠　海			5	160		
佛　山	292	46064	13	16383		
江　门			1	23		
东　莞			107	8481		
中　山			5	314		
惠　州			14	1431		
肇　庆						

2-24 续表 10

地区	木材及制品类		石油及制品类		化工材料及制品类	
	摊位数(个)	成交额(万元)	摊位数(个)	成交额(万元)	摊位数(个)	成交额(万元)
三大地带合计	**12759**	**3130847**	**723**	**16025804**	**15743**	**24444434**
环渤海	**3085**	**385699**	**208**	**4403666**	**1007**	**1311257**
北京	864	35750			163	13816
天津	427	181623	2	286	433	1223809
唐山	135	4027	2	1200	12	7200
沈阳	486	42390			336	51738
大连	437	63270	200	4400000	53	14584
济南						
青岛	736	58639	4	2180	10	110
长三角	**8712**	**2313310**	**513**	**11622114**	**11666**	**19251561**
上海	1429	294950	506	11620000	1101	896207
南京	424	244334			56	6435
苏州	413	179005			4015	4711875
无锡	759	59782			602	1806072
常州	2173	320607			638	2265281
镇江	71	6819	7	2114	49	74278
南通	280	26659			43	10762
扬州	258	63830			2	1920
泰州	99	8812			48	7113
杭州	271	68243			141	157380
宁波	659	158384			2987	5387798
嘉兴					8	5980
湖州	1379	699383			12	1230
绍兴	180	167472			1764	3805230
舟山						
台州	317	15030			200	114000
珠三角	**962**	**431838**	**2**	**24**	**3070**	**3881616**
广州	552	274738	2	24	245	118546
深圳	50	7100				
珠海						
佛山						
江门					1	10
东莞	360	150000			2824	3763060
中山						
惠州						
肇庆						

2-24 续表 11

地区	#化肥类		金属材料类		建筑及装潢材料类	
	摊位数(个)	成交额(万元)	摊位数(个)	成交额(万元)	摊位数(个)	成交额(万元)
三大地带合计	**129**	**91651**	**40570**	**102514759**	**77940**	**15673514**
环渤海	**20**	**6577**	**9161**	**15667098**	**14786**	**2764840**
北京			363	75328	4867	605157
天津	5	3467	2587	9101742	2733	622454
唐山	5	3000	483	486324	154	58612
沈阳			4289	3903065	3081	706063
大连			150	189584	1069	117250
济南			535	91850	927	171000
青岛	10	110	754	1819205	1955	484304
长三角	**108**	**85064**	**30071**	**83979522**	**59402**	**12254223**
上海	5	686	5435	34643673	13663	3092542
南京			1299	4585703	6516	1305550
苏州	1	28	1798	1917014	3812	579353
无锡	81	82531	6049	20018054	4279	1547731
常州			966	2607416	3563	1223702
镇江	2	544	197	1234646	876	63002
南通	18	1055	352	111289	2907	608238
扬州	1	220	1048	388678	2750	531948
泰州			2717	458772	1049	134876
杭州			4050	13147242	5998	1102841
宁波			3193	3215999	4019	776774
嘉兴			673	805683	3714	311683
湖州			200	317918	1392	239770
绍兴			268	96371	1643	515974
舟山					520	54270
台州			1826	431064	2701	165969
珠三角	**1**	**10**	**1338**	**2868139**	**3752**	**654451**
广州			491	1868849	1867	196133
深圳			22	2650	204	8050
珠海						
佛山			697	865957	1454	342690
江门	1	10			51	14578
东莞			128	130683	176	93000
中山						
惠州						
肇庆						

2-24 续表 12

地 区	机电产品及设备类		#农机类		汽车类	
	摊位数(个)	成交额(万元)	摊位数(个)	成交额(万元)	摊位数(个)	成交额(万元)
三大地带合计	**14544**	**3480176**	**815**	**195534**	**25069**	**29501337**
环 渤 海	**1954**	**403137**	**255**	**101321**	**10932**	**12519365**
北 京	458	210574			4335	7098961
天 津	60	12700			1162	2012927
唐 山	20	10000	5	3000	243	57360
沈 阳					1956	576036
大 连	874	45000			451	1190036
济 南	140	13661	38	1611	2365	1354734
青 岛	402	111202	212	96710	420	229311
长 三 角	**12013**	**2902454**	**376**	**38511**	**9493**	**11710635**
上 海	563	99368			1376	2348243
南 京	134	10096			305	259407
苏 州	2524	193743			396	654167
无 锡	417	320678	2	850	999	1423332
常 州	1444	148984	270	36161	243	163948
镇 江	916	164591	79	1233	1	1653
南 通	747	109184	25	267	419	189521
扬 州	2	924			312	116172
泰 州	320	238620				
杭 州	3151	763487			4124	3879709
宁 波	253	57493			278	593234
嘉 兴					202	650596
湖 州	1	120			499	187379
绍 兴	201	62610			7	30811
舟 山	353	597148			1	34399
台 州	987	135408			331	1178064
珠 三 角	**577**	**174585**	**184**	**55702**	**4644**	**5271337**
广 州	295	42444	4	57	3513	2848463
深 圳					119	524835
珠 海						
佛 山	202	62141	180	55645	254	1191640
江 门						
东 莞	80	70000			700	168000
中 山						
惠 州					58	538399
肇 庆						

2-24 续表 13

地区	种子饲料类		棉麻类		其他类	
	摊位数（个）	成交额（万元）	摊位数（个）	成交额（万元）	摊位数（个）	成交额（万元）
三大地带合计	**385**	**70653**	**2020**	**3516343**	**42892**	**6762433**
环渤海	**85**	**24088**	**766**	**321989**	**14581**	**1791310**
北京	3	128	86	900	6048	368519
天津	33	17387	660	306044	1535	91709
唐山	10	5000			2700	33000
沈阳	13	946			1605	990111
大连	5	200			1122	185274
济南			20	15045	1238	85779
青岛	21	427			333	36918
长三角	**276**	**45858**	**1252**	**3194352**	**22698**	**4302831**
上海	3	197			3639	577661
南京					913	138589
苏州	10	342	104	297628	2326	495410
无锡	17	813			1613	106329
常州	7	59	549	975142	2343	743520
镇江	3	137			477	177743
南通	31	842	3	217	1488	112652
扬州	11	160			1917	231380
泰州	1	10			459	16996
杭州					1687	203549
宁波	189	43237	160	100965	2096	579164
嘉兴			436	1820400	642	141562
湖州	2	40			452	32422
绍兴	2	21			629	463936
舟山						
台州					2017	281918
珠三角	**24**	**707**	**2**	**2**	**5613**	**668292**
广州	14	332			3224	324955
深圳					986	114202
珠海					140	1947
佛山	3	310			717	199427
江门					91	12572
东莞	7	65	2	2	71	1075
中山					161	1539
惠州					127	10976
肇庆					96	1599

第三部分　市场篇

简要说明：

本篇资料的主要内容是按成交额排名居前列的大型商品交易市场的名称，包括按照市场类别划分的综合市场、专业市场等。

3-1 前100家商品交易市场

序号	市场名称	序号	市场名称
1	上海物贸有色金属交易市场	51	朝天门市场
2	中国东方丝绸市场	52	北京北辰亚运村汽车交易市场中心(市场)
3	中国常熟服装城	53	广州江南果菜批发市场
4	上海中油石油交易中心有限公司	54	张家港保税区纺织原料市场有限公司
5	博兴县兴福镇黑白铁市场	55	杭州物资城
6	上海石化物资交易中心有限公司	56	中国茧丝绸交易市场
7	浙江省中国义乌小商品城	57	江苏凌家塘市场发展有限公司
8	大连石油交易所	58	洛阳市洛龙区关林市场管委会
9	浙江绍兴中国轻纺城	59	无锡招商城市场管理有限公司
10	天津考尔煤炭交易市场有限公司	60	揭阳市国际金属材料市场
11	浙江中国科技五金城集团有限公	61	重庆巨龙钢材市场
12	石家庄市新华集贸市场	62	无锡市国联金属材料市场有限公司
13	中储发展股份有限公司天津储	63	上海宝山钢材交易市场管理有限公司
14	沈阳市工商行政管理局五爱市场分局	64	杭州三里洋钢材市场有限公司
15	高碑店市白沟镇市场	65	深圳市布吉农产品批发中心
16	安徽省徽商钢材市场	66	江阴景澄物流交易市场
17	余姚市中国塑料城	67	江苏湖塘纺织城投资发展有限公司
18	通州市志浩综合市场	68	张家港保税区华东化工电子交易市场有限公司
19	石家庄市南三条小商品批发市场	69	常州长江塑料化工交易市场有限公司
20	北京市丰台新发地农副产品批发市场中心	70	天津市兰格钢铁电子交易市场管理有限公司
21	钱清中国轻纺原料城	71	北京大洋路农副产品市场有限公司
22	叠石桥国际家纺城有限公司	72	江苏华东石化物资交易市场
23	上海逸仙钢材市场经营管理有限公司	73	福州市南方钢材物流中心
24	香河家具城	74	天津北方汽车交易市场有限公司
25	无锡南方不锈钢市场	75	柳州市生产资料大市场(广西柳州物资储运贸易总公司)
26	张家港保税区化工品交易市场有限公司	76	昆明螺蛳湾国际商贸城市场1期
27	杭州运河钢材市场有限公司	77	广东鱼珠物流基地有限公司广东鱼珠国际建材市场
28	江阴市金属材料市场	78	天津稀有金属交易市场有限公司
29	北京市旧机动车交易市场有限公司(市场)	79	苏州南环桥市场发展股份有限公司
30	江阴长江港口物流园区交易中心	80	常州龙城钢材有限公司
31	泰安市泰山钢材大市场	81	浙江纺织采购博览城
32	广州市海珠区中大布匹市场管理委员会	82	广州市花都区狮岭皮革皮具城有限公司
33	江苏东方钢材城有限公司	83	长春汽车批发中心市场
34	海城市西柳服装市场	84	湖南省三湘南湖大市场
35	东莞市华南塑胶城投资有限公司	85	中国(十堰)汽配城
36	浙江新世纪金属材料现货市场	86	北京城北回龙观商品交易市场有限公司(市场)
37	杭州城北金属材料市场有限公司	87	桐乡市濮院羊毛衫市场
38	安庆市光彩大市场	88	中国织里童装市场
39	萧山商业城	89	金乡县鱼山农副产品批发市场
40	南京幕燕金属物流中心有限公司	90	北京锦绣大地农副产品批发市场有限责任公司(市场)
41	运城市经济开发区禹都市场	91	中南汽车世界大中南汽车贸易公司
42	南京生产资料中心批发市场	92	恒冠物流有限公司(恒冠钢材市场)
43	上海外高桥钟表交易中心有限公司	93	合肥周谷堆农产品批发市场股份有限公司
44	南昌市洪城大市场	94	商丘农产品中心批发市场
45	大连双兴商品城有限公司	95	沈阳新塔湾钢材市场
46	重庆市观音桥农贸市场管理处	96	宁波镇海液体化工产品交易市场
47	湖南钢材大市场	97	淄川建材城
48	绍兴越州轻纺工贸园区	98	即墨市服装批发市场
49	中国铁路物资哈尔滨物流公司	99	南京众彩农副产品批发市场有限公司
50	广东西樵轻纺城	100	江苏宣武集团市场

3-2 前100家综合贸易市场

序号	市场名称	序号	市场名称
1	浙江省中国义乌小商品城	51	无锡朝阳农产品大市场
2	大连石油交易所	52	南京金桥市场
3	浙江中国科技五金城集团有限公司	53	兰州瑞德摩尔城市购物广场(兰新)
4	高碑店市白沟镇市场	54	四川好一新商贸城有限公司
5	石家庄市南三条小商品批发市场	55	宁波轻纺城
6	北京市丰台新发地农副产品批发市场中心	56	路桥小商品批发市场
7	海城市西柳服装市场	57	余姚市农副产品批发市场
8	安庆市光彩大市场	58	邵东县工业品市场
9	萧山商业城	59	温州市浙南农副产品中心市场
10	运城市经济开发区禹都市场	60	涵江商贸批发中心
11	南昌市洪城大市场	61	乌鲁木齐北园春有限责任公司农产品中心批发市场
12	大连双兴商品城有限公司	62	重庆市永川区商贸城管理有限公司
13	重庆市观音桥农贸市场管理处	63	慈溪市工业品批发市场
14	朝天门市场	64	连云港市农副产品批发市场有限公司
15	洛阳市洛龙区关林市场管委会	65	湖北北盟投资集团有限公司
16	无锡招商城市场管理有限公司	66	皖西北商贸城
17	江苏湖塘纺织城投资发展有限公司	67	江阴市江南农副产品批发交易市场
18	北京大洋路农副产品市场有限公司	68	闽南商业城批发市场
19	苏州南环桥市场发展股份有限公司	69	新疆华凌工贸集团有限公司华凌综合市场
20	北京城北回龙观商品交易市场有限公司(市场)	70	东莞市江南市场经营管理有限公司
21	北京锦绣大地农副产品批发市场有限责任公司(市场)	71	惠州江北农产品中心批发市场
22	合肥周谷堆农产品批发市场股份有限公司	72	上海曹安菜蓝子股份有限公司
23	南京众彩农副产品批发市场有限公司	73	诸暨市小商品市场
24	徐州区域生产资料市场有限公司	74	万隆大胡同商业中心
25	湖南高桥大市场	75	周口市荷花市场
26	长沙市红星实业集团有限公司农副产品大市场	76	宜昌金东山市场有限公司
27	南昌深圳农产品中心批发市场有限公司	77	山东黑马集团有限公司商贸批发市场
28	聊城香江光彩大市场有限公司	78	邯郸市魏县天仙果菜批发市场
29	扬州曲江商品城有限公司	79	胶州市胶州商城
30	上海江杨农产品批发市场经营管理有限公司	80	天津金元宝滨海农产品交易市场有限公司
31	烟台市三站市场	81	七里堡蔬菜综合批发市场
32	浙江省农都农产品市场	82	杭州汽车东站小商品市场有限公司
33	深圳市福田农产品批发市场	83	南宁市桂果香果品有限公司五里亭蔬菜批发市场
34	哈尔滨哈达农副产品股份有限公司	84	大连东方投资置业有限公司
35	天津市王顶堤批发市场有限责	85	长兴县农副产品综合批发市场
36	江苏苏浙皖边界市场发展有限公司	86	长兴金陵商城发展有限公司
37	北京顺鑫石门农产品批发市场有限责任公司(市场)	87	柳州市柳邕农副产品批发市场有限公司
38	无锡食品商城	88	江苏华东灯具城
39	慈溪市农副产品批发市场	89	大连长兴购物中心有限公司
40	北京农产品中央批发市场有限责任公司(市场)	90	广东南国小商品城
41	石家庄桥西蔬菜中心批发市场	91	合肥市庐阳区城隍庙市场
42	重庆马家岩板材批发市场	92	重庆市万州区小天鹅批发市场
43	成都农产品中心批发市场有限公	93	清河县绒毛交易市场
44	九江市京九农副产品中心批发市场	94	宁波万国商城
45	北京鼎好天地电子市场有限公司	95	青岛抚顺路蔬菜副食品批发市场
46	即墨小商品城	96	乌鲁木齐北园春(集团)有限责任公司北园春市场
47	北京八里桥农产品中心批发市场有限公司(市场)	97	安徽省广德县农贸市场
48	上海九星综合市场经营管理有限公司	98	通辽市团结路贸易区
49	吉安农产品批发市场有限公司	99	佛山市综合批发市场
50	鸦鸿桥镇河西日杂市场	100	无锡尤渡投资有限公司华东商贸城分公司

3-3 前100家专业市场

序号	市场名称	序号	市场名称
1	上海物贸有色金属交易市场	51	张家港保税区华东化工电子交易市场有限公司
2	中国东方丝绸市场	52	常州长江塑料化工交易市场有限公司
3	中国常熟服装城	53	天津市兰格钢铁电子交易市场管理有限公司
4	上海中油石油交易中心有限公司	54	江苏华东石化物资交易市场
5	博兴县兴福镇黑白铁市场	55	福州市南方钢材物流中心
6	上海石化物资交易中心有限公司	56	天津北方汽车交易市场有限公司
7	浙江绍兴中国轻纺城	57	柳州市生产资料大市场(广西柳州物资储运贸易总公司)
8	天津考尔煤炭交易市场有限公司	58	昆明螺蛳湾国际商贸城市场1期
9	石家庄市新华集贸市场	59	广东鱼珠物流基地有限公司广东鱼珠国际建材市场
10	中储发展股份有限公司天津储	60	天津稀有金属交易市场有限公司
11	沈阳市工商行政管理局五爱市场分局	61	常州龙城钢材有限公司
12	安徽省徽商钢材市场	62	浙江纺织采购博览城
13	余姚市中国塑料城	63	广州市花都区狮岭皮革皮具城有限公司
14	通州市志浩综合市场	64	长春汽车批发中心市场
15	钱清中国轻纺原料城	65	湖南省三湘南湖大市场
16	叠石桥国际家纺城有限公司	66	中国(十堰)汽配城
17	上海逸仙钢材市场经营管理有限公司	67	桐乡市濮院羊毛衫市场
18	香河家具城	68	中国织里童装市场
19	无锡南方不锈钢市场	69	金乡县鱼山农副产品批发市场
20	张家港保税区化工品交易市场有限公司	70	中南汽车世界大中南汽车贸易公司
21	杭州运河钢材市场有限公司	71	恒冠物流有限公司(恒冠钢材市场)
22	江阴市金属材料市场	72	沈阳新塔湾钢材市场
23	北京市旧机动车交易市场有限公司(市场)	73	商丘农产品中心批发市场
24	江阴长江港口物流园区交易中心	74	宁波镇海液体化工产品交易市场
25	泰安市泰山钢材大市场	75	淄川建材城
26	广州市海珠区中大布匹市场管理委员会	76	即墨市服装批发市场
27	江苏东方钢材城有限公司	77	江苏宣武集团市场
28	东莞市华南塑胶城投资有限公司	78	武汉白沙洲农副产品大市场
29	浙江新世纪金属材料现货市场	79	青岛市城阳蔬菜水产品批发市场有限公司
30	杭州城北金属材料市场有限公司	80	沈阳张士农副产品股份有限公司
31	南京幕燕金属物流中心有限公司	81	云南省钢材市场
32	南京生产资料中心批发市场	82	南宁市虎邱城北钢材市场有限公司
33	上海外高桥钟表交易中心有限公司	83	惠龙港国际钢铁物流股份有限公司
34	湖南钢材大市场	84	永年县标准件市场
35	绍兴越州轻纺工贸园区	85	通辽经济技术开发区煤炭市场
36	中国铁路物资哈尔滨物流公司	86	青岛金属集团有限公司市场管理服务分公司
37	广东西樵轻纺城	87	绿云石都建材交易城
38	北京北辰亚运村汽车交易市场中心(市场)	88	新疆钢材加工配送中心
39	广州江南果菜批发市场	89	无锡市广益装饰城
40	张家港保税区纺织原料市场有限公司	90	东莞市樟木头塑胶原料市场
41	杭州物资城	91	无锡友谊钢材市场
42	中国茧丝绸交易市场	92	宁波市镇海煤炭交易市场有限公司
43	江苏凌家塘市场发展有限公司	93	常州钢材现货交易市场有限公司
44	揭阳市国际金属材料市场	94	重庆龙文实业(集团)有限公司
45	重庆巨龙钢材市场	95	吴江市再生资源回收市场
46	无锡市国联金属材料市场有限公司	96	中昊化工网上交易中心
47	上海宝山钢材交易市场管理有限公司	97	成都市九龙广场
48	杭州三里洋钢材市场有限公司	98	浙江大唐轻纺袜业城
49	深圳市布吉农产品批发中心	99	诸暨华东汽配水暖城
50	江阴景澄物流交易市场	100	肃宁县尚村皮毛交易市场

3-4 前20家生产资料综合市场

序号	市场名称
1	大连石油交易所
2	浙江中国科技五金城集团有限公司
3	安庆市光彩大市场
4	徐州区域生产资料市场有限公司
5	重庆马家岩板材批发市场
6	上海九星综合市场经营管理有限公司
7	湖北北盟投资集团有限公司
8	新疆华凌工贸集团有限公司华凌综合市场
9	江苏华东灯具城
10	宁波万国商城
11	南宁农业科技市场
12	成都国融金府机电城
13	武汉市舵落口大市场
14	舟山市船用商品交易市场
15	四川省成都木材综合工厂府河桥市场
16	大连华南家居大世界购物广场
17	天津环渤海家具购物广场有限公司
18	长兴轻纺国际贸易城
19	浙江汇宇棉纱市场
20	成都川金府西部五金机电批发城

3-5 前20家工业消费品综合市场

序号	市场名称
1	浙江省中国义乌小商品城
2	高碑店市白沟镇市场
3	石家庄市南三条小商品批发市场
4	海城市西柳服装市场
5	南昌市洪城大市场
6	朝天门市场
7	洛阳市洛龙区关林市场管委会
8	无锡招商城市场管理有限公司
9	湖南高桥大市场
10	聊城香江光彩大市场有限公司
11	扬州曲江商品城有限公司
12	烟台市三站市场
13	北京鼎好天地电子市场有限公司
14	即墨小商品城
15	兰州瑞德摩尔城市购物广场(兰新)
16	四川好一新商贸城有限公司
17	宁波轻纺城
18	路桥小商品批发市场
19	邵东县工业品市场
20	慈溪市工业品批发市场

3-6 前20家农产品综合市场

序号	市场名称
1	北京市丰台新发地农副产品批发市场中心
2	重庆市观音桥农贸市场管理处
3	北京大洋路农副产品市场有限公司
4	苏州南环桥市场发展股份有限公司
5	合肥周谷堆农产品批发市场股份有限公司
6	南京众彩农副产品批发市场有限公司
7	长沙市红星实业集团有限公司农副产品大市场
8	南昌深圳农产品中心批发市场有限公司
9	上海江杨农产品批发市场经营管理有限公司
10	浙江省农都农产品市场
11	深圳市福田农产品批发市场
12	哈尔滨哈达农副产品股份有限公司
13	天津市王顶堤批发市场有限责
14	北京顺鑫石门农产品批发市场有限责任公司(市场)
15	无锡食品商城
16	慈溪市农副产品批发市场
17	北京农产品中央批发市场有限责任公司(市场)
18	石家庄桥西蔬菜中心批发市场
19	成都农产品中心批发市场有限公
20	北京八里桥农产品中心批发市场有限公司(市场)

3-7 前20家其他综合市场

序号	市场名称
1	萧山商业城
2	运城市经济开发区禹都市场
3	大连双兴商品城有限公司
4	江苏湖塘纺织城投资发展有限公司
5	北京城北回龙观商品交易市场有限公司(市场)
6	北京锦绣大地农副产品批发市场有限责任公司(市场)
7	江苏苏浙皖边界市场发展有限公司
8	九江市京九农副产品中心批发市场
9	鸦鸿桥镇河西日杂市场
10	南京金桥市场
11	涵江商贸批发中心
12	重庆市永川区商贸城管理有限公司
13	闽南商业城批发市场
14	大连东方投资置业有限公司
15	安徽省广德县农贸市场
16	通辽市团结路贸易区
17	浙西南农贸城开发有限公司
18	慈溪市周巷副食品批发市场
19	安徽省广德县太极商城
20	上海市金山区市场有限公司

3-8 17家农业生产用具市场

序号	市场名称
1	高阳县庞口汽车农机配件城
2	宁晋县大陆村镇农机配件市场
3	平度市农机及配件市场
4	长葛市金桥农机商贸市场
5	湖北农机市场
6	银川博源物业服务有限公司
7	佛山市南海东方国际机械广场
8	常州市农机市场有限公司
9	临邑县农机大市场
10	陵县农机市场
11	南昌县农机大市场
12	通辽经济技术开发区农机市场
13	新乐市机动三轮车市场
14	平度市机动车配件城
15	武城县农机大世界
16	合肥裕隆市场建设投资有限公
17	扎兰屯市蒙东农机具交易市场

3-9 前20家农用生产资料市场

序号	市场名称
1	漳州市芗城闽南饲料批发市场
2	重庆泰华牧业(集团)有限公司西部饲料兽药市场
3	南宁市种畜场饲料兽药禽苗市场
4	阿克苏市农哈哈农资市场
5	临邑县金家园农资市场
6	七西农资批发市场
7	博兴县吕艺镇生资市场
8	海兴县辛集镇鱼子鱼粉市场
9	闽西粮油饲料城
10	徐州大自然牧业市场有限公司
11	菏泽市牡丹区农业科技市场
12	供销农资批发市场
13	库尔勒市友好市场开发有限公司
14	新沂市农资市场
15	宁波禽蛋市场
16	武鸣县农资市场
17	吉林市农业生产资料市场有限公司
18	八步区八达饲料市场
19	邢台市农业生产资料批发市场
20	武鸣县粮油市场

3-10 16家煤炭市场

序号	市场名称
1	天津考尔煤炭交易市场有限公司
2	通辽经济技术开发区煤炭市场
3	宁波市镇海煤炭交易市场有限公司
4	天津天保大宗煤炭交易市场有限公司
5	天津市煤炭交易市场有限公司
6	天津港散货交易市场有限责任公司
7	盂县煤炭运销公司发运站
8	张家口市怀来县土木煤炭市场
9	温宿县煤炭联合销售有限责任公司
10	江苏徐州港务集团有限公司煤炭交易市场分公司
11	张家口市宣化区煤炭市场
12	万全县逯家湾煤炭市场
13	平罗县煤炭集中区服务中心
14	大同市新荣区公路煤炭交易市场
15	宣化县煤炭市场
16	上海华电煤炭交易市场有限公司

3-11 前20家木材市场

序号	市场名称
1	华东胶合板市场
2	浙江南浔建材市场
3	碑廓木材市场
4	鲁北木材市场
5	常州长贸中心市场发展有限公司
6	广东鱼珠国际木材市场
7	通辽经济技术开发区木材市场
8	东莞市兴业国际物流城有限公司
9	绍兴市塔山竹木交易市场
10	浙江贺村木业市场
11	南浔地板城
12	上海金翔木材市场管理经营有限公司
13	南京普迪建材实业集团有限公司木材市场分公司
14	德清南方家园(国际)家俱广场
15	柳南经济开发总公司柳邕竹木交易市场
16	宁波现代家园市场
17	徐州木材市场有限公司
18	株洲江山建材大市场
19	临沂装饰木制品市场
20	襄樊市中南板材大市场

3-12 前20家建材市场

序号	市场名称
1	无锡市广益装饰城
2	上海松江钢材城
3	福州市南方建材市场
4	永翔钢材市场
5	成都富森美家居置业有限公司
6	新世界建材市场
7	环渤海建材中心批发市场
8	江西省装潢建材大市场有限责任公司
9	金华市浙中建筑装饰材料市场有限公司
10	长葛市九鼎美达建材市场
11	沈阳红旗台石材市场
12	南京跨世纪装饰建材集团有限公司
13	湖南万家丽家居建材市场
14	徐州新世纪建材装饰城
15	南京金盛装饰市场经营管理有限公司
16	上海恒大建材市场管理股份有限公司
17	青岛启城建材批发市场有限公司
18	中国淮安国际商城
19	山东罗庄建材批发市场
20	浙江世纪建材装饰市场管理有限公司

3-13 前20家化工材料及制品市场

序号	市场名称
1	余姚市中国塑料城
2	钱清中国轻纺原料城
3	张家港保税区化工品交易市场有限公司
4	东莞市华南塑胶城投资有限公司
5	张家港保税区华东化工电子交易市场有限公司
6	常州长江塑料化工交易市场有限公司
7	江苏华东石化物资交易市场
8	宁波镇海液体化工产品交易市场
9	东莞市樟木头塑胶原料市场
10	天津石化交易中心市场
11	江苏国际塑化城有限公司
12	宁波华东物资城
13	上海危险化学品交易市场经营管理有限公司
14	上海中山化工市场经营管理有限公司
15	绍兴染料城
16	成都西部化工市场
17	东莞市大京九塑胶原料市场
18	天津危险化学品交易市场经营管理有限公司
19	河北衡水橡胶城
20	齐鲁化工商城

3-14 前20家金属材料市场

序号	市场名称
1	上海物贸有色金属交易市场
2	博兴县兴福镇黑白铁市场
3	中储发展股份有限公司天津储
4	安徽省徽商钢材市场
5	上海逸仙钢材市场经营管理有限公司
6	无锡南方不锈钢市场
7	杭州运河钢材市场有限公司
8	江阴市金属材料市场
9	江阴长江港口物流园区交易中心
10	泰安市泰山钢材大市场
11	江苏东方钢材城有限公司
12	浙江新世纪金属材料现货市场
13	杭州城北金属材料市场有限公司
14	南京幕燕金属物流中心有限公司
15	南京生产资料中心批发市场
16	湖南钢材大市场
17	中国铁路物资哈尔滨物流公司
18	杭州物资城
19	揭阳市国际金属材料市场
20	重庆巨龙钢材市场

3-15 前20家机械设备市场

序号	市场名称
1	临清市烟店轴承市场
2	浙江船舶交易市场
3	新疆亚中机电市场
4	成都万贯五金机电市场
5	无锡市机电五金市场有限公司
6	陈家坪机电市场有限公司
7	北京经开万佳国际机械商城有限公司
8	湘潭市长株潭大市场
9	杭州长城机电市场
10	湛江海田新五金机电产品批发市场
11	长沙市设备交易中心
12	杭州华东建设机械市场
13	高新机电批发配送中心
14	庆云县万通机车市场
15	庆云县金融机具礼品市场
16	乐清市柳市电器城
17	长沙市五金机电大市场
18	南宁东博国际五金机电城有限公司
19	金科机电城
20	杭州南方浙金机电市场有限公司

3-16　前20家其他生产资料市场

序号	市场名称
1	上海中油石油交易中心有限公司
2	上海石化物资交易中心有限公司
3	中昊化工网上交易中心
4	正定县恒山市场
5	滨州市新兴市场
6	东莞市金铭实业投资有限公司
7	中国轴承大世界
8	长春顺风大市场有限公司
9	嘉善汾湖金属材料交易市场
10	湛江海田建饰材料综合批发市场
11	莱阳市恒基建材批发市场
12	奥华国际装饰城
13	新疆华凌工贸(集团)有限责任公司华凌市场
14	温州浙江皮革市场
15	张家口市张北县华北牲畜交易市场
16	晏城镇建材市场
17	广西百色市南大建材综合市场有限公司
18	长春生产资料交易市场
19	阿克苏市华能市场
20	温州浙南鞋料市场

3-17　前20家粮油市场

序号	市场名称
1	商丘农产品中心批发市场
2	上海农产品中心批发市场经营管理有限公司
3	天津保税区大宗商品交易市场有限公司
4	南方粮食交易市场
5	临沂鲁南国际粮油市场
6	扶余县三井子杂粮市场
7	黄河商品交易市场有限公司
8	北京盛华宏林粮油批发市场有限公司
9	兴化市粮食交易市场
10	东莞市常平粮油饲料批发市场
11	东莞市南方粮油有限公司
12	贵阳市谷丰粮油食品批发市场有限公司
13	杭州粮油批发交易市场有限公司
14	广州市瑞宝粮油食杂批发市场
15	北京锦绣大地玉泉路粮油经营有限公司
16	武城县龙湾粮食市场
17	合肥漕冲糖酒批发市场
18	金华市粮食批发市场
19	南京粮油交易市场经营有限公司
20	衢州市粮食批发市场

3-18　前20家肉禽蛋市场

序号	市场名称
1	杭州联合肉类冷藏有限公司
2	苏州食品有限公司肉食品批发交易市场
3	邯郸市馆陶县金凤禽蛋农贸批发市场
4	中南农产品市场
5	南京金厨副食品批发交易市场
6	广西淡村商贸城有限公司
7	广州市嘉禾禽畜交易服务中心
8	四川三联家禽批发市场(四川三联家禽有限责任公司)
9	南海区大沥桂江市场
10	大连熟食品交易中心
11	武汉万吨冷储物流有限公司
12	黑龙江省新胜蛋禽批发市场
13	合肥市洪福家禽批发市场
14	扬州朝苏农副畜产品冷冻食品批发市场
15	宁波市肉禽蛋批发市场有限公司
16	温州生猪肉品批发交易市场
17	藁城市稚翔禽蛋市场
18	厦门海沧区畜禽蛋批发市场
19	合肥徽商城农产品批发市场有限公
20	百兴三鸟批发市场

3-19　前20家水产品市场

序号	市场名称
1	武汉白沙洲农副产品大市场
2	青岛市城阳蔬菜水产品批发市场有限公司
3	重庆万吨冷储物流有限公司
4	湛江市霞山区水产品批发市场
5	北京大红门京深海鲜批发市场有限公司(市场)
6	上海铜川水产市场管理有限公司
7	日照市岚山区安东卫海货城
8	上海东方国际水产中心市场经营管理有限公司
9	舟山水产品中心批发市场有限责任公司
10	济南海鲜大市场经营管理有限公司
11	大连水产品交易市场有限公司
12	沈阳水产批发市场
13	岚山鲜活水产城
14	浙福边贸水产城
15	安东卫国际水产城
16	杭州近江水产农副产品综合市场
17	瑞安市水产城
18	高淳县水产批发市场有限公司
19	南京惠民桥农副产品市场
20	台州市水产品交易中心

3-20 前20家蔬菜市场

序号	市场名称
1	金乡县鱼山农副产品批发市场
2	沈阳张士农副产品股份有限公司
3	成都龙泉聚合(国际)果蔬交易中心
4	寿光农产品物流园有限公司
5	庆云县蔬菜水果批发市场
6	郑州毛庄绿园实业有限公司
7	江苏联谊农副产品批发市场
8	马王堆蔬菜批发市场
9	绥阳黑木耳批发大市场
10	衢州农贸城
11	秦皇岛海阳农副产品批发市场
12	定州市鲜活农产品批发市场
13	中国武城辣椒市场
14	安丘市姜蒜批发市场服务中心
15	上海市江桥批发市场经营管理有限公司
16	云南龙城农产品经营股份有限
17	饶阳县瓜菜果品交易市场
18	青岛丁家庄蔬菜果品批发
19	郑州市农产品物流配送中心有限公司
20	山东鲁南蔬菜批发市场

3-21 前20家干鲜果品市场

序号	市场名称
1	广州江南果菜批发市场
2	蓝特商业城(蓝特集团有限公司)
3	东莞市信立实业有限公司
4	滕州市杏花村干杂货市场
5	珠海市农副产品批发物流中心
6	东莞市果菜副食交易市场
7	徐州源洋商贸发展有限公司
8	贵阳市五里冲农副产品批发市场有限公司
9	嘉兴农产品市场
10	沧州崔而庄枣业有限公司
11	杭州近江食品市场
12	金华农产品批发市场有限公司
13	滕州市嘉誉市场
14	江苏亚联农副产品有限公司
15	鲁中果品批发市场
16	嘉善商城
17	达州市塔沱农副产品综合批发市场有限责任公司
18	江门市新会区水果食品批发市场有限公司
19	杭州果品批发有限公司
20	齐齐哈尔市哈达农果品副产品综合市场

3-22 前20家棉麻土畜、烟叶市场

序号	市场名称
1	中国茧丝绸交易市场
2	武城县老城棉花交易市场
3	武城县银山棉花市场
4	天津棉花交易市场有限公司
5	昌黎县佳朋皮毛交易市场
6	陵县棉花市场
7	陵县皮毛市场
8	江北轻纺城
9	夏津县棉花交易中心
10	无棣县西小王乡枣棉市场
11	乌市绒毛市场(绒毛协会)
12	平泉县六河源牲畜交易市场
13	新野县棉花交易市场
14	乌市中野畜牧有限责任公司
15	临泉县瓦店山羊交易市场
16	叶茂台牲畜交易市场
17	台州市椒江区上洋生猪交易市场
18	扎兰屯市蒙东牲畜交易市场有限责任公司
19	商河县尹巷棉花市场
20	海宁市西山皮革原辅料市场

3-23 前20家其他农产品市场

序号	市场名称
1	深圳市布吉农产品批发中心
2	天津市金钟河蔬菜贸易中心
3	北京京丰岳各庄农副产品批发市场中心
4	成都市农副产品批发中心(有限公司)
5	张家港市青草巷农副产品批发市场
6	绍兴市蔬菜果品批发交易市场
7	山东黑马集团有限公司农贸批发市场
8	甘肃省食品股份有限公司肉食水产批发市场
9	浙北农副产品交易中心有限公司
10	日照市金阳农贸中心
11	即墨市农产品批发市场
12	青州市海天水产干货综合批发市场
13	昆明骏骐干菜副食粮油批发市场
14	宁海县跃龙综合市场
15	濉溪县中瑞农副产品有限责任公司
16	巢湖亚父农副产品批发市场
17	留史皮毛市场
18	市中区利民批发市场
19	瓦房店市复州大市场
20	重庆市农副产品综合批发市场

3-24 前20家食品饮料市场

序号	市场名称
1	珠海市和平物流中心
2	义乌市副食品市场
3	庆云县酒水副食市场
4	沈阳温州城商品交易市场
5	扬州大桥食品城有限公司
6	天津市粮油批发交易市场
7	杭州江南食品市场
8	潮州市枫春果菜水产批发市场
9	重庆万隆小食品批发市场
10	张家港市第一集贸市场有限公司
11	新泰市青龙路市场
12	承德市裕华路市场
13	无锡市金桥副食品市场有限公司
14	白云副食品批发市场
15	宁波路林市场
16	常州新阳光西林国际食品城有限公司
17	邵阳市湘运大市场
18	哈尔滨南极小食品批发市场
19	天津市隆海葛沽农产品市场
20	永川玉屏市场

3-25 前20家茶叶市场

序号	市场名称
1	浙江浙南茶叶市场有限公司
2	安溪茶叶批发市场
3	济南博茗茶叶市场
4	新昌县江南名茶市场
5	安徽江南第一茶市
6	德州金华茶城有限公司
7	宜昌三峡国际旅游茶城
8	淳安千岛湖茶叶市场
9	南方茶叶中心馆
10	横县横州镇城北市场有限公司茶叶市场
11	南方锦桂区茶叶市场(含广东茶业城)
12	南方茶叶市场总汇
13	西安金康茶文化传播有限公司
14	上海大宁国际茶城市场经营管理有限公司
15	浙江遂昌龙谷名茶市场开发有限公司
16	横县横州镇城北有限公司茉莉花市场
17	邵武市茶叶交易市场
18	杭州西湖茶叶市场
19	北京市京华沅茶叶市场有限公司
20	武义县茶城

3-26 13家烟酒市场

序号	市场名称
1	即墨市东关副食品批发市场
2	陵县世纪商贸城
3	滕州市荆西副食品批发交易市场
4	魏县当歌酒类专业批发市场
5	遂宁市川中副食品批发市场
6	湘乡市烟酒副食大市场
7	丹徒区宝堰集贸市场
8	临邑县副食品批发市场
9	长沙市红星糖酒批发大市场
10	临邑县兴隆街综合市场
11	博山区掩的小商品批发市场
12	龙山副食批发城
13	合肥恒通食品批发市场

3-27 前20家其他食品饮料烟酒市场

序号	市场名称
1	江苏凌家塘市场发展有限公司
2	赣南贸易广场
3	贵阳海恒农副产品批发市场
4	常熟华东食品城管理有限公司
5	无锡广益商城副食品批发市场
6	浙江现代商贸物流发展有限公司(浙江食品市场)
7	温州浙闽副食品商城
8	上海漕宝路食品批发市场经营管理有限公司
9	山东省潍坊青州市副食品批发市场
10	江门市水产水果冻品批发市场
11	恒盛(菏泽)大市场有限公司
12	宁波市二号桥市场
13	五一大市场
14	吴江市平望副食品市场
15	白山市星泰批发市场有限公司
16	福鼎市闽浙边贸商城
17	滨州市姜家副食品批发市场
18	常州市横山桥农副产品批发市场有限公司
19	宜兴市金三角副食城
20	包头市友谊蔬菜批发市场

3-28 前20家布料及纺织品市场

序号	市场名称
1	中国东方丝绸市场
2	浙江绍兴中国轻纺城
3	通州市志浩综合市场
4	叠石桥国际家纺城有限公司
5	广州市海珠区中大布匹市场管理委员会
6	绍兴越州轻纺工贸园区
7	广东西樵轻纺城
8	张家港保税区纺织原料市场有限公司
9	浙江纺织采购博览城
10	浙江大唐轻纺袜业城
11	潍坊星河国际轻纺城
12	海宁中国家纺装饰城
13	嘉兴南方丝绸市场
14	温州商贸城
15	高阳县纺织商贸城
16	河北省邯郸市冀南针纺城
17	嘉兴毛衫城
18	晋州市新世纪商城
19	慈溪市胜山服装布料市场
20	石狮市金汇布料市场

3-29 前20家服装市场

序号	市场名称
1	中国常熟服装城
2	石家庄市新华集贸市场
3	昆明螺蛳湾国际商贸城市场1期
4	桐乡市濮院羊毛衫市场
5	中国织里童装市场
6	即墨市服装批发市场
7	成都市九龙广场
8	石狮市服装城
9	海宁中国皮革城
10	路桥中国日用品商城
11	杭州四季青服装集团有限公司
12	新疆边疆宾馆商贸市场
13	市西大市场
14	临沂市批发城服装批发区
15	上海新七浦实业有限公司(上海新七浦市场)
16	济南泺口服装批发市场
17	红楼集团有限公司(杭州环北小商品市场)
18	玛克威商厦公共设施有限公司
19	福州台农服装城
20	广州白马服装市场

3-30 前20家鞋帽市场

序号	市场名称
1	荔湾站西鞋城(广州市荔湾区站西鞋城管委会)
2	中国西部鞋都交易城
3	鸦鸿桥河西村鞋市
4	临沂市鞋帽批发市场
5	江都市苏中商贸有限公司
6	沈阳南塔鞋城有限责任公司
7	广州新华南鞋业百货城
8	明大企业集团有限公司
9	沈阳金马鞋城有限公司
10	山东齐鲁鞋城
11	济南众鑫鞋城
12	即墨市蓝村皮鞋专业市场
13	商丘市梁园区梁园市场
14	沧州市站前鞋类专业市场
15	台州横峰鞋业市场
16	朝阳鞋城(山西五龙鞋业有限公司)
17	菏泽市牡丹区花都鞋城
18	太原市三江源(鞋城)商贸有限公司
19	东方皮革商城管理处
20	广州大都市鞋业城

3-31 前20家其他纺织服装鞋帽市场

序号	市场名称
1	沈阳市工商行政管理局五爱市场分局
2	江苏宣武集团市场
3	瑞安商城
4	成都荷花池市场
5	赣州市龙都商城
6	南京玉桥市场管理有限公司
7	庆云县宝艺服装城
8	淮安市汇通市场
9	包头市东河区太平寺商业城
10	常德市鼎城桥南市场
11	鸦鸿桥镇小商品城
12	重庆市万州商贸城
13	营口市东升市场
14	上海市轻纺集团有限公司
15	大商集团股份有限公司贸易大世界
16	溧阳市天目市场建设服务中心
17	新昌县羊毛衫兔毛市场
18	惠东县银基商贸城
19	武城县老城华兴服装市场
20	怀化市中心市场

3-32　前20家小商品市场

序号	市场名称
1	中国庆云小商品城现代批发市场
2	临沂小商品城
3	中国自行车零件城
4	北京天意新商城市场有限公司
5	永嘉县桥头钮扣市场
6	内蒙古通达商场
7	福州广宇商贸城
8	北京世纪天鼎商品交易市场有限公司
9	常州市九龙小商品批发市场
10	兴发广场
11	广州市白云南方钟表城
12	广州市万菱广场
13	新绛县汾河湾市场
14	常州市金三角小商品批发市场有限公司
15	日照市东港区太阳城市场
16	菏泽市牡丹区小商品城
17	广州安华美博城
18	福州市台江区小商品批发商场
19	广州市越秀区南方钟表交易中心
20	广州一德(国际)玩具文具精品广场

3-33　12家图书、报刊杂志市场

序号	市场名称
1	长沙文化广场定王台书市
2	郑州博雅实业有限公司
3	广州图书市场有限公司
4	南京长三角出版物批发市场
5	杭州文化商城有限公司
6	北京图书批发交易市场有限公司(市场)
7	上海文庙书刊交易市场经营管理有限公司
8	青岛市文化市场
9	苏州文化市场有限公司
10	潍坊图书中心
11	大连市图书城管理服务中心
12	武汉华创版业发展有限公司

3-34　前20家其他日用品及文化用品市场

序号	市场名称
1	上海外高桥钟表交易中心有限公司
2	浙江东阳中国木雕城
3	大连奥林匹克电子城有限公司
4	浦江水晶工艺品市场
5	博山陶琉大观园国际商贸城
6	温州礼品城
7	武汉莱特纸张油墨市场
8	浙江缝配城
9	华东土杂综合市场
10	沈阳华大实业总公司东北日杂市场
11	武汉市科振经贸有限公司纸张油墨市场
12	广州市新沙五金塑料城有限公司
13	临沂市大陆商业村
14	广州沙溪国际酒店用品城
15	湖南省纸业大市场
16	鄂西北小商品批发市场
17	白云世界皮具贸易中心
18	浙江眼镜城
19	吉林市莲花日用杂品批发市场有限责任公司
20	台州国际塑料城

3-35　19家黄金、珠宝、玉器首饰市场

序号	市场名称
1	福州特艺城
2	诸暨华东国际珠宝城
3	中国玉都玉器展销市场
4	江苏东海县水晶市场
5	青岛市中韩小商品城有限公司
6	福州光明桥珠宝玉石城
7	青岛国际工艺品城
8	苏州渭塘珍珠市场
9	中国宝石城
10	北京市红桥市场
11	通辽市露天市场
12	上塘珠宝交易市场
13	四会市玉器市场
14	鼓楼区保定珠宝城
15	岫岩满族自治县玉雕会展中心
16	岫岩满族自治县东北玉器交易市场
17	河南省镇平县珠宝玉雕大世界
18	岫岩满族自治县荷花玉器交易市场
19	郑州亮鑫实业有限公司

3-36 前20家家电市场

序号	市场名称
1	安徽信地大市场物业管理有限责任公司
2	临沂家电厨卫城
3	睢阳区港澳大世界
4	汉多福家电专业市场
5	怀化市河西家电城
6	南阳家电大世界
7	上海商务中心家电市场
8	洛阳聚客隆实业有限公司家电市场
9	盘锦市兴隆台区环球电子商贸中心
10	邵阳市日恒电器城
11	浙江省家电市场
12	广东电器市场
13	宁波颐高数码电子电器产品交易市场
14	永川区家电批发市场
15	金华家电市场
16	雅兰电子城
17	广州市越秀区海印电器总汇
18	南昌长运商贸城
19	泰州市嘉城经济发展有限公司
20	中南灯具市场

3-37 前20家通讯器材市场

序号	市场名称
1	沈阳东北通讯市场
2	华中通信广场
3	深圳赛格电子市场
4	深圳市新亚洲电子商城有限公司
5	深圳市都会电子城有限公司
6	苏州赛格电子市场管理有限公司
7	百脑汇(重庆)实业有限公司
8	海龙电子城
9	内蒙古诚信数码广场
10	延吉市中关村电子科技大厦
11	深圳赛博迈特数码科技有限公司
12	杭州通信器材市场
13	义乌通信市场
14	瑞安市数码广场
15	温岭市海华数码广场
16	江西移动南昌分公司东湖营销市场
17	石家庄跃进路手机广场
18	上海赛格电子市场经营管理有限公司
19	长沙市宝新通信器材批发市场
20	吉林省安华通信科技发展有限公司

3-38 前20家计算机及辅助设备市场

序号	市场名称
1	佰腾数码广场
2	河南科技市场管理委员会
3	哈尔滨工程大学科技园发展有限公司船舶电子大世界
4	重庆泰兴通信电脑市场
5	北京海龙电子城市场中心
6	济南科技市场
7	长春科技城物业管理有限公司
8	长沙国储电脑城
9	亿世界(北京)电子市场有限公司
10	上海环宇太平洋数码市场经营管理有限公司
11	温州电脑市场
12	北京中关村科贸电子城有限公司
13	太平洋电脑市场(A)
14	广西南宁电子科技广场有限公司
15	温州数码科技广场
16	青岛颐高数码科技有限公司
17	无锡市梦之岛数码港市场有限公司
18	青岛兴旺电子信息城市场经营有限公司
19	福州大利嘉城电子市场
20	长沙鼎星投资咨询有限公司合峰电脑城

3-39 前20家中药材市场

序号	市场名称
1	安国市东方药城交易大厅
2	亳州市(中国)中药材交易中心
3	玉州市中药材市场
4	抚松长白山人参市场投资发展有限公司
5	东北土特产品交易中心
6	禹州市药业管理管理委员会
7	中宁县枸杞市场
8	集安市清河人参交易市场有限公司
9	樟树中药材专业市场
10	文山特安呐物业管理有限公司
11	上海维韩保健品市场经营管理有限公司
12	普宁市中药材专业市场
13	昆明市菊花园中药材市场
14	牛营子药材交易中心
15	磐安县檀溪置业有限公司
16	太和县李兴镇中药材交易市场
17	西峡县米坪镇中药材市场
18	山东省鄄城县舜王城中药材市场
19	柘荣县太子参市场交易中心
20	浙江省磐安县特产城有限公司

3-40　前20家家具市场

序号	市场名称
1	香河家具城
2	东阳红木家具市场
3	重庆铠恩国际家居名都有限公司
4	江苏蠡口国际家具城有限公司
5	河南中博股份有限公司
6	武汉汉口北专业市场开发有限公司(中国家俱CBD)
7	常州市红星家具装饰城
8	淄博市周村区沙发城市场
9	盘锦市金地物业管理有限公司(汇美家饰)
10	南浔家私广场
11	扬州宝林商业管理有限公司
12	北京集美家居大世界市场有限公司(市场)
13	吉盛伟邦
14	北京蓝景丽家大钟寺家居广场市场有限公司
15	北京城外诚家居广场(市场)
16	东行家私城市场
17	北京市定慧桥集美家具城市场有限公司(市场)
18	正定县恒山家具市场
19	霸州宾鹏钢木家具城
20	临沂鲁南家俱城

3-41　前20家装饰材料市场

序号	市场名称
1	淄川建材城
2	重庆马家岩大川建材市场管理有限公司
3	福州南方装饰材料市场
4	扬州商城集团公司
5	新凤朝装饰材料市场
6	魏县天龙建筑建材批发市场
7	福州汇多利建材装饰材料市场
8	嘉兴市建材陶瓷市场
9	九江市华东装饰材料市场
10	长沙市马王堆陶瓷建材城恒广区
11	内蒙古润宇装饰城市场有限公司
12	南通市汇晟建材市场有限公司
13	铜陵大市场
14	衡阳市华源大市场
15	长安装饰材料和平路市场
16	烟台海港家饰材料市场
17	沭阳浙江商城管理有限公司
18	卢球商贸中心
19	常州富美美吉特国际家居装饰城有限公司
20	禅城区华夏陶瓷博览城

3-42　11家灯具市场

序号	市场名称
1	临沂灯具城
2	常州市武进邹区灯具城
3	温州东方灯具市场
4	常州市邹区光辉灯具市场有限公司
5	成都金府灯具城
6	常州邹区发得灯具广场有限公司
7	沈阳张士灯具市场
8	云南菊花灯具市场
9	杭州灯具市场有限公司
10	南通东星灯饰城有限公司
11	北京万隆汇洋家居建材市场有限公司(市场)

3-43　前20家五金材料市场

序号	市场名称
1	诸暨华东汽配水暖城
2	姜堰华东五金城市场经营管理有限公司
3	天津市国际轻工商贸城
4	潍坊豪德贸易广场
5	成都市金府五金机电交易市场
6	常熟国际汽配城
7	浙江南方五金城
8	东莞市迎海商贸城有限公司
9	大足县龙水五金旅游城
10	沈阳五金股份有限公司
11	浙江建华五金机电市场有限公司
12	无锡金桥商贸城市场有限公司
13	怀化市河西建材市场
14	大足县龙水五金市场
15	浙江时代电子市场有限公司
16	天津易安物业管理有限公司
17	临沂市五金市场
18	常州市江南五金机电城市场管理有限公司
19	浙江温西工量刃具交易中心
20	天津市珠江达润五金城

3-44 前20家其他装修市场

序号	市场名称
1	湖南省三湘南湖大市场
2	浙江石狮国际商贸城
3	常熟市建筑装饰材料有限公司
4	南京红太阳商业大世界有限公司
5	庆云县装饰材料城
6	北京居然之家投资控股集团有限公司(市场)
7	江苏省宜兴建材装璜市场
8	金盛国际家居市场经营管理有限公司
9	杭州陶瓷品市场
10	中国家具城
11	江西联信大市场
12	胶东家具装饰材料批发市场
13	盐城高力国际家居港有限公司
14	益阳市银城大市场
15	杭州新时代家居生活广场
16	福州上渡林产品交易市场开发有限公司
17	张家港九洲家居装饰城市场有限公司
18	合肥东方商城大市场
19	兰州雁滩家具市场
20	福州南方石材市场

3-45 前20家汽车市场

序号	市场名称
1	北京市旧机动车交易市场有限公司(市场)
2	北京北辰亚运村汽车交易市场中心(市场)
3	天津北方汽车交易市场有限公司
4	长春汽车批发中心市场
5	中南汽车世界大中南汽车贸易公司
6	大连汽车国际博览中心
7	重庆西部汽车城
8	浙江新世纪汽车城
9	山东匡山汽车大世界
10	广东汽车城
11	杭州汽车城有限公司
12	重庆市渝南汽车销售有限公司
13	华南汽车城
14	上海市旧机动车交易市场
15	广州华南汽贸广场有限公司
16	江苏无锡汽车交易市场
17	杭州机动车交易市场有限公司
18	嘉兴市汽车商贸园
19	常熟市汽车市场
20	合肥瑶海实业集团公司(安徽国际汽车城)

3-46 13家摩托车市场

序号	市场名称
1	重庆外滩摩配交易市场
2	赣州市东门市场
3	安徽国际汽车城大地汽摩配市场
4	驻马店豪德贸易广场
5	大城县东阜摩配市场
6	郑州摩托城
7	浙江(路桥)摩托车交易中心
8	安徽迅捷物流摩托车仓储批发市场
9	兰州东部机动车配件中心
10	株洲锦云摩配市场
11	株洲市中南摩托市场
12	柳州市锦环服务有限责任公司摩托车商城
13	宁乡县摩托汽配大市场

3-47 前20家机动车零配件市场

序号	市场名称
1	中国(十堰)汽配城
2	杭州浙江汽配城
3	河南汽车配件物流贸易园
4	北京城环城国际汽车配件城有限公司(市场)
5	临沂汽摩配城
6	江西省洪城汽配城
7	中国郑州汽配大世界
8	汽配城中国有限公司
9	山东济南重汽配件城
10	上海东方汽配城
11	中南汽车世界汽配五金批发大市场
12	无锡市广益汽配城有限责任公司
13	上海百联联合汽车交易市场经营管理有限公司
14	河北省河间市米各庄汽配城
15	东联汽车配件市场
16	北京五方天雅汽配城市场有限公司
17	青岛汽车配件城
18	山东汽车城
19	广州市湛隆陈田汽配广场
20	广州市湛隆广源汽配广场

3-48 前20家花卉市场

序号	市场名称
1	常州市武进夏溪花木市场发展有限公司
2	郑州市陈砦花卉服务有限公司
3	青州市黄楼镇万红花卉交易大厅
4	昆明斗南花卉有限公司
5	广州花卉博览园
6	广东省陈村花卉世界有限公司
7	浙江花木城
8	扬州阿波罗花卉园艺有限公司
9	如皋市花木大世界有限公司
10	岭南花卉市场
11	沭阳县花木大世界有限公司
12	成都高店子花卉市场
13	承德万泉花卉市场服务有限公司
14	临沂鲁南花卉城
15	凌源市花卉市场物业服务中心
16	鄢陵县花木交易市场
17	北京莱太环境艺术发展有限公司(市场)
18	新疆明珠花业有限责任公司
19	上海岚灵花卉市场经营管理有限公司
20	杭州萧山花木市场

3-49 前20家旧货市场

序号	市场名称
1	沈阳东北机动车配件市场有限公司
2	慈溪市桥头废塑料市场
3	鼓楼区寿山石文化城
4	途众二手车市场
5	北仑区甬港废旧物资交易市场
6	福建紫阳旧机动车交易市场
7	北京潘家园旧货市场有限公司
8	温岭市泽国第二旧机床交易中心
9	莱阳市瑞源旧机动车交易市场
10	重庆渝西旧机动车辆交易市场
11	江西省旧货大市场
12	慈溪市旧货交易市场
13	嘉兴物资调剂市场
14	宁波市鄞州鄞青二手车交易市场
15	江苏省物联苏北废旧金属调剂有限公司
16	庆云县旧货市场
17	路桥旧货市场
18	郑州古玩城
19	吉林市西关旧货物资交易市场有限责任公司
20	源胜工艺城

3-50 前20家其他专业市场

序号	市场名称
1	肃宁县尚村皮毛交易市场
2	中国大营国际皮草交易中心
3	郑州信基调味品城有限公司
4	辽中县顺发黄牛交易市场
5	上海毛家塘南北货批发市场经营管理有限公司
6	郑州桑园兽药饲料批发市场
7	文安县小王东机床市场
8	丹阳市华阳眼镜市场
9	绍兴市永宁废旧金属交易市场
10	绍兴市废旧金属交易市场
11	象山县船舶交易中心
12	绍兴市东浦废丝市场
13	上海市江桥批发市场管理有限公司曹杨分公司
14	通辽市成峰牲畜交易市场有限公司
15	阿鲁科尔沁旗牲畜交易市场
16	四川省隆昌县禽苗市场开发有限责任公司
17	辽宁绿源黄牛交易市场
18	石家庄市兽药市场
19	林西锦绣大地活畜交易市场
20	开封市鼓楼夜市

3-51 东部地区前100家商品交易市场

序号	市场名称	序号	市场名称
1	上海物贸有色金属交易市场	51	深圳市布吉农产品批发中心
2	中国东方丝绸市场	52	江阴景澄物流交易市场
3	中国常熟服装城	53	江苏湖塘纺织城投资发展有限公司
4	上海中油石油交易中心有限公司	54	张家港保税区华东化工电子交易市场有限公司
5	博兴县兴福镇黑白铁市场	55	常州长江塑料化工交易市场有限公司
6	上海石化物资交易中心有限公司	56	天津市兰格钢铁电子交易市场管理有限公司
7	浙江省中国义乌小商品城	57	北京大洋路农副产品市场有限公司
8	浙江绍兴中国轻纺城	58	江苏华东石化物资交易市场
9	天津考尔煤炭交易市场有限公司	59	福州市南方钢材物流中心
10	浙江中国科技五金城集团有限公	60	天津北方汽车交易市场有限公司
11	石家庄市新华集贸市场	61	广东鱼珠物流基地有限公司广东鱼珠国际建材市场
12	中储发展股份有限公司天津储	62	天津稀有金属交易市场有限公司
13	高碑店市白沟镇市场	63	苏州南环桥市场发展股份有限公司
14	余姚市中国塑料城	64	常州龙城钢材有限公司
15	通州市志浩综合市场	65	浙江纺织采购博览城
16	石家庄市南三条小商品批发市场	66	广州市花都区狮岭皮革皮具城有限公司
17	北京市丰台新发地农副产品批发市场中心	67	北京城北回龙观商品交易市场有限公司(市场)
18	钱清中国轻纺原料城	68	桐乡市濮院羊毛衫市场
19	叠石桥国际家纺城有限公司	69	中国织里童装市场
20	上海逸仙钢材市场经营管理有限公司	70	金乡县鱼山农副产品批发市场
21	香河家具城	71	北京锦绣大地农副产品批发市场有限责任公司(市场)
22	无锡南方不锈钢市场	72	宁波镇海液体化工产品交易市场
23	张家港保税区化工品交易市场有限公司	73	淄川建材城
24	杭州运河钢材市场有限公司	74	即墨市服装批发市场
25	江阴市金属材料市场	75	南京众彩农副产品批发市场有限公司
26	北京市旧机动车交易市场有限公司(市场)	76	江苏宣武集团市场
27	江阴长江港口物流园区交易中心	77	青岛市城阳蔬菜水产品批发市场有限公司
28	泰安市泰山钢材大市场	78	惠龙港国际钢铁物流股份有限公司
29	广州市海珠区中大布匹市场管理委员会	79	永年县标准件市场
30	江苏东方钢材城有限公司	80	徐州区域生产资料市场有限公司
31	东莞市华南塑胶城投资有限公司	81	青岛金属集团有限公司市场管理服务分公司
32	浙江新世纪金属材料现货市场	82	无锡市广益装饰城
33	杭州城北金属材料市场有限公司	83	东莞市樟木头塑胶原料市场
34	萧山商业城	84	无锡友谊钢材市场
35	南京幕燕金属物流中心有限公司	85	宁波市镇海煤炭交易市场有限公司
36	南京生产资料中心批发市场	86	常州钢材现货交易市场有限公司
37	上海外高桥钟表交易中心有限公司	87	吴江市再生资源回收市场
38	绍兴越州轻纺工贸园区	88	中昊化工网上交易中心
39	广东西樵轻纺城	89	聊城香江光彩大市场有限公司
40	北京北辰亚运村汽车交易市场中心(市场)	90	浙江大唐轻纺袜业城
41	广州江南果菜批发市场	91	扬州曲江商品城有限公司
42	张家港保税区纺织原料市场有限公司	92	诸暨华东汽配水暖城
43	杭州物资城	93	肃宁县尚村皮毛交易市场
44	中国茧丝绸交易市场	94	东阳红木家具市场
45	江苏凌家塘市场发展有限公司	95	徐州城坤金属材料市场有限公司
46	无锡招商城市场管理有限公司	96	安国市东方药城交易大厅
47	揭阳市国际金属材料市场	97	宁波市镇海厚恒物资城
48	无锡市国联金属材料市场有限公司	98	无锡龙之杰钢材市场管理有限公司
49	上海宝山钢材交易市场管理有限公司	99	上海松江钢材城
50	杭州三里洋钢材市场有限公司	100	姜堰华东五金城市场经营管理有限公司

3-52 东北地区前100家商品交易市场

序号	市场名称	序号	市场名称
1	大连石油交易所	51	大连钢材现货交易市场服务中心
2	沈阳市工商行政管理局五爱市场分局	52	长春顺风大市场有限公司
3	海城市西柳服装市场	53	齐齐哈尔市哈达农果品副产品综合市场
4	大连双兴商品城有限公司	54	黑龙江省新胜蛋禽批发市场
5	中国铁路物资哈尔滨物流公司	55	葫芦岛市蔬菜批发市场
6	长春汽车批发中心市场	56	大商集团股份有限公司贸易大世界
7	沈阳新塔湾钢材市场	57	大商集团有限公司昌临休闲购物广场
8	沈阳张士农副产品股份有限公司	58	阜新市瑞轩蔬菜农副产品综合批发市场
9	沈阳钢材中心批发市场	59	沈阳市康平农贸大厅
10	大连汽车国际博览中心	60	大连华南家居大世界购物广场
11	大连奥林匹克电子城有限公司	61	大庆市四季通达粮贸有限公司
12	哈尔滨哈达农副产品股份有限公司	62	沈阳北陵废旧金属市场
13	沈阳明廉钢材交易中心有限责任公司	63	大连金玛商城有限公司
14	沈阳东北机动车配件市场有限公司	64	齐齐哈尔市农副产品批发市场
15	哈尔滨古铁市场	65	北行农贸市场
16	沈阳炉料市场	66	绥芬河市青云经贸有限公司青云市场
17	鞍山钢材现货市场有限公司	67	长春果品集团公司
18	绥阳黑木耳批发大市场	68	盘锦市金地物业管理有限公司(汇美家饰)
19	扶余县三井子杂粮市场	69	长春市长运集团有限责任公司
20	大连水产品交易市场有限公司	70	金山钢材市场
21	玛克威商厦公共设施有限公司	71	长春蔬菜中心批发市场集团有限公司
22	沈阳水产批发市场	72	集安市清河人参交易市场有限公司
23	海城市南台箱包市场	73	瓦房店市复州大市场
24	大连东方投资置业有限公司	74	沈阳市于洪区东湖市场
25	抚松长白山人参市场投资发展有限公司	75	大庆市农副产品综合批发大市场
26	哈尔滨工程大学科技园发展有限公司船舶电子大世界	76	凌源市八里堡蔬菜果品批发市场有限责任公司
27	大连长兴购物中心有限公司	77	沈阳浩松陶瓷市场有限公司
28	辽宁旧机动车交易市场	78	沈阳华大实业总公司东北日杂市场
29	沈阳红旗台石材市场	79	铁岭市贸易城
30	辽中县顺发黄牛交易市场	80	大连开发区农副产品批发市场有限公司
31	公主岭温州商城	81	哈尔滨香坊粮食物流中心有限公司
32	沈阳温州城商品交易市场	82	辽中县茨榆坨镇轻工市场
33	沈阳五金股份有限公司	83	吉盛伟邦
34	锦州市辽西小商品批发市场	84	玉皇商城装饰城
35	沈阳西湖市场	85	哈尔滨北环商城
36	二台子钢铁交易市场	86	沈阳东北装饰城有限公司
37	灯塔佟二堡海宁皮革城有限责任公司	87	辽宁省大连海洋渔业集团公司
38	沈阳二手车交易市场有限责任公司	88	大庆市新潮家私装饰材料有限公司
39	哈尔滨二三五处钢材市场	89	凌海市建业乡唐家蔬菜批发市场有限公司
40	长春科技城物业管理有限公司	90	新民市公主屯鲜蛋交易市场
41	大连旧机动车交易市场有限公司	91	哈尔滨红旗家装饰城
42	东北土特产品交易中心	92	沈阳春天百货有限公司
43	长春远东商品批发市场	93	齐齐哈尔市机动车交易市场
44	沈阳南塔鞋城有限责任公司	94	集贤县商贸城综合市场
45	沈阳东北通讯市场	95	辽宁旺鼎皮革城有限公司
46	营口市东升市场	96	哈尔滨南极小食品批发市场
47	牡丹江双合中俄蔬菜果品有限责任公司	97	东行家私城市场
48	沈阳佳农粮油食品有限责任公司	98	通化市东昌区新站综合大市场
49	中国家具城	99	沈阳金马鞋城有限公司
50	大连熟食品交易中心	100	铁岭东北物流城

3-53 中部地区前100家商品交易市场

序号	市场名称	序号	市场名称
1	安徽省徽商钢材市场	51	银基商贸城有限公司
2	安庆市光彩大市场	52	湖南汽车城
3	运城市经济开发区禹都市场	53	湖北省金属材料交易市场
4	南昌市洪城大市场	54	合肥市庐阳区城隍庙市场
5	湖南钢材大市场	55	安徽省广德县农贸市场
6	洛阳市洛龙区关林市场管委会	56	常德市鼎城桥南市场
7	湖南省三湘南湖大市场	57	湖南万家丽家居建材市场
8	中国(十堰)汽配城	58	湖北天润投资集团有限公司
9	中南汽车世界大中南汽车贸易公司	59	安徽白马服装城
10	合肥周谷堆农产品批发市场股份有限公司	60	孝感市南大批发市场
11	商丘农产品中心批发市场	61	安徽省广德县太极商城
12	武汉白沙洲农副产品大市场	62	临汾市尧丰市场
13	湖南高桥大市场	63	河南亚宏实业有限公司
14	长沙市红星实业集团有限公司农副产品大市场	64	宜春市赣西农副新产品批发市场有限公司
15	南昌深圳农产品中心批发市场有限公司	65	滁州长江商贸城
16	蓝特商业城(蓝特集团有限公司)	66	合肥漕冲糖酒批发市场
17	安徽信地大市场物业管理有限责任公司	67	南阳金属建材市场
18	长葛市新区钢材市场	68	湖南洞庭渔都水产批发市场
19	亳州市(中国)中药材交易中心	69	商丘创世钢材市场有限公司
20	赣南贸易广场	70	河南天马汽贸中心有限公司
21	南方粮食交易市场	71	马王堆海鲜水产批发市场
22	郑州毛庄绿园实业有限公司	72	长沙国储电脑城
23	太原市尖草坪区兴业钢材市场	73	上饶市信州区江南商贸城
24	九江市京九农副产品中心批发市场	74	武汉市舵落口大市场
25	合肥瑶海实业集团公司(安徽国际汽车城)	75	河南省禹东蔬菜农产品批发市场
26	江西钢材大市场	76	河南中博股份有限公司
27	吉安农产品批发市场有限公司	77	怀化市河西建材市场
28	马王堆蔬菜批发市场	78	淮矿物流大市场
29	郑州市陈砦花卉服务有限公司	79	太原市河西农产品有限公司
30	郑州信基调味品城有限公司	80	中南汽车世界汽配五金批发大市场
31	竹叶山汽车市场	81	郑州桑园兽药饲料批发市场
32	邵东县工业品市场	82	武汉汉口北专业市场开发有限公司(中国家俱CBD)
33	合肥国强钢材交易中心	83	马鞍山市安民农副产品批发交易中心
34	武汉竹叶山钢材市场	84	睢阳区港澳大世界
35	江西省装潢建材大市场有限责任公司	85	武汉华南海鲜水产品市场
36	湖北北盟投资集团有限公司	86	湘潭市长株潭大市场
37	皖西北商贸城	87	江西联信大市场
38	株洲市中南金属物流大市场	88	九江市华东装饰材料市场
39	河南汽车配件物流贸易园	89	长沙市马王堆陶瓷建材城恒广区
40	中储发展股份有限公司洛阳分公司	90	萍乡市安源春蕾农副产品发展有限公司
41	赣州市龙都商城	91	濉溪县中瑞农副产品有限责任公司
42	周口市荷花市场	92	武汉万吨冷储物流有限公司
43	宜昌金东山市场有限公司	93	宣州区市场
44	江西省洪城汽配城	94	江西东方电脑城
45	中国郑州汽配大世界	95	焦作市恩鹏公司
46	武汉市琴台钢材市场	96	安徽江南第一茶市
47	河南科技市场管理委员会	97	长沙市设备交易中心
48	盂县煤炭运销公司发运站	98	中南汽车世界二手车交易市场
49	郑州市农产品物流配送中心有限公司	99	禹州市药业管理管理委员会
50	长葛市九鼎美达建材市场	100	巢湖亚父农副产品批发市场

3-54 西部地区前100家商品交易市场

序号	市场名称	序号	市场名称
1	重庆市观音桥农贸市场管理处	51	南宁市桂果香果品有限公司五里亭蔬菜批发市场
2	朝天门市场	52	咸阳新阳光农副产品有限公司
3	重庆巨龙钢材市场	53	宁夏燕宝钢材市场有限公司
4	柳州市生产资料大市场(广西柳州物资储运贸易总公司	54	新疆赛博特国际汽车城
5	昆明螺蛳湾国际商贸城市场1期	55	昆明斗南花卉有限公司
6	恒冠物流有限公司(恒冠钢材市场)	56	柳州市柳邕农副产品批发市场有限公司
7	云南省钢材市场	57	重庆马家岩大川建材市场管理有限公司
8	南宁市虎邱城北钢材市场有限公司	58	甘肃兰海物流股份有限公司
9	通辽经济技术开发区煤炭市场	59	广西淡村商贸城有限公司
10	绿云石都建材交易城	60	广西旺宏房地产开发有限公司柳北钢材大市场
11	新疆钢材加工配送中心	61	重庆泰兴通信电脑市场
12	重庆龙文实业(集团)有限公司	62	重庆市万州区小天鹅批发市场
13	成都市九龙广场	63	成都西部化工市场
14	重庆万吨冷储物流有限公司	64	甘肃大陆桥物业经营管理有限公司(东部品牌)
15	重庆金属材料现货交易市场	65	兰州钢材交易市场
16	重庆西部汽车城	66	甘肃省食品股份有限公司肉食水产批发市场
17	重庆铠恩国际家居名都有限公司	67	包头市东河区太平寺商业城
18	包头市鹿畅达物流有限公司	68	乌鲁木齐北园春(集团)有限责任公司北园春市场
19	南宁市荣宝龙钢材市场有限公司	69	大足县西部金属交易城
20	重庆市渝南汽车销售有限公司	70	通辽市团结路贸易区
21	成都龙泉聚合(国际)果蔬交易中心	71	贵阳市谷丰粮油食品批发市场有限公司
22	银川市昆仑实业有限公司	72	南宁农业科技市场
23	新疆边疆宾馆商贸市场	73	恒鑫老顶坡汽摩综合市场
24	重庆外滩摩配交易市场	74	陈家坪机电市场有限公司
25	重庆马家岩板材批发市场	75	大足县龙水五金旅游城
26	恒胜钢材市场	76	四川三联家禽批发市场(四川三联家禽有限责任公司)
27	成都富森美家居置业有限公司	77	达州市塔沱农副产品综合批发市场有限责任公司
28	成都农产品中心批发市场有限公	78	重庆市万州商贸城
29	玉州市中药材市场	79	西安朱雀农产品市场有限公司
30	市西大市场	80	柳州商港市场管理有限公司
31	德阳东立钢材炉料市场	81	云南浩宏钢材交易市场
32	新世界建材市场	82	成都国融金府机电城
33	佰腾数码广场	83	通辽经济技术开发区木材市场
34	兰州瑞德摩尔城市购物广场(兰新)	84	昆明东聚汽车交易市场
35	四川好一新商贸城有限公司	85	重庆市西三街水产品市场
36	贵阳海恒农副产品批发市场	86	大足县龙水五金市场
37	成都市农副产品批发中心(有限公司)	87	绵阳市高水农副产品批发有限公司
38	贵阳市五里冲农副产品批发市场有限公司	88	乌市融佳建材市场有限责任公司
39	新疆亚中机电市场	89	重庆渝州交易城
40	西北物资市场	90	西安粮油批发交易市场
41	乌鲁木齐北园春有限责任公司农产品中心批发市场	91	大足县龙水废金属市场
42	重庆市永川区商贸城管理有限公司	92	昆明市凉亭粮食批发交易市场
43	中国西部鞋都交易城	93	兰州金港物业服务有限公司
44	成都荷花池市场	94	南坪正扬大市场
45	成都市金府五金机电交易市场	95	自贡川南建材市场经营管理有限公司
46	成都万贯五金机电市场	96	昆明骏骐干菜副食粮油批发市场
47	新疆华凌工贸集团有限公司华凌综合市场	97	万州区宏远批发市场
48	成都西部汽车城	98	赛罕区东瓦窑副食品批发市场
49	云南龙城农产品经营股份有限	99	内蒙古润宇装饰城市场有限公司
50	成都市量力钢材物流中心	100	广西南宁电子科技广场有限公司

附录 主要统计指标解释

附录　主要统计指标解释

一、主要统计指标及市场分类

1. 亿元以上商品交易市场　指年成交额在亿元及以上的商品交易市场。商品交易市场是指经有关部门和组织批准设立，有固定场所、设施，有经营管理部门和监管人员，若干市场经营者入内，常年或实际开业三个月以上，集中、公开、独立地进行生活消费品、生产资料等现货商品交易以及提供相关服务的交易场所，包括各类消费品市场、生产资料市场等。

2. 营业状态　按照市场营业时间的连续性分为常年营业、季节性营业和其它等三种状态。常年营业指不受季节、时间等因素的影响，全年均营业的市场；季节性营业市场指受季节因素影响，全年间断营业的市场，如旅游旺季营业的交易市场等；其它市场指上述以外的其它营业状态的交易市场。

3. 经营方式　指市场直接从事商品流通的买卖形式，包括批发和零售两种方式。批发市场指专门从事批发业务活动或以批发业务为主的交易市场。零售市场指专门从事零售业务的活动，并直接向城乡居民销售日用消费品、农产品和农业生产资料的零售市场，或以零售业务为主，同时兼批发业务的交易市场。

4. 经营环境　指各市场经营场所具备的基本条件，分露天式、封闭式和其它。露天式市场指市场摊位完全在室外，或70%以上的摊位在室外，包括柜台式市场及无设施市场；封闭式市场指市场摊位完全在室内（包括平房和楼房）；其它市场指上述以外的其它经营环境的交易市场。

5. 年末出租摊位数　指该市场年末实际出租的摊位数。

6. 成交额　指该市场所有摊位的全年商品交易额之合计。

7. 市场类别　指根据商品交易市场经营商品类别进行分类，包括综合市场和专业市场两大类。

8. 综合市场　指经营生产资料、工业消费品、农产品等多种商品的综合性现货商品交易市场。

9. 综合贸易市场　分为生产资料综合市场、工业消费品综合市场、农产品综合市场及其它综合市场。

—生产资料综合市场　指经营两类或两类以上生产资料的交易市场，包括工业生产资料交易市场、农业生产资料交易市场，交易对象主要是生产经营者，市场内摊位成交额主要集中在生产资料商品。

—工业消费品综合市场　指经营两类及两类以上工业消费品的交易市场，交易对象主要是商品使用者和消费者，市场内摊位主要经营食品、服装、日用品等商品。

—农产品综合市场　指经营两类及两类以上农产品的交易市场，交易对象主要是商品使用者和消费者。

—其它综合市场　以上未列明综合性现货商品交易市场。如果市场中农产品和工业品混杂经营，成交额难以分清主次的，市场类别应为其它综合市场。

10. 专业市场　指主要进行某一领域商品的交易活动的现货市场。根据所经营的商品类别，分为12类专业市场。专业市场类别应根据摊位交易情况确定，即经营某类商品的摊位成交额超过总成交额的60%，市场则确定为相应的专业市场。

（1）生产资料市场　主要经营某类生产资料的交易市场。

—农业生产用具市场　经营半机械化农机具及其配件、中小农具、园艺工具等为主。

—农用生产资料市场　经营农用生产资料为主，如农药、化肥、农膜、农用温室玻璃、园艺工具等。

—煤炭市场　经营煤炭及制品为主。

—木材市场　经营木、竹采伐产品和木材、竹非生活制品为主。

—建材市场　经营建筑材料、保温材料、玻璃制品等建筑施工用材为主，主要面向建筑设施的施工企业。

—**化工材料及制品市场** 经营生产经营用化工材料及制品为主。

—**金属材料市场** 经营各种黑色金属材料和有色金属材料为主。

—**机械电子设备市场** 经营机械设备、电子产品和仪器为主，面向生产经营单位。

—**其它生产资料市场** 以上未列明的生产资料专业市场。

（2）**农产品市场** 指主要经营某一类农产品的交易市场。

—**粮油市场** 经营谷物、大豆、玉米、食用油为主。

—**肉禽蛋市场** 经营肉禽蛋为主。

—**水产品市场** 经营水产品为主。

—**蔬菜市场** 经营蔬菜为主。

—**干鲜果品市场** 经营干鲜果品为主。

—**棉麻土畜、烟叶市场** 经营棉麻、土特产品、种畜、种禽、耕畜、烟叶为主。

—**其它农产品市场** 以上未提及的或经营两种以上农产品的农产品专业市场。

（3）**食品、饮料及烟酒市场** 指主要经营食品、饮料及烟酒等商品的交易市场。

—**食品饮料市场** 经营食品、饮料为主。

—**茶叶市场** 经营茶叶为主。

—**烟酒市场** 经营烟酒为主。

—**其它食品饮料及烟酒市场** 以上未提及的或主要经营两类以上食品、饮料及烟酒商品的专业市场。

（4）**纺织、服装、鞋帽市场** 指主要经营布料及纺织品、服装、鞋帽等商品的交易市场。

—**布料及纺织品市场** 经营布料及纺织品为主。

—**服装市场** 经营服装为主。

—**鞋帽市场** 经营鞋帽为主。

—**其它纺织服装鞋帽市场** 以上未提及的或主要经营两类以上纺织、服装、鞋帽商品的专业市场。

（5）**日用品及文化用品市场** 指主要经营各类日用品及文化用品等商品的交易市场。

—**小商品市场** 经营日用小百货为主。

—**箱包市场** 经营箱包为主。

—**玩具市场** 经营玩具为主。

—**文具市场** 经营文具为主。

—**图书、报刊杂志市场** 经营图书、报刊杂志为主。

—**音像制品及电子出版物市场** 经营音像制品及电子出版物为主。

—**体育用品市场** 经营体育用品为主。

—**其它日用品及文化用品市场** 以上未提及的或经营两类以上日用品及文化用品的专业市场。

（6）**黄金、珠宝、玉器等首饰市场** 指主要经营黄金、珠宝、玉器等首饰的交易市场。

（7）**电器、通讯器材、电子设备市场** 指主要经营电器、通讯器材、电子设备等商品的交易市场。

—**家电市场** 经营家电为主。

—**通讯器材市场** 经营通讯器材为主。

—**照相、摄像器材市场** 经营照相、摄像器材为主。

—**计算机及辅助设备市场** 以经营计算机及其配件、计算机辅助设备为主。

—**其它电器、通讯器材、电子设备市场** 以上未提及的或主要经营两类以上电器、通讯器材、电子设备商品的专业市场。

（8）**医药、医疗用品及器材市场** 指主要经营药材、中西药品、医疗器械等商品的交易市场。

—**中药材市场** 经营中药材为主。

—**其它医药、医疗用品及器材市场** 中药材专业市场以外的医药、医疗用品及器材专业市场。

（9）**家具、五金及装饰材料市场** 指主要经营家具、五金电料、各种家居装修装饰材料等商品的交易市场。

—**家具市场** 经营家具为主。

—**装饰材料市场** 经营装饰材料为主。

—**灯具市场** 经营灯具为主。

—**厨具、盥洗设备市场** 经营厨具、盥洗设备为主。

—**五金材料市场** 经营五金材料为主。

—**其它家具、五金及装饰材料市场** 以上未提及的或主要经营两类以上家具、五金或装饰材料商品的专业市场。

（10）**汽车、摩托车及零配件市场** 指专门从事新、旧机动车辆及其零配件交易的市场。

—**汽车市场** 经营汽车为主，包括新车市场和旧车市场。

—摩托车市场　经营摩托车为主。

—机动车零配件市场　经营机动车零配件为主。

（11）花、鸟、鱼、虫市场　指主要经营花、鸟、鱼、虫等商品的交易市场。

—花卉市场　经营鲜花、苗木及其制品为主。

—鸟市场　经营鸟类商品为主。

—观赏鱼市场　经营观赏鱼类商品为主。

—其它花鸟鱼虫市场　以上未提及的或主要经营两类以上花鸟鱼虫商品的专业市场。

（12）旧货市场　指经营各类旧货商品的交易市场。

—古玩、古董、字画市场　经营古玩、古董、字画商品为主。

—邮票、硬币市场　经营邮票、硬币商品为主。

—其它旧货市场　以上未提及的或主要经营两类以上旧货商品的专业市场。

（13）其它专业市场　以上未提及商品的专业市场。

二、商品分类及解释

1.粮油、食品、饮料、烟酒类　指供人们食用的各种粮油食品、饮料、酒和烟草加工品。

（1）粮油、食品类　指供人们食用的各种食品，如粮油、肉禽蛋、水产品、干鲜蔬果、食糖、糖果糕点、豆制品、滋补食品、食盐、调味品、罐头食品、奶及奶制品及其他食品加工制品等。

—粮油类　指供人们食用的粮食和食用油。其中：

粮食，包括小麦、稻谷、玉米、豆类、杂粮及其成品粮、磨粉、淀粉及其制品等；

淀粉及其制品，包括粉皮、粉丝、粉条、淀粉等；

食用油，包括食用植物和动物油等。

—肉禽蛋类　指供人们食用的肉类、禽类、蛋类商品。其中：

肉类，指供食用的活猪、活牛、活羊、家兔及其鲜（冻）肉和肉制品（不含各种肉罐头，统计在“粮油、食品类”）；

禽类，指供人们食用的活鸡、活鸭、活鹅和其他人工饲养的活禽类及其鲜（冻）、腌制和卤熟制品；

蛋类，指鸡、鸭、鹅和其他禽类的鲜蛋、再制蛋。

—水产品类　指各种海水、淡水产的鲜的或干的鱼、虾、蟹、藻类、贝类、软体类、腔肠类等水产品。

—蔬菜类　指各种新鲜的蔬菜，包括各种叶菜、茎菜、根菜、花菜、果菜以及各种食用菌等。

—干鲜果品类　包括新鲜瓜果、干果及蜜饯果脯等干鲜果。

（2）饮料类　指供人们食用的各种饮料，包括液体型饮料，如汽水、果菜汁、矿泉水等；冷冻饮品；固体饮料；茶叶、咖啡、可可和其他饮料。

（3）烟酒类　包括酒和烟草加工品。酒，包括白酒、啤酒、黄酒、果露酒等。烟草加工品，包括卷烟、雪茄烟、烟丝、莫合烟、鼻烟等烟草加工品，不包括烤烟、晒烟等烟草加工原料（统计在“其他类”）。

2.服装、鞋帽、针纺织品类　指服装、鞋帽、针织品和纺织品的集合。

（1）服装类　指以棉布、棉化纤混纺布、化纤布、麻布、呢绒、绸缎、裘皮、化纤针织面料等为原料缝制的各种男、女、成人、儿童的单、夹、棉、皮等各种服装（包括内衣裤、外衣裤、衬衣、衬裤、胸罩、裙子等），包括以毛线、丝线、麻线和各种混纺线编织的各种服装，如毛衣、毛衫、毛裤。

（2）鞋帽类　鞋，指皮鞋、胶鞋、布鞋和全塑料鞋等，包括各种材料制作的靴子、凉鞋、便鞋、拖鞋、运动鞋、旅游鞋、春秋鞋等；帽，指各种面料、各种款式的男、女、童、婴儿帽子。

（3）针、纺织品类　针织品，指纯棉、纯化纤、化纤与棉（包括短涤纶）混纺的针棉织品、毛毯、线毯、地毯、毛巾、毛线、毛织物等纯纺、纯化纤、混纺针织品及化纤针织面料；纺织品，指布（包括棉布、棉花化纤混纺布、化纤布等外棉棉布、玻璃纤维布、再生纤维布、野杂纤维布、土纺布、无纺布、漆布等），呢绒（包括涤纶混纺物），绸缎，麻布，纱类（包括棉纱、等外棉棉纱、玻璃纤维纱、再生纤维纱、野条纤维纱、废纱、土纱、麻绒等纺织品）。针、纺织品包括除服装外的制成品，如床上用品、袜子、针纺织手套、窗帘等。

3.化妆品类　指洁肤护肤美容用品、洁发护发美发用品、药物美容美体用品等。

洁肤护肤美容用品，包括洁面乳、霜、油等洁肤用品，霜、香脂、乳液、润肤油、爽身粉等护肤品，香粉（粉饼）、胭脂、唇膏、眼影、眉笔、指甲油、各种化妆盒、假发等美容品；

洁发护发美发用品，包括洗发香波、洗发膏、洗发精、浴液、剃须膏、发油、发露、发腊、发宝、营养发水、护发素、发胶、摩丝、各种染发剂等；

药物美容美体用品，包括花露水、腋下香、香水、防秃生发水、浓眉露、止痒水（粉）、祛斑霜、粉刺露、防晒剂、痒子粉（水）、减肥霜等；其他化妆用品。

4. 金银珠宝类 指以金、银、铂等金属及钻石、宝（玉）石、翡翠、珍珠、水晶、象牙、骨角等为原料，经加工和连接组合、镶嵌等方法，制成各种图案造型的装饰品、饰品、工艺品等。包括首饰，如项链、戒指、耳环、手镯、脚链、挂件、别针、发卡等，珠宝饰品，如宝（玉）石、宝（玉）石饰品、钻石镶嵌、珍珠镶嵌以及其他金银珠宝饰品等。

5. 日用品类 指日用金属制品、日用搪瓷制品、日用塑料制品、天然皮革和人造皮革制品、玻璃器皿、日用百货、燃气灶具、儿童玩具、日用化工产品、照明器具、日用杂品、钟表眼镜及配件、各种工艺品、烟花炮竹、人力或助动车类及配件等。其中：

日用金属制品，包括精铝、铸铝、铝合金家用器皿，不锈钢制餐具，家用厨房用具及其他不锈钢制器皿等，不包括工业建筑的通用金属器皿（统计在“金属材料类”）；

日用搪瓷制品，包括单瓷、双瓷的面盆、口杯及其他搪瓷制品等，不包括工业建筑的通用搪瓷制品（统计在“建筑及装潢材料类”）；

日用百货，包括如缝纫机、保温瓶、雨衣、理发用具、剃须刀具、火柴、打火机、电池、腰带、刀、剪、锁、钳、卫生纸、卫生巾等；

日用化工产品，包括洗涤用品、杀虫剂、花肥等；

燃气灶具，包括燃气热水器、各种灶具等；

照明器具，包括各种灯具、灯泡、灯管、手电筒等；

日用杂品，包括铁锅、笼屉、瓷碗、碟等餐具和炊事用具，竹、木、藤、柳编制品，炉子、烟筒和取暖设备等；

钟，包括各种机械、石英电子的闹钟、挂钟、座钟等，表包括各种机械、石英电子手表、怀表、秒表、其他表、钟表零配件等，眼镜包括成品眼镜、眼镜架、眼镜片、眼镜毛坯、眼镜零配件等；

各种工艺品，包括雕塑工艺品、人造花卉、天然植物和纤维编织工艺品、刺绣工艺品、抽纱工艺品等，其中，雕塑工艺品包括玉雕、牙雕、金属工艺品、漆器工艺品、画类工艺品等，天然植物、纤维编织工艺品包括竹编工艺品、藤编工艺品、草编工艺品等；

人力或助动车类及配件，包括自行车、助动自行车、三轮车、残疾人座车（无论是否装有发动机）、婴儿推车和手推车等及配件。

（1）洗涤用品类 包括洗衣粉、肥皂、香皂、浴皂、药皂、牙膏及各种清洁洗涤剂（膏、液、粉）等日用洗涤用品。

（2）儿童玩具类 包括各种材质制作的玩具。

6. 五金、电料类 指五金工具、电工工具、工具配件、水暖器材、各种专用工具、五金杂品等，以及木瓦工具、电工电讯器材及配件等各类商品，如各种榔头、钳子、扳手、锉刀、泥刀、自来水管、各种水龙头、暖气片、阀门、螺丝、螺母、水表、电表、插座、插头、开关、电线、铁丝、镇流器、灯架、灯罩等。

7. 体育、娱乐用品类 指体育用品、健身器材、游艺器材、棋牌、戏装道具、乐器、照相器材及用品等。其中：

体育用品，包括球类、球类器材、体操运动器材、举重运动器材、田径运动器材、水上运动器材、冰雪运动器材、射击、射箭、击剑器材、场地器材、航空、航海模型材料、运动保护用具、钓鱼用具等；

健身器材，指各种用于达到锻炼身体、提高身体素质目的的器材，包括侧重于肌肉训练的，如扩胸机、举重床、自重式健力器、哑铃组合架、坐式后拉器、卧式后屈腿训练器等；包括侧重于身体素质训练的，如跑步机、健步器、骑马机、滑雪器、健骑机等以及集消除疲劳、减肥健身为一体的各种按摩机（非电动）、健腹器等；

游艺器材，包括游戏机、插卡式电脑学习机、儿童运动游艺器材等；

棋牌，包括象棋、国际象棋、围棋、克郎棋、军棋、跳棋、扑克牌、麻将牌等；

乐器，包括中西乐器、电子乐器、乐器辅助用品及配件，如钢琴、提琴、手风琴、吉他等；

照相器材，包括摄影用品、暗房用品、修相用品和其他照相器材，如摄影用品，包括照相机、座机、外拍机、胶卷胶片、相纸、放大机、照相镜头、摄像灯具照相零配件及其他摄影用品，上光机、反拍机、翻版机、冲片机等，修相油、上光用品、修底版用具等，洗相药品，如显影液、定影液等，不包括X光胶片和工业胶片（统计在“化工材料及制品类”）。

8. 书报杂志类 指各种以纸介质形态出版发行的中外文的书籍、工具书、课本、教材、图片、报纸和杂志等。

9. 电子出版物及音像制品类 指电子出版物和音像制品。其中：

电子出版物，指以数字方式将图文音像等信息编辑加工后存储在磁、光、电介质上，通过计算机或者具有类似功能的设备读取使用，用以表达思想、普及知识和积累文化，并可复制发行的大众传播媒介，其媒体形态包括软磁盘（FD）、只读光盘（CD-ROM）、交互式光盘（CD-Ⅰ）、照片光盘（PHOTO-ROM）、高密度只读光盘（DVD-ROM）、集成电路卡（IC CARD）等，及其他媒体形态；

音像制品，指各种磁、光、电介质的录音、录像的磁带、光盘（CD、LD、VCD、DVD）等，包括各种空白的录音带、录像带、光盘。

10. 家用电器和音像器材类 指洗涤电器、制冷电器、清洁电器、小家电、家用厨房电器具、家用保健电器和各类音像器材等。其中：

洗涤电器，包括洗衣机、甩干机等；

制冷电器，包括电冰箱、电冰柜、房间空调器等；

清洁电器，包括吸尘器、加湿器、空气净化器等；

小家电，包括电熨斗、电风扇、电淋浴器等；

家用厨房电器具，包括食品加工机、抽排油烟机、微波炉、电饭煲、电烤箱、洗碗机、消毒柜等；

家用保健电器，包括电取暖器、电动按摩器等；

音像器材，包括电视机、录音机、录像机、摄像机、收音机、幻灯机、组合音响、影碟机（LD、CD、VCD、DVD等）、专业音响器材、专业声像器材以及配件等，不包括照相器材及用具（统计在“体育、娱乐用品类”）。

11. 中西药品类 指人用各种中西药品、中药材以及各种小型医疗用品、敷料，不包括医疗用的各种大型设备，如CT机，核磁共振器等和兽用的各种药品、医疗器材（统计在“其他类”）。

（1）西药类 指以化学物质为原料根据药典或处方生产的用于预防、治疗、诊断人体的疾病，有目的地调节人体的生理机能并规定有适应症、用法和用量的物质，包括化学药品制剂、放射性药品、血清疫苗、血液制品和诊断药品等，但不包括化学试剂（统计在“化工材料及制品类”）。

（2）中草药及中成药类 指以天然的活性物质群为原料，根据中医药典或处方生产或配置，用于预防、治疗人体的疾病，有目的地调节人体的生理机能并规定有适应症、用法和用量的物质。包括中药材、中药饮片、中成药。其中：

中药材，指在自然界中天然生长或人工种植、养殖、采掘的可用于加工中药饮片和中成药的物质，包括各种植物、动物、矿物等；

中药饮片，指以中药材（包括各种药用植物、动物、矿物）为原料用于预防、治疗人体的疾病，有目的地调节人体的生理机能并规定有适应症、用法和用量的物质；

中成药，指以中药材（包括各种药用植物、动物、矿物）为原料根据药典或处方生产的用于预防、治疗人体的疾病，有目的地调节人体的生理机能并规定有适应症、用法和用量的制剂，包括各种剂型（丸、散、膏、丹、胶、药酒、露、冲剂及改良剂型）的中成药。

12. 文化办公用品类 指学习用品、办公用品和计算机及其配套产品。其中：

学习和办公用品，包括学习和办公用的纸张、本册、打字机、油印机、速印机、复印机、计算器、快译通、电子笔记本、算盘、文具、普通测绘仪器、印刷材料以及教学用的设备、器材、标本、模型等；

计算机及其配套产品，包括CPU在80186以上的大、中、小、微型、便携式电子计算机（包括多媒体计算机）和计算机的辅助设备，如服务器、打印机、扫描仪、不间断电源、多媒体配件、专用设备和零配件，计算机用键盘、鼠标、网卡、U盘、内存条、软盘、磁带、打印机用纸、色带、墨盒、硒鼓等，不包括单板机、插卡式电脑学习机（统计在“体育、娱乐用品类”），也不包括各种电子计算机软件（统计在“电子出版物及音像制品类”，随机附赠品除外）。

13.家具类 指用木材、金属、塑料、藤、竹等为主要原料制成的供人们生活、学习、工作、休息用的各种普通家具和具有特定用途的专用家具，包括家用就寝、就餐、起居、书房使用的床、柜、箱、架、沙发、桌、椅、凳、茶几、屏风，以及成套或组合家具，也包括医院、学校、图书馆、旅游、办公等专用的办公桌椅、文件柜、书柜等家具。

14.通讯器材类 指有线、无线通讯使用的各种器材和设备，包括电话机（普通电话机、无绳电话机、移动电话、小灵通等）、对讲机、寻呼机、传真机等以及配套产品。

15.煤炭及制品类 包括原煤、煤炭和煤制品，如洗煤、筛选块煤、筛选混煤及混末煤、焦炭、石油焦、半焦、煤饼（块）、煤球等。

16.木材及制品类 指木、竹采伐产品和木材、竹非生活制品等。此类商品销售一律按批发计算。其中：

木、竹采伐产品，包括原木、小规模木材、薪炭木材、毛竹、篙竹等；

木材、竹非生活制品，包括锯材、板材、人造板、木材防腐制品，木、竹工业、建筑业用品，藤、棕、柳条工业制品等。

17.石油及制品类 包括原油、炼厂气体、汽油、煤油、柴油、燃料油、工业燃料、溶剂油、润滑油、石蜡、地腊、专用腊、凡士林、洗涤剂原料、石油腊类、石油沥青、标准油、白色油、软麻油、原料油、润滑脂、石油酸、石油皂、液化石油气等。

18.化工材料及制品类 指化学矿采选品、化工产品、橡胶制品、塑料制品等。此类商品销售一律按批发计算。其中：

化学矿采选品，包括硫铁矿、磷矿、硼矿、钾矿、天然硫磺、钙芒硝矿、芒硝矿、蛇纹矿、天然矿、重晶石、督重石、天青石、雄黄石、明矾石等；

化工产品，不包括日用化工产品（统计在“日用品类”或“化妆品类”），包括无机化学品、化学肥料、化学农药、有机化学品、颜料、染料、催化剂、助剂、添加剂、粘合剂、高分子聚合物、信息用化学品、化学试剂、X光胶片、工业用胶片等；

橡胶制品，不包括日用橡胶制品（统计在“日用品类”），包括如橡胶运输带、橡胶类传输带、橡胶三角带、橡胶风扇带、橡胶胶管、再生胶、橡胶导风管、橡胶浮筒、橡胶杂品、乳胶制品、橡胶密封制品、特种橡胶制品、软胶壳、微孔橡胶隔板、胶绳、胶筋、胶液、密封腻子等；

塑料制品，不包括日用塑料制品（统计在“日用品类”），包括塑料薄膜、塑料板材、塑料管、塑料棒、塑料异型材、塑料丝、塑料人造革、塑料合成革、泡沫塑料、塑料工业配件、塑料包装箱及容器等塑料原料。

——化肥类 指氮肥、磷肥、钾肥、复合肥，不包括家庭使用的花肥（统计在“日用品类”）。此类商品销售一律按批发计算。其中：

氮肥，包括液氮、尿素、硝酸铵、氯化铵、硫酸铵、氨水等；

磷肥，包括重过磷酸钙、普通过磷酸钙等；

钾肥，包括氯化钾、硫酸钾、窑灰钾、钾镁肥等；

复合肥，包括氮磷肥、氮钾肥、磷钾肥、氮磷钾肥、硝酸磷、氮钾混合肥、铵磷钾、磷酸铵等。不包括磷矿粉肥和“土法”生产的各种化学肥料，如硫磺脚渣提炼的硫磺铵、硝酸钾、土制过磷酸钙和磷酸钾，也不包括微量元素的化学肥料（如钾酸铵）。

19.金属材料类 指黑色金属矿采选品和黑色金属冶炼及其压延产品、有色金属矿采选产品和有色金属冶炼及其压延产品。此类商品销售一律按批发计算。其中：

黑色金属矿采选品，包括铁矿石原矿、铁矿石成品矿、人造富铁矿、锰矿石原矿、锰矿石成品矿、人造富锰矿、铬矿石原矿、铬矿石成品矿等；

黑色金属冶炼及其压延产品，包括钢、生铁、铁合金、钢材、钢坯、钎子钢、轧制钢球、重熔钢、炼铁副产品、球墨铸铁、金属化球团、海棉铁、钒渣和粗末冶金原料、钢板网等；

有色金属矿采选产品，包括重有色金属矿采选产品、轻有色金属矿采选产品、贵金属矿采选产品、稀有金属矿采选产品等；

有色金属矿冶炼及其压延产品，包括有色金属矿冶炼产品、轻有色金属矿冶炼产品、稀土金属冶炼产品。稀散金属及半金属冶炼产品、高纯及超纯有色金属、重有色金属合金、硬质合金、稀有稀土金属合金、稀有放射性金属冶炼产品、重有色金属加工材、双金属材、轻有色金属加工材、贵金属加工材、稀有金属加工材、有色金属加工材、半导体材料等。

20. 建筑及装潢材料类　指非金属矿采选成品、建筑材料及其他非金属矿物制品和各种办公或家庭用的室内装饰材料等。其中：

非金属矿采选成品，包括土砂石矿品、耐火土石开采及其初加工品、工艺美术品用非金属矿、石棉、工业原料用云母、石墨、石膏、工业原料滑石、滑石粉、金刚石、水晶、冰洲石、次土、膨润土及其初加工品、长石、叶腊石、蛭石、硅线石、凹凸奉石、海泡石、浮石、沸石、珍珠岩、霞石正方岩、刚玉、硅藻石、硅石灰石等；

建筑材料及其他非金属矿物制品，包括水泥、无熟料水泥、水泥熟料、水泥混凝土制品、水泥预制构件、纤维增强水泥制品、砖、瓦、建筑砌砖、石灰、轻质建筑材料、建筑用石材加工品、建筑防水材料、建筑保温材料、建筑用玻璃制品、平板玻璃、压延玻璃、磨砂玻璃、喷花玻璃、中空玻璃、热反射玻璃、吸热玻璃、玻璃砖、泡沫玻璃、工业技术玻璃、特种玻璃、玻璃纤维及其制品，石英玻璃及其制品、光学玻璃、玻璃仪器、绝缘玻璃、玻璃保温容器（不包括日用玻璃保温容器，统计在“日用百货类”）、普通陶瓷制品（不包括陶瓷餐具，统计在“日用品类”）、工业陶瓷、高压绝缘子、低压绝缘子耐火材料制品、玻璃窑专用耐火材料、石墨及碳素制品、碳化纤维、石墨热交换器。石棉制品、云母制品、磨料和磨具、铸石、化学石膏、人造水晶、合成云母、人造金刚石、晶体材料、晶体镀膜材料等；

办公和家庭用的室内装饰材料，包括地板、地板革、墙纸、墙布、涂料、乳胶漆及各种装饰用具等，但不包括家具（统计在“家具类”）、清洁电器和家用厨房电器具（统计在“家用电器和音响器材类”）。

21. 机电产品及设备类　指普通机械、交通运输机械、电器机械及器材、电子产品及通讯设备、各种农林牧渔业机械等。其中：

普通机械，包括锅炉及原动机、金属加工机械、通用机械、铸锻件及通用零部件、工业专用设备、建筑工程机械、钻探机械等；

交通运输机械，包括铁路运输设备、飞行器、工矿设备、船舶及其辅机、摩托车，不包括汽车、汽车底盘及汽车配件（统计在“汽车类”）；

电器机械及器材，包括电机、输变电设备、电工器材等；

电子产品及通讯设备，包括雷达和无线电导航设备、通讯设备、广播电视设备、电子原件、电子器件、仪器仪表、计量标准仪具及量具、衡器，不包括家用电脑机及其各种配套产品（统计在“文化办公用品类”）、电话机、移动电话、BP 机等（统计在“通讯器材类”），也不包括家用电视机、录音机、录像机、摄像机等（统计在“家用电器和音像器材类”）。

——农机类　指各种农林牧渔业机械。包括农机具、农药具、农用车、农用动力机械等，如拖拉机、收割机、机引犁、机引耙、机引播种机、机动三轮车、拖车、机动植保机械、机动畜牧机械、机动脱粒机、内燃发动机组、水泵、喷灌机；以及各种零配件，如电动机、柴油机、手推车车轮等。此类商品销售一律按批发计算。

22. 汽车类　指由动力装置驱动，具有四个或以上车轮的非轨道无架线的车辆及其零配件，包括汽车、汽车底盘和汽车配件等。其中：

汽车包括载货汽车、越野汽车、自卸汽车、牵引汽车、专用汽车、客车、轿车等。

23. 种子饲料类　指各种农业或公共园艺使用的种子、种苗和饲养牲畜的草料、杂粮、杂豆等，不包括家庭使用的花种、种苗等，以及人们以娱乐、休闲为目的而饲养各种动物的从专门商店购买的宠物食品（统计在“其他类”）。此类商品销售一律按批发计算。

24. 棉麻类　指棉麻产品、蚕茧等。其中：

棉，包括籽棉、细绒棉、长绒棉、絮棉、棉短绒；

麻，包括黄麻、红麻、苎麻、大麻、亚麻、剑麻；

蚕茧，包括桑蚕茧、柞蚕茧、蓖蚕茧和其他蚕茧等。

25. 其他类　指以上未包括的商品类别，如大型医疗器材，文物、古董、邮票、硬币、现代绘画作品，土特产品和畜产品、禽畜或宠物用的药品、宠物食品、花鸟鱼虫，消防器材及设施，废旧物资等。其中：

畜产品包括各种牛皮、羊皮、猪皮及其他动物皮革，以及种畜、幼畜、幼禽绒毛、羽毛、鬃毛、肠衣等。